食の地図

鴨川納涼床小景（京都市）　画：達富 睦

帝国書院

食の地図 目次

巻頭
- 4　日本を"味わう旅"へ
- 6　郷土の寿司
- 8　雑煮
- 10　汁物, 鍋物
- 12　そば, うどん
- 14　ラーメン
- 16　日本酒と焼酎
- 18　日本のワイン, ビール, ウイスキー
- 20　旅弁
- 22　菓子

北海道
- 24　北海道（道北・道東）
- 26　北海道（道央・道南）
- 28　地域特集　札幌
- 30　地域特集　小樽
- 31　地域特集　函館

石狩鍋（北海道）

東北
- 32　青森県
- 34　岩手県
- 36　宮城県
- 38　地域特集　三陸海岸 海の恵み
- 40　秋田県
- 42　山形県
- 44　地域特集　鶴岡
- 46　福島県
- 48　地域特集　会津西街道

ドンコ汁（岩手県）

関東・甲信越
- 50　茨城県
- 52　栃木県
- 54　群馬県
- 56　地域特集　関東の麺文化
- 58　埼玉県
- 60　地域特集　川越
- 62　千葉県
- 64　地域特集　南房総
- 66　東京都
- 68　東京都・23区
- 70　地域特集　浅草
- 72　地域特集　日比谷・銀座・日本橋
- 74　神奈川県
- 76　地域特集　横浜の食
- 78　山梨県
- 80　地域特集　フルーツ王国・山梨
- 82　長野県（北部）
- 84　長野県（南部）
- 86　新潟県

おっきりこみ（群馬県・埼玉県）

東海
- 88　静岡県
- 90　地域特集　伊豆半島 ぐるり食の旅
- 92　愛知県
- 94　地域特集　名古屋めし
- 96　三重県
- 98　地域特集　伊勢志摩で海の恵みを味わう
- 100　岐阜県
- 102　地域特集　長良川の鮎

北陸
- 104　富山県
- 106　地域特集　富山の昆布文化
- 108　石川県
- 110　地域特集　金沢
- 112　福井県
- 114　地域特集　鯖街道

治部煮（石川県）

関西
- 116　滋賀県
- 118　京都府
- 120　地域特集　伝統の京料理
- 122　大阪府
- 124　地域特集　食の都 大阪
- 126　奈良県
- 128　和歌山県
- 130　兵庫県
- 132　地域特集　神戸

てっちり（大阪府）

中国
- 134　鳥取県
- 136　島根県
- 138　地域特集　松江
- 140　岡山県
- 142　地域特集　瀬戸内グルメ
- 144　広島県
- 146　山口県
- 148　地域特集　下関・門司

四国
- 150　香川県
- 152　愛媛県
- 154　徳島県
- 156　高知県
- 158　地域特集　高知

皿鉢料理（高知県）

九州・沖縄
- 160　福岡県
- 162　地域特集　食の宝庫 福岡
- 164　地域特集　柳川
- 166　佐賀県
- 168　長崎県
- 170　地域特集　長崎
- 172　熊本県
- 174　大分県
- 176　宮崎県
- 178　地域特集　南九州 肉の旅
- 180　鹿児島県
- 182　沖縄県
- 184　地域特集　那覇

博多ラーメン（福岡県）

巻末
- 186　日本の四季と行事食
- 188　ご当地グルメ
- 190　醤油, 味噌, 塩
- 192　ご当地アナウンサー名鑑
- 193　鉄道図
- 199　地名索引
- 206　おもな郷土料理名索引

都道府県の区分

北海道
(P.24～31)
東北
(P.32～49)
関東・甲信越
(P.50～87)
北陸
(P.104～115)
東海
(P.88～103)
関西
(P.116～133)
中国
(P.134～149)
四国
(P.150～159)
九州・沖縄
(P.160～185)
オホーツク海
日本海
太平洋
東シナ海
青森県
秋田県
岩手県
山形県
宮城県
福島県
新潟県
栃木県
群馬県
茨城県
埼玉県
東京都
千葉県
神奈川県
山梨県
長野県
富山県
石川県
福井県
岐阜県
静岡県
愛知県
三重県
滋賀県
京都府
大阪府
兵庫県
奈良県
和歌山県
鳥取県
島根県
岡山県
広島県
山口県
香川県
徳島県
愛媛県
高知県
福岡県
佐賀県
長崎県
熊本県
大分県
宮崎県
鹿児島県
沖縄県
宗谷
稚内
礼文島
利尻島
留萌
上川
旭川
網走
オホーツク
国後島
歯舞群島
根室
釧路
空知
岩見沢
石狩
札幌
後志
倶知安
十勝
帯広
胆振
室蘭
日高
浦河
檜山
江差
渡島
函館
奥尻島
青森
盛岡
秋田
山形
仙台
福島
佐渡島
新潟
宇都宮
前橋
水戸
さいたま
東京
千葉
甲府
横浜
長野
富山
金沢
福井
岐阜
名古屋
静岡
津
大津
京都
大阪
神戸
奈良
和歌山
鳥取
松江
岡山
広島
山口
高松
徳島
松山
高知
福岡
佐賀
長崎
熊本
大分
宮崎
鹿児島
竹島
隠岐諸島
対馬
壱岐
五島列島
大隅諸島
種子島
屋久島
大島
新島
三宅島
伊豆諸島
八丈島
薩南諸島
奄美群島
大島
(奄美大島)
喜界島
徳之島
沖永良部島
与論島
沖縄諸島
沖縄島
那覇
久米島
大東諸島
尖閣諸島
先島諸島
宮古島
宮古列島
与那国島
西表島
石垣島
八重山列島
琉球諸島

［地図の記号の見方］

- 都道府県の境界
- 北海道の振興局境界
- 旧国界
- 都道府県庁所在地
- 北海道の振興局所在地
- 市
- 町・村
- おもな字・旧市町村
- 新幹線（駅）
- JR線
- 私鉄・第三セクター
- 地下鉄（えき）（地上）
- 高速道路
- 有料道路
- 一般国道
- その他の道路
- 航路
- 空港
- 火山・山頂
- 峠
- 世界文化遺産
- 世界自然遺産
- おもな史跡・名勝
- おもな天然記念物
- おもな観光地
- その他の観光地
- 温泉
- 神社
- 寺院
- 城跡
- 観光地・特殊建造物など
- ラムサール条約登録湿地

［県別地図の見方］

- 名水百選
  平成の名水百選
- 道の駅
- 酒
- 焼酎
- ビール
- ワイン
- ウイスキー
- 見学可能なおもな食の施設
- 食に関する市場

日本を〝味わう旅〟へ

その土地ならではの料理を味わうことは，旅の楽しみの一つ。“食”を目的に，各地を訪れる人も多いだろう。南北に長く，四季のある日本には，その土地ごとに根ざした食文化が息づいている。周囲を海に囲まれ，山や平野が広がる日本は“食材の宝庫”。主食とする米や小麦はもちろん，とれたての魚介や野菜，果物はそれだけでも十分な食材だが，先人たちはそこに知恵や工夫を重ね，新たな味を生み出してきた。長期保存がきく干物や漬物，発酵食品は，食材がもつ可能性を広げ，その多くが郷土の味として親しまれている。

また，茶の湯文化から生まれた懐石料理や和菓子，琉球王国で客人をもてなした宮廷料理，北海道から北前船によって本州に運ばれ，さらに九州や沖縄へと伝わった昆布ロードなど，歴史が培ってきた食も各地で発展を遂げている。さらに，鎖国下にあった江戸時代にヨーロッパから伝わった砂糖が各地で新たな菓子文化を生み出していったシュガーロードや，幕末から明治にかけて貿易港として栄えた横浜や神戸を中心に広まった洋食やスイーツ，中国料理など，海外からもたらされた食文化も数多い。近年は，地域の食材や料理をアレンジしたご当地グルメや，地元の貴重な食文化を次世代へ伝えるフードミュージアムが登場するなど,新たな食の楽しみも増えている。

さあ，自然，歴史，文化と深く結びついた日本の“食”を味わう旅へ出かけよう。

満開の赤そば畑を走る飯田線（長野県上伊那郡中川村）

郷土の寿司

酢飯と魚介類を用いた「早寿司」と，発酵させた「馴れ寿司」に大別される。早寿司の代表とも言える握り寿司は，海外でも“sushi”で通じる料理となっている。

握り寿司

「❶**江戸前寿司**」は江戸時代には，江戸湾の魚介類を使った屋台のファストフードで，「煮る」「締める」「漬ける」といった仕事を施した早寿司。

押し寿司

酢飯と具を重ね，型に入れて圧力をかけた早寿司で，関西などでは，この寿司が主流とされる。また，京都の鯖寿司や姿寿司もこの中に含まれ，江戸の握り寿司と二分する寿司文化となった。

❷柿の葉寿司（和歌山県・奈良県）

和歌山県・奈良県を横断する紀ノ川沿いは，古くから柿の産地。海から離れたこの地に水路や陸路で運ぶ塩漬けした魚を，殺菌作用のある柿の葉で包んだことで生まれた。

❸こけら寿司（高知県室戸市・東洋町）

何層にも重ねた状態が，こけらぶきの屋根に似ているからこの名が付いたとの説がある。ユズの生産量日本一の高知県ならではの柚子酢がきいた素朴な味わい。

❹カンカン寿司（香川県さぬき市）

瀬戸内海のサワラを使い，大きな寿司枠で作る。木づちで楔をカンカン打ち込む音から名付けられた。

❺岩国寿司（山口県岩国市）

3段から5段に重ねられた押し寿司で，地元では別名「殿様寿司」。岩国藩主の命でつくられたという。

❻須古《すこ》寿司（佐賀県白石町）

寿司飯を浅い木箱に敷き詰め，ムツゴロウの蒲焼をはじめとする色とりどりの具を盛りつける。

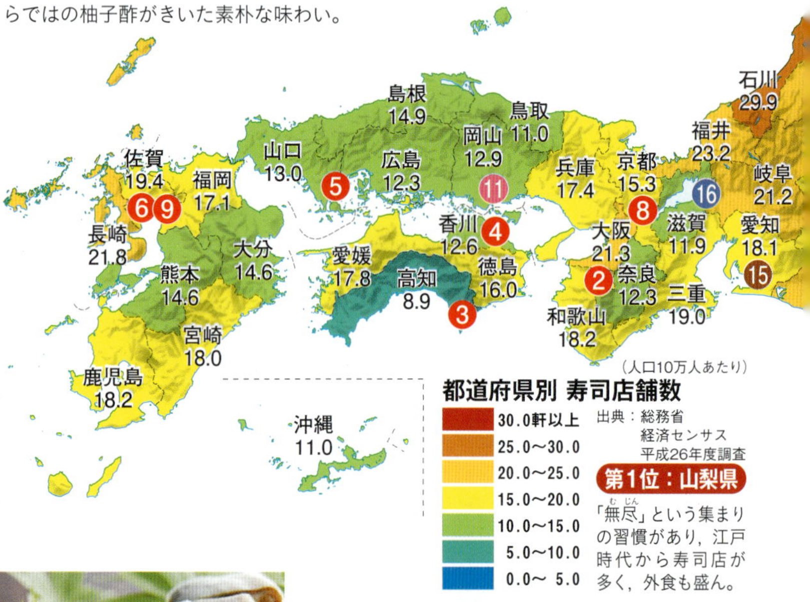
島根
14.9
鳥取
11.0
岡山
12.9
石川
29.9
福井
23.2
佐賀
19.4
福岡
17.1
山口
13.0
広島
12.3
兵庫
17.4
京都
15.3
岐阜
21.2
長崎
21.8
大分
14.6
香川
12.6
大阪
21.3
滋賀
11.9
愛知
18.1
熊本
14.6
愛媛
17.8
高知
8.9
徳島
16.0
奈良
12.3
三重
19.0
宮崎
18.0
和歌山
18.2
鹿児島
18.2
沖縄
11.0
（人口10万人あたり）
都道府県別 寿司店舗数
30.0軒以上
25.0～30.0
20.0～25.0
15.0～20.0
10.0～15.0
5.0～10.0
0.0～ 5.0
出典：総務省
経済センサス
平成26年度調査
第1位：山梨県
「無尽《むじん》」という集まりの習慣があり，江戸時代から寿司店が多く，外食も盛ん。

❼鱒寿司（富山県富山市）

江戸時代に富山藩の料理人が藩主に「鮎寿司」を献上し，のちにマスでも作られるようになった。木製のわっぱの底に放射上に笹を敷き，味付けをしたサクラマスの切り身をその上に並べる。

❽鯖寿司（京都府京都市）

京都では，若狭のサバを塩漬けにして運ばれていた。このサバで祭りなどの時に鯖寿司が作られた。

❾かます寿司（福岡県筑後川周辺）

秋になり脂がのったカマスを，尾頭つきのまま，酢飯を詰めて姿寿司にしたもの。

〈写真提供〉栃木県，高知県，山口県観光連盟，佐賀県観光連盟，富山県観光連盟，京都府北部地域連携都市圏振興社，久留米観光コンベンション国際交流協会，岡山県観光連盟，新潟県観光協会，びわこビジターズビューロー，香川県観光協会

江戸前の気風を感じるコハダの新子

文化放送アナウンサー
野村邦丸

小さなコハダの幼魚を開き，絶妙な加減で塩をふり酢でしめて握る。板前の細やかで丁寧な仕事と，若いさわやかな味を楽しむのがコハダの新子の握りです。この繊細な寿司をいただける時期は，夏の始まりのわずかな期間。旬を感じる逸品です。寿司は，板前の技やカウンター越しのやり取りを楽しむのも醍醐味。年に一度，コハダの新子の時期だけいらっしゃるお客さんを心待ちにしているのだ，という話も聞いたことがあります。旬と，職人の心意気を感じる寿司を毎年楽しみにしています。

銀座「鮨 おちあい」のコハダの新子

© バンド・オブ・トーキョー☆

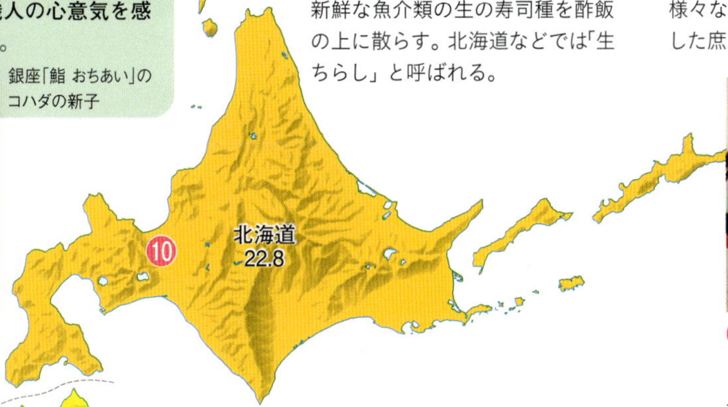

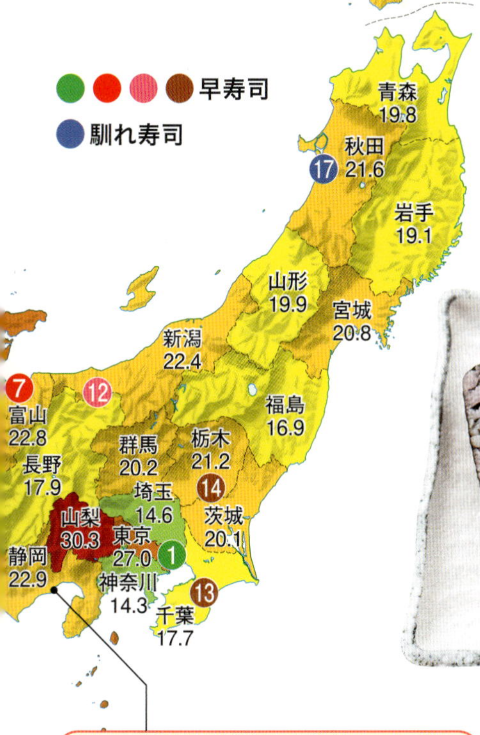

早寿司
馴れ寿司
北海道 22.8
青森 19.8
秋田 21.6
岩手 19.1
山形 19.9
宮城 20.8
新潟 22.4
福島 16.9
富山 22.8
群馬 20.2
栃木 21.2
長野 17.9
埼玉 14.6
茨城 20.1
山梨 30.3
東京 27.0
静岡 22.9
神奈川 14.3
千葉 17.7
⑩ ⑰ ⑦ ⑫ ⑭ ① ⑬

ちらし寿司・五目寿司

酢飯の上に具を散らして飾りをのせたものや，年中行事などのお祝いの席で食べられる寿司。

⑩生ちらし（北海道・東北地方）
新鮮な魚介類の生の寿司種を酢飯の上に散らす。北海道などでは「生ちらし」と呼ばれる。

⑪ばら寿司（岡山県岡山市）
昔，岡山藩主が出した倹約令「一汁一菜」に対し，様々な具を使っても一つにまとめれば「一菜」とした庶民の知恵から生まれたという説がある。

⑫笹寿司（新潟県上越地方・長野県北信地方）
クマ笹の葉の上にひと口大の寿司飯を盛り，具材や薬味をのせた郷土料理。

巻き寿司・いなり寿司

巻き寿司は，太さや具材により呼び名も変わる。いなり寿司は，油揚げが稲荷信仰に由来しており，東日本は俵型，西日本は三角形に作る。

⑬太巻き祭り寿司（千葉県山武市ほか）
冠婚葬祭や会合の時のごちそうとして受け継がれ，凝った絵柄が金太郎飴のように入るのが特徴。

⑭かんぴょう巻き（栃木県上三川町）
栃木県南部のカンピョウ作りは，約300年の歴史があり，生産量は全国の98%で日本一。

⑮豊川いなり寿司（愛知県豊川市）
江戸や名古屋と並び，豊川稲荷の門前町は，いなり寿司発祥の地の一つと伝えられる。

馴れ寿司・飯寿司

長期間保存できるように，魚に塩と飯を混ぜて乳酸菌の作用により発酵させた馴れ寿司。

⑯鮒寿司（滋賀県）
琵琶湖の固有種であるニゴロブナやゲンゴロウブナを飯に漬け込んで発酵させた寿司で，その強烈な匂いとクセになる味が特徴。

⑰ハタハタ寿司（秋田県全域）
秋田県の県魚であるハタハタを長時間熟成させ，野菜やショウガと一緒に，米に漬け込んだ保存食。

清水すしミュージアム

静岡県静岡市☎054-354-3360
「エスパルスドリームプラザ」内にある日本初の寿司のミュージアム。寿司の起源や歴史，文化が学べる。清水港で水揚げされた地魚を扱う寿司店が並ぶ「清水すし横丁」が併設されている。

マグロの解体ショー　写真提供：清水すしミュージアム

各地の雑煮

暖流と寒流に囲まれ，地域によって異なる気候風土がバラエティに富んだ雑煮文化を生みだした。室町時代には武家の祝いの膳として出されていたものが，正月料理になったという。

年末の餅つきには，新年の神様である歳神様をお迎えして，「今年1年が幸せでありますように」との願いが込められている。

すまし

❶焼きアナゴ雑煮（兵庫県神戸市）

垂水区では，明石名産のアナゴの骨で出汁をとり，白焼きのアナゴを具材に入れる。

白味噌

❷きな粉雑煮（奈良県奈良市ほか）

四角の豆腐は「蔵が建つように」，金時人参，大根，サトイモは丸く切る。餅はきな粉をつけて食べる。

白味噌

❹京都白味噌雑煮（京都府全域）

丸餅に具材はすべて丸く切る。「円満に過ごせるように」との願いが込められている。

赤味噌

❺黒砂糖雑煮（福井県若狭地方）

若狭地域は北前船の影響で，貴重な砂糖も手に入った。五徳味噌汁に煮餅，そこに黒砂糖をかけて食べる。

小豆汁

❸鳥取小豆雑煮

（鳥取県鳥取市ほか）

甘いぜんざいのような雑煮。かつては，塩味のみの小豆に各自で砂糖を加えて食べた地域もある。

元日
白味噌
2日目
すまし

❻大阪雑煮（大阪府全域）

商い（飽きない）雑煮とも呼ばれ，元日は白味噌仕立て，二日目はすまし仕立てにする家も多い。

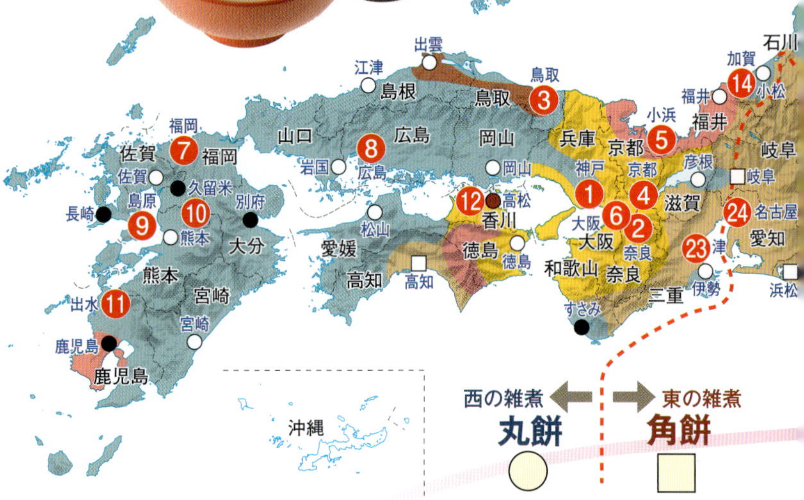

対馬海流
出雲
江津
島根
鳥取
鳥取
3
石川
加賀
14
小松
福井
福井
小浜
5
京都
兵庫
岡山
広島
8
山口
岩国
広島
岡山
神戸
京都
彦根
岐阜
岐阜
福岡
7
佐賀
福岡
佐賀
久留米
島原
10
別府
長崎
9
熊本
大分
1
4
滋賀
12
高松
香川
大阪
6
2
24
名古屋
愛知
松山
愛媛
徳島
徳島
大阪
奈良
23
津
高知
高知
和歌山
奈良
三重
伊勢
浜松
熊本
宮崎
宮崎
出水
11
すさみ
鹿児島
鹿児島
沖縄
西の雑煮
丸餅
東の雑煮
角餅

すまし

❼博多ブリ雑煮

（福岡県福岡市博多地区）

アゴ出汁に出世魚のブリ，伝統野菜であり，雑煮には欠かせないカツオ菜を使う。

すまし

❽カキ雑煮（広島県広島市）

カキの産地で風味豊かな出汁である。

すまし

❾具雑煮（長崎県島原市）

鍋のように具沢山で，正月だけでなく年間通して食べられている。具材の種類は奇数にする。切り昆布は欠かせない。

すまし

❿納豆雑煮（熊本県県北地方）

熊本，大分，福岡の県境近くは，雑煮に納豆が添えられている地域である。餅を別皿に添えている納豆に絡めて食べる。

すまし

⓫薩摩雑煮（鹿児島県出水市ほか）

焼きエビとシイタケで出汁をとる。丸餅が多い九州の中で，鹿児島では切り餅を焼いて食べる習慣がある。

白味噌

⓬あん餅雑煮（香川県高松市・坂出市）

甘いあん餅が入った，いりこ出汁白味噌仕立ての雑煮。和三盆の産地だが普段は庶民には手が届かない甘味を正月の楽しみとしたと言われる。

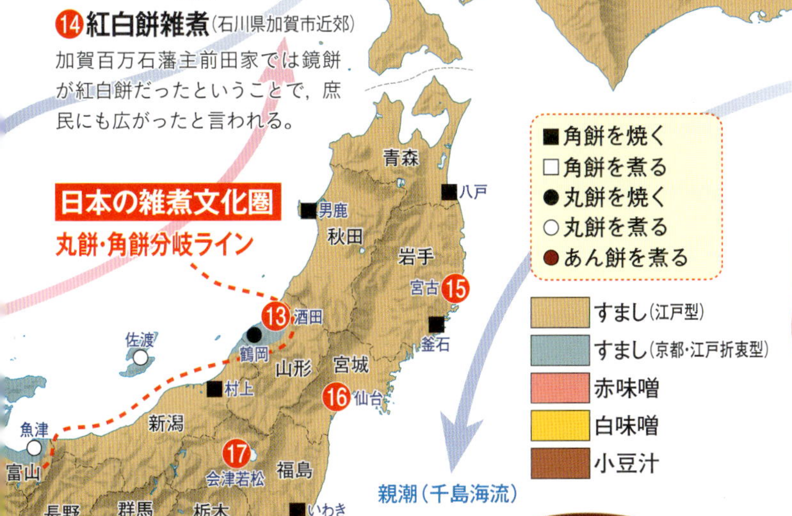

●
すまし

⑬山形雑煮（山形県酒田市近郊）

北前船の停泊地であり，京都の影響を強く受け，角餅ではなく丸餅を煮る。すまし仕立てでセリをふんだんに使う。

■
すまし

⑮クルミ雑煮（岩手県宮古市）

煮干出汁に凍み豆腐や千切りにした野菜と具沢山だが，餅は汁から取り出し，別皿に添える甘いクルミだれにつけて食べる。

■
すまし

⑯焼きハゼ雑煮（宮城県仙台市）

焼きハゼで出汁をとった汁に，引き菜と呼ばれる，あらかじめ千切りにし湯通しし凍らせた凍み野菜を使う。

■
すまし

⑰こづゆ雑煮

（福島県会津若松市）

干し貝柱で出汁をとった伝統的なこづゆに餅を入れて食べる。

○
すまし

⑭紅白餅雑煮（石川県加賀市近郊）

加賀百万石藩主前田家では鏡餅が紅白餅だったということで，庶民にも広がったと言われる。

日本の雑煮文化圏
丸餅・角餅分岐ライン
リマン海流
北海道
青森
八戸
男鹿
秋田
岩手
宮古 15
13 酒田
鶴岡
佐渡
釜石
山形
宮城
村上
16 仙台
魚津
新潟
富山
17
会津若松
福島
長野
群馬
栃木
いわき
木曽
22
高崎
宇都宮
20 常陸太田
甲府
埼玉
上尾
茨城
水戸
山梨
21
厚木 19
東京
18 山武郡一帯
静岡
鎌倉
神奈川
千葉
親潮（千島海流）
黒潮（日本海流）
■角餅を焼く
□角餅を煮る
●丸餅を焼く
○丸餅を煮る
●あん餅を煮る
すまし（江戸型）
すまし（京都・江戸折衷型）
赤味噌
白味噌
小豆汁

協力：御食国若狭おばま食文化館
原図：奥村彪生

■
すまし

⑱ハバ雑煮

（千葉県山武郡一帯）

ハバノリとアオサを炙り，手でもんでカツオ節とともにふりかける磯の香り濃厚な雑煮。

■
すまし

⑲厚木雑煮（神奈川県厚木市）

カツオ昆布出汁に大根とサトイモのみ。青ノリとカツオ節をたっぷりふりかける。

□
すまし

⑳すりつぶし豆腐雑煮

（茨城県常陸太田市）

木綿豆腐をすり鉢であたり滑らかにし，砂糖を加えた汁。焼き目をつけない程度に焼いた切り餅を加える。

■
すまし

㉒塩ブリ雑煮（長野県木曽地方）

富山湾でとれるブリを塩漬けにする塩街道，ブリ街道と呼ばれる街道を通ってくる。そのため海無し県だがブリが使われる。

■
すまし

㉑東京江戸雑煮

（東京都全域）

鶏肉，ホウレンソウ，ナルト，シイタケなどの具材と調味料には醤油とみりんを使うのが特徴。

□
赤味噌

㉓味噌煮込み雑煮（三重県津市）

かしら芋と大根を煮込み，三が日の間，希釈しながら食べる雑煮。

□
すまし

㉔名古屋雑煮

（愛知県名古屋市）

伝統野菜の餅菜（正月菜）とカツオ節だけのシンプルな雑煮。切り餅を城に見立て，城は焼いてはならぬ，と焼かずに煮る。

〈編集協力〉
お雑煮研究所 所長
粕谷浩子
http://company.zouni.jp/

転勤族の家庭に育ち，子どもの頃から各地の雑煮のおもしろさを知った。海外に行くと，日本の調味料を持ち込み「私が日本食を作るから，料理を教えてください」と現地を訪ね歩いたりしている。正月以外でも雑煮の奥深さを広めたいと活動している。

汁物，鍋物

その地域でふんだんにある食材をうまく生かして地元で愛されてきた汁物や鍋物。古くから食べられてきた味だけでなく，新しく考えられた鍋も増えている。

❶**牛鍋**（神奈川県横浜市）
1859年7月1日（安政6年6月2日）に横浜港が開港し，やがて居留地の外国人が食べていた牛肉を醤油や味噌を使って日本人が食べ始めたとされる。牛肉と野菜を鉄鍋に敷き，割り下を流し入れて煮る。鉄鍋で牛肉を焼いてから作るすき焼きとは調理法に違いがある。

中国

❷**シジミ汁**（島根県松江市）
宍道湖で採れるシジミは，黒く粒が大きいヤマトシジミ。このシジミを使った島根を代表する郷土料理。

❸**カキの土手鍋**（広島県広島市）
鍋のまわりに府中味噌を土手のように塗り，カキや豆腐，野菜などを煮ながら食べる郷土料理。

九州・沖縄

❹**豊後《ぶんご》水道のフグ鍋**（大分県大分市ほか）
豊後水道の荒波にもまれ身が引き締まったトラフグを使った鍋。大分県では一年中フグが楽しめる。

❺**中身汁**（沖縄県全域）
歯ごたえのある豚のモツ（中身）をカツオ節の出汁で煮込んだ沖縄県の郷土料理。

関西

❼**クエ鍋**（和歌山県日高町）
弾力のある身と，良質なゼラチン質が美味なクエは，フグやタイよりうまいと評判の幻の高級魚。

❽**はりはり鍋**（大阪府大阪市）
クジラの赤身と相性の良い水菜を，煮えすぎないよう少しずつ加えながら食べる。水菜のシャキシャキとした食感と食べた時の音から名がついた。

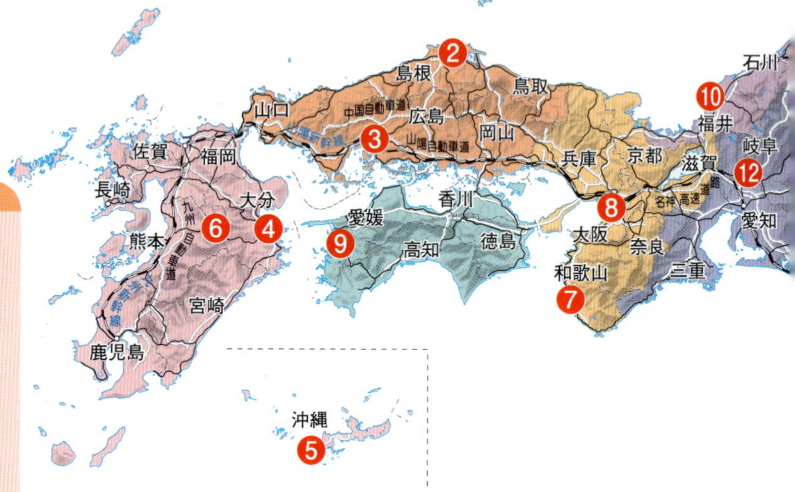

心に残るご馳走「冷や汁」

田代美代子（歌手）
食べることが大好きで「食育ソムリエ」の資格も持つ。

心に残るご馳走といえば，やはり「おふくろの味」でしょうか。とくに忘れられないのは「冷や汁」。九州熊本に母の里があり，夏休みなどに味わった故郷の味は，その景色や人情と共に年を重ねるごとに鮮明によみがえります。阿蘇山や外輪山を遠くに望む庭には，柿，栗，ユズ，ナツメ，梅や夏みかんにキンカンなどが実り，季節ごとに生では勿論，それぞれ，干したり，漬けたりして年間を通していただく保存食をつくったものです。

「冷や汁」は冷たいお味噌汁のことで，南九州では夏の定番かと思いますが，我が家風はこうです。すり鉢の内側にお味噌を薄くのばし全体に貼り付け，ひっくり返して，落とさないように廻しながら火に当て焼きます。焦げ目がいくつかプツプツしたところで火から放し，とっておいたお出汁を少しずつ加えながらすりこ木ですります。この一手間で冷やしても香ばしい美味しさに，あとは大皿に切りそろえた野菜や海草に青ジソ，ミョウガ，ショウガ，ゴマ等と好みの中身を替えながら「お代わり！」。楽しい夏のメニューでした。

❻**冷や汁**
（熊本県・宮崎県）

四国

❾**いもたき**
（愛媛県大洲市）
サトイモがよく用いられ，具は鶏肉など好みで入れる。発祥は大洲市といわれ約300年の伝統がある。

〈写真提供〉宮城県，和歌山県，広島県，青森県観光連盟，秋田県観光連盟，山形県観光物産協会，うつくしま観光プロモーション機構，千葉県観光物産協会，信州・長野県観光協会，福井県観光連盟，島根県観光連盟，

北陸

⑩越前カニ鍋（福井県）
越前ガニやセイコガニと魚介類や野菜をたっぷり入れて味わう。出汁にご飯を入れるとシメに最適。

⑪ブリしゃぶ（富山県氷見市ほか）
ブリで有名な富山県は，冬には脂ののった寒ブリを使ったブリしゃぶが大人気。

北海道

⑬三平汁（北海道全域）
塩づけした魚と野菜を煮込んだもの。約200年前から食べられており，松前藩の斉藤三平の考案との説がある。

⑭花咲ガニの鉄砲汁（北海道根室市）
カニの足を箸でつついて食べる姿が，鉄砲の弾込めをしている姿に似ていることからついた漁師料理。

東海

⑫各《かか》務《みが》原《はら》キムチ鍋
（岐阜県各務原市）
特産の各務原ニンジンと松の実が入ったキムチを使用した鍋。市内ではこのキムチを使った様々な料理もある。

⑮孟宗汁
（山形県鶴岡市）
孟宗筍が旬を迎えるのは5月以降。エグ味のないやわらかいタケノコとして知られている。

東北

⑯いちご煮（青森県八戸市）
ウニの成熟した卵巣がイチゴの果実のように見えることからこの名がついた。

⑰こづゆ（福島県会津若松市）
北前船でもたらされた乾物を素材とした汁物で，正月や冠婚葬祭などの席で振る舞われる。

⑱だまこ鍋（秋田県五城目町）
鶏肉の出汁で，野菜とだまこ餅を煮る素朴な郷土料理。だまことは，飯を3cmほどに丸めたものでお手玉の事。

⑲ドンコ汁（三陸地方）
肝が大きく，タラに似た味のドンコは，冬に脂がのっておいしくなり珍重される。ネギや大根，仙台味噌なども加える。

関東・甲信越

⑳どぶ汁（茨城県大洗町）
アンコウの肝を鍋で空煎りし，水は使わずに野菜の水分でぶつ切りにした身を煮る。肝油で濁った汁になるため，どぶ汁と呼ばれた。

㉑イワシのつみれ汁（千葉県太平洋沿岸部）
イワシに味噌，ショウガをあわせて，すり鉢でよくすり，つみれにしたものを出汁で煮る郷土料理。

㉒けんちん汁（神奈川県鎌倉市）
鎌倉の建長寺の修行僧が作った建長汁が，けんちん汁になったとする説がある。

㉓鯉こく（長野県佐久市）
臭みもなく身もしまっている佐久鯉の輪切りを醤油，酒，砂糖でじっくりと煮込む。

沖縄観光コンベンションビューロー，大分市観光協会

あったか，冷たい そば，うどん

そばやうどんは，地域により麺の色や濃さ，食べ方や味付けの仕方に特色がある。そば粉や小麦粉が主原料だが，宮崎県の魚うどんのように変わったものもある。

そば

音威子府そば

❶音威子府《おといねっぷ》そば（北海道音威子府村）
そばの実の殻ごと挽くため黒いそばになる。独特の風味と強いコシが特徴で，濃いめの出汁に浸して食べる。

❷わんこそば（岩手県盛岡市・花巻市）
小分けにされたそばを，客が食べ終わるたびに，お椀に次々と入れていく。ふたを閉めるまで入れ続ける。

❸むぎそば（山形県酒田市）
そばの実をむいて，茹でたものに出汁をかけて食べる酒田の郷土料理。

❹戸隠《とがくし》そば（長野県長野市）
根曲り竹で編まれた円形のザルに盛られ，地元の伝統野菜「戸隠大根」を薬味に使うのが特徴。

❻常陸《ひたち》秋そば（茨城県北部）
金砂郷《かなさごう》在来種のそばをもとに，茨城県農業試験場が昭和62年に品種登録。大粒で風雨の影響を受けやすいため栽培は難しいが，甘みや香りが抜群に良いことで知られている。

❺へぎそば
（新潟県魚沼地方）
そばのつなぎに，「ふのり」という海藻を使っている。「へぎ」とは，そばを盛ってある四角い器のこと。

石川 28.1
福井 34.4
岐阜 21.6
京都 26.1
滋賀 14.0
愛知 21.7
三重 13.4
奈良 16.4
大阪 22.0
和歌山 10.9
兵庫 19.4
鳥取 16.6
岡山 20.3
島根 19.7
広島 15.5
山口 16.8
香川 59.2
徳島 34.0
愛媛 21.5
高知 19.0
福岡 21.1
佐賀 17.5
長崎 11.7
大分 20.1
熊本 16.4
宮崎 23.4
鹿児島 15.5
沖縄 18.7
淡い ← → 濃い

❼越前おろしそば（福井県越前市）
そばの上に大根おろしを乗せて出汁をかけたり，大根おろしを出汁に混ぜて食べる。

出石そば

❽出石《いずし》そば（兵庫県豊岡市）
店舗では一人前5皿で供されることが多い。一つの皿に盛られたそばの量は2～3口程度の割子そば。

❾ニシンそば（京都府京都市）
江戸時代に，北海道（蝦夷地）から北前船で運ばれてきた身欠きニシンの甘露煮をのせたそば。

❿出雲《いずも》そば（島根県出雲市）
そば粉を挽く時に，そばの実を皮ごと石臼に入れるため，色は濃く黒っぽい。香りが強いのも特徴。

⓫蒜山《ひるぜん》そば（岡山県真庭市）
岡山県北部の高原や山間地は，昼夜の温度差が大きく，そば作りの好適地となっている。

⓬瓦そば（山口県下関市）
瓦の上に茶そばと具材をのせ，温かいつゆで食べる。西南戦争の時に瓦を使って調理した話から考えられた。

〈写真提供〉広島県，岩手県観光協会，栃木県観光物産協会，新潟県観光協会，福井県観光連盟，岡山県観光連盟，島根県観光連盟，山口県観光連盟，香川県観光協会，ググっとぐんま写真館，ひょうごツーリズム協会，

うどん

❶稲庭うどん（秋田県湯沢市）
手延べ製法の干しうどんで，ひやむぎよりやや太く，薄く黄色味かかった色の乾麺である。

❸耳うどん（栃木県佐野市）
この耳は，悪い神様の耳を指しており聞かれないようにという魔除けの意味で，正月に食べられてきた。

❹ひもかわうどん（群馬県桐生市）
元々は「おっきりこみ」という群馬の郷土料理に使われた幅広の麺で，その幅は1.5〜10cmと店により様々。

❷加須《かぞ》うどん（埼玉県加須市）
小麦の栽培が盛んだった当地で，江戸時代に總願寺《そうがんじ》の門前でうどんを参拝客に出したのが始まり。

参考：
日本めん文化の一三〇〇年
奥村彪生

日本のそば収穫量の約45%を占める。夏が冷涼，昼夜の寒暖差が大きい，霧が多いことなど，そば作りの条件が揃う。
北海道 23.4

青森 12.9
秋田 16.4
岩手 18.6
山形 38.4
宮城 20.2
新潟 15.0
富山 20.3
福島 20.7
長野 39.1
群馬 46.8
栃木 43.5
山梨 43.3
埼玉 31.1
茨城 28.9
東京 35.9
静岡 24.9
神奈川 19.6
千葉 21.5
出汁《だし》の濃淡分岐ライン

都道府県別 そば・うどん店舗数（人口10万人あたり）

- 50.0軒以上
- 45.0〜50.0
- 40.0〜45.0
- 35.0〜40.0
- 30.0〜35.0
- 25.0〜30.0
- 20.0〜25.0
- 15.0〜20.0
- 10.0〜15.0
- 0.0〜10.0

出典：総務省
経済センサス
平成26年度調査

第1位：香川県
一人あたりのうどん消費量日本一。県内のいたる所にうどんの製麺所がある。

❺吉田のうどん（山梨県富士吉田市）
強いコシがある極太麺に，味噌や醤油味の汁。そして，具には茹でたキャベツと馬肉が入っている。

❻きしめん
（愛知県名古屋市）
幅が広く平たい麺で，通常のうどんより茹でる時間が短い。もちもちしたコシのある食感。

❼伊勢うどん（三重県伊勢市）
たまり醤油を使った黒っぽく濃厚なつゆがポイント。太いうどんに絡めて食べる。薬味は刻みネギのみ。

❽讃岐《さぬき》うどん（香川県全域）
香川県のうどん生産量は全国第一位で，県民の生活に欠かせない食習慣。毎年7月2日は「さぬきうどんの日」。

❾たらいうどん（徳島県阿波市）
かつて林業が盛んだった頃，山仕事をする人たちの仕事納めの振る舞い料理が起源と言われている。

❿大豆うどん（広島県江田島市）
大豆から出汁をとり，そのままうどんの具材として食べるという先人の知恵が作ったうどん。

⓫ごまだしうどん（大分県佐伯市）
焼いた魚の身とゴマをすり潰して作られる「ごまだし」。茹でたうどんに，ごまだしをのせてお湯をそそぐ。

⓬魚うどん（宮崎県日南市）
主食が不足していた時代に，小麦粉の代用として魚を加工して作られた。

庄内観光コンベンション協会，名古屋観光コンベンションビューロー，みやざき観光コンベンション協会，ツーリズムおおいた

地元自慢のラーメン

ラーメンは，江戸末期の開港に伴いできた中華街での麺料理がルーツとされる。やがて，各地に根づいた独自性があるラーメンが誕生。町おこしのためにに開発されたものもある。

博多中洲のラーメン屋台（福岡市）

❶富山ブラック（富山県富山市）
肉体労働者の塩分補給に，醤油味の濃いスープのラーメンを作ったのが起源とされており，白飯と一緒に食べる。

濃厚

あっさり

❷高山ラーメン（岐阜県高山市）
醤油を入れた鰹出汁などの和風スープに，細麺の組み合わせ。スープの色は濃いが，まろやかな味。

こってり

❸徳島ラーメン（徳島県徳島市）
大きく分けて3系統のスープがあるが，濃厚豚骨醤油が主流。具はバラ肉を味付けしたものや生卵。

あっさり

❹広島ラーメン（広島県広島市）
豚骨スープに魚介の出汁を加えた醤油味。麺は細めのストレートで，やや柔らかめ。

あっさり

❺尾道ラーメン（広島県尾道市）
瀬戸内海のいりこを加えた鶏ガラの澄んだ醤油スープがベース。背脂をミンチにしたものを加えているが，あっさりした味。

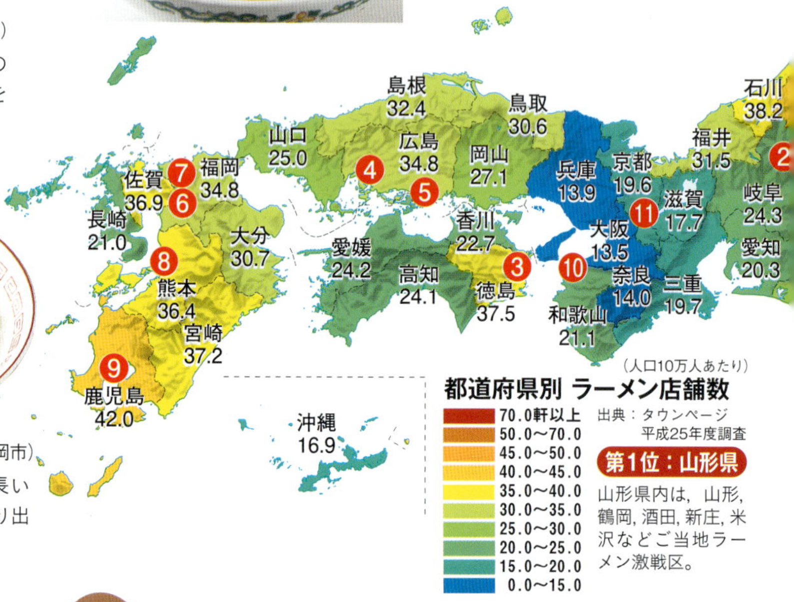
島根 32.4
鳥取 30.6
石川 38.2
山口 25.0
広島 34.8
岡山 27.1
福井 31.5
佐賀 36.9
福岡 34.8
兵庫 13.9
京都 19.6
滋賀 17.7
岐阜 24.3
長崎 21.0
大分 30.7
香川 22.7
大阪 13.5
愛知 20.3
愛媛 24.2
高知 24.1
奈良 14.0
三重 19.7
熊本 36.4
徳島 37.5
和歌山 21.1
宮崎 37.2
鹿児島 42.0
沖縄 16.9
（人口10万人あたり）
都道府県別 ラーメン店舗数
70.0軒以上
50.0～70.0
45.0～50.0
40.0～45.0
35.0～40.0
30.0～35.0
25.0～30.0
20.0～25.0
15.0～20.0
0.0～15.0
出典：タウンページ 平成25年度調査
第1位：山形県
山形県内は，山形，鶴岡，酒田，新庄，米沢などご当地ラーメン激戦区。

こってり

❻久留米ラーメン（福岡県久留米市）
濃厚豚骨スープと，ストレートの細麺を組み合わせたラーメンで，九州豚骨ラーメンの元祖と言われている。

こってり

❼博多ラーメン（福岡県福岡市）
スープは，豚骨をグラグラと長い時間炊き出し，髄のエキスを絞り出したこってり味。

あっさり

❽熊本ラーメン（熊本県熊本市）
豚骨に鶏ガラを加えて，マイルドにしたスープが特徴。ニンニクチップなどが使われる。

あっさり

❾鹿児島ラーメン（鹿児島県鹿児島市）
豚骨ラーメンではあるが，鶏ガラや野菜も使い，脂っこさは少ない。麺は柔らかめに仕上げる。

あっさり

❿和歌山ラーメン（和歌山県和歌山市）
麺はやや細めのストレート。テーブル上のゆで卵や押し寿司は，いくつ食べたかを自己申告するスタイル。

濃厚

⓫京都ラーメン（京都府京都市）
あっさりと思われがちな京都ラーメンだが，濃い醤油味でインパクトの強いスープのこってりラーメンだ。

〈写真提供〉山形県，広島県，うつくしま観光プロモーション機構，栃木県観光物産協会，富山県観光連盟，熊本国際観光コンベンション協会，久留米観光コンベンション国際交流協会，札幌市，函館市，福岡市，鹿児島市

こってり

⑫札幌ラーメン（北海道札幌市）
札幌は味噌ラーメン発祥の地。中太の縮れ麺に，ラードをスープに使い，こってり感とボリュームがある。

すっきり

⑭函館ラーメン（北海道函館市）
函館ではラーメンと言えば塩。澄んだスープと縮れの少ない麺が特徴。すっきりしているが，深い旨みがある。

あっさり

⑮米沢ラーメン（山形県米沢市）
細麺を2～3日寝かせて手でもむ。スープはすっきりしているが，このチリチリした縮れ麺によく絡む。

あっさり

⑬旭川ラーメン
（北海道旭川市）
縮れ麺に，豚骨と煮干しなどで取るスープと醤油だれで，後味はさっぱりしている。

13
12
北海道
40.5
14
青森
41.9
秋田
42.5
岩手
30.9
16
17
山形
70.9
宮城
34.8
23
15
新潟
44.9
18
福島
40.2
群馬
39.0
栃木
51.9
19
長野
39.6
埼玉
19.0
20
茨城
35.1
山梨
36.9
東京
28.7
21
静岡
28.9
神奈川
18.7
千葉
25.2
22
スープのベース味
豚骨
豚骨醤油
醤油
味噌
塩

あっさり

⑯酒田ワンタンメン
（山形県酒田市）
豚骨，鶏ガラ，煮干，昆布などを出汁をとる。各店舗では，自家製の極薄ワンタンを使っている。

あっさり

⑰とりもつラーメン（山形県新庄市）
最上地方では鶏を飼う農家が多く，よく食べられていた鶏のモツ煮込みとラーメンが一緒になった。

あっさり

⑱喜多方ラーメン（福島県喜多方市）
スープは豚骨，鶏ガラ，煮干しなどを使ったあっさり澄んだ醤油味が主流。麺やチャーシューはやや多め。

とら食堂
あっさり

⑲白河ラーメン（福島県白河市）
白河市の「とら食堂」が発祥とされる。喜多方と並ぶ，福島県を代表するラーメン。やや濃いめの澄んだ醤油スープ。

あっさり

⑳佐野ラーメン（栃木県佐野市）
青竹打ちの平麺が特徴。小麦粉の塊の上から竹に脚をかけ，体重をのせて延ばしていく。あっさり醤油味。

新横浜ラーメン博物館

神奈川県横浜市☎045(471)0503
ラーメンを食べるだけでなく，東京タワー完成の昭和33年の街並みを再現したフードテーマパークやミュージアムショップなどがある。「全国各地のラーメンを飛行機に乗らずに食べに行ける」がコンセプト。

写真提供：新横浜ラーメン博物館

あっさり

㉑東京ラーメン（東京都全域）
昔ながらの東京ラーメンは，豚骨や鶏ガラのスープに和風出汁を加え，縮れた麺を入れる。

こってり

㉒横浜家系ラーメン
（神奈川県横浜市）
「吉村家」を元祖とし，濃厚な豚骨醤油に，コシのある太麺の組み合わせたこってり味。

こってり

㉓燕三条《つばめさんじょう》ラーメン（新潟県燕市・三条市）
背脂煮干出汁の極太ラーメン。この地域は，網で背脂を振りかける「背脂チャッチャ系」ラーメンの発祥地。

日本酒と焼酎

広島県北広島町の小野酒造の仕込み

日本の稲作の風土と，米麹を使った製法で醸造された日本酒。九州を中心に，芋や麦などが主原料の焼酎。東南アジアから伝わった泡盛など，各地の名品が揃う。

日本酒

日本酒に欠かせない米は，「山田錦」に代表されるように酒造好適米を多く用いる。常温や燗など温度により，香りや味わいが複雑多彩に揺れ動く。

〈日本酒度〉
糖度の比重による甘口，辛口の目安。日本酒を15℃で測定し，4℃の水と同じ比重が±0。それより重いものはマイナス（甘口），軽いものはプラス（辛口）で表示。

−6.0以上　±0　+6.0以上
大甘口　甘口　やや甘口　普通　やや辛口　辛口　大辛口

〈酸度〉
酒に含まれるコハク酸，リンゴ酸，乳酸などの酸の量。酸度が大きいほど濃厚な味になる。吟醸酒以上の酒には，ラベルに標記されることも多い。

0 低い　淡麗　1.5　濃厚　3.0 高い

見学可 ＝事前申し込みで見学ができる酒蔵。※定休日や時期により見学できない場合もある。

❶賀《か》茂《も》泉《いずみ》
純米吟醸 朱泉本仕込み
日本酒度：＋1前後
酸　　度：1.8前後
蔵元：賀茂泉酒造
広島県東広島市
☎082-423-2118
見学可
※要予約，毎月4日・10日と土・日のみ。

❷李白
純米吟醸 超特選
日本酒度：＋4.5
酸　　度：1.5
蔵元：李白酒造
島根県松江市
☎0852-26-5555
※試飲のみ。

❸獺祭《だっさい》
純米大吟醸 磨き二割三分
日本酒度：非公開
酸　　度：非公開
蔵元：旭酒造
山口県岩国市
☎0827-86-0120
見学可
※要予約，1日2回（11時，14時），最大5人まで。

❹川鶴
讃州オオセト55 特別純米
日本酒度：＋3
酸　　度：1.6
蔵元：川鶴酒造
香川県観音寺市
☎0875-25-0001
見学可
※小売店などの紹介があれば可。

❺司《つかさ》牡丹《ぼたん》 船中八策
純米超辛口
日本酒度：＋8
酸　　度：1.4
蔵元：司牡丹酒造
高知県佐川町
☎0889-22-1211
見学可
※要予約，1月〜3月初旬の土曜，14時より。

❻朱盃《しゅはい》
純米酒 生一本
日本酒度：＋3
酸　　度：1.4
蔵元：千代の園酒造
熊本県山鹿市
☎0968-43-2161
見学可
※酒造史料館がある。

鹿島酒蔵ツーリズム
佐賀県鹿島市
☎0954-63-3412

江戸時代から酒造りが盛んに行われた鹿島市には，いまも醸造を続ける酒蔵が6蔵ある。酒蔵ツーリズムは，毎年3月後半に開催され，6蔵同時蔵開きや蔵人と触れ合い，日本酒を味わうイベントを提案している。

6 蔵自慢の日本酒

試飲をしながら酒蔵巡り

焼酎（泡盛）

焼酎の材料は大きく分けて2種類ある。「一次もろみ」をつくるための「原料」と，風味を決める大麦や芋などの「主原料」。役割の異なる二つの素材が混ざり合うことで深い味わいになる。

米

❶球磨《くま》の泉
原材料：米，米麹
アルコール度数：25度
減圧蒸留
蔵元：那須酒造場
熊本県多良木町
☎0966-42-2592
見学可
※一週間前までに要予約。

麦

❷天盃《てんぱい》
原材料：二条大麦，米麹
アルコール度数：25度
常圧2回蒸留
蔵元：天盃
福岡県筑前町
☎0946-22-1717
※試飲のみ。

芋

❸さつま五代
原材料：さつま芋，米麹
アルコール度数：25度
常圧蒸留
蔵元：山元酒造
鹿児島県薩摩川内市
☎0996-25-2424
見学可
※要予約，休業日以外。

黒糖

❹龍宮
原材料：黒糖，米麹
アルコール度数：30度
常圧蒸留
蔵元：富田酒造場
鹿児島県奄美市
☎0997-52-0043
見学可
※要予約，休業日以外。

泡盛

❺瑞泉《ずいせん》 3年古酒
原材料：米麹（原料米はタイ産）
アルコール度数：30度
単式蒸留
蔵元：瑞泉酒造
沖縄県那覇市
☎098-884-1968
見学可
※休業日以外，9時〜17時。

〈写真提供〉広島県，鹿島酒蔵ツーリズム推進協議会事務局，大町温泉郷観光協会，ぽんしゅ館 新潟驛店，岡永，高砂酒造，南部美人，日の丸醸造，宮泉銘醸，島崎酒造，山梨銘醸，青木酒造，車多酒造，天領酒造，喜多酒造，賀茂泉酒造，

越後のお酒ミュージアム
ぽんしゅ館 新潟驛店

新潟県新潟市☎025-240-7090

新潟県内すべての酒造の日本酒が，利き酒できる（有料）。「越後・魚沼のドラマを食で語る」をコンセプトに，新潟の豊かな自然・食文化などを発信。越後湯沢駅にも同列店舗がある。

利き酒番所にずらりと並ぶ越後の日本酒の注ぎ口。

7 国士無双
純米酒
日本酒度：＋3
酸　　度：1.5
蔵元：高砂酒造
北海道旭川市
☎0166-23-2251
見学可
※3日前までに要予約，1日2回（10時，15時）。

8 南部美人
特別純米酒
日本酒度：＋4
酸　　度：1.5
蔵元：南部美人
岩手県二戸市
☎0195-23-3133
見学可
※冬季限定11月〜3月，要予約，日祝を除く，土曜は不定休。

9 まんさくの花
別格大吟醸
日本酒度：＋1
酸　　度：0.5
蔵元：日の丸醸造
秋田県横手市
☎018-245-2005
見学可
※酒蔵見学は不可。内蔵見学のみ，平日10時〜16時，土日祝は不定休。

10 浦霞《うらかすみ》
特別純米酒 生一本
日本酒度：＋1〜＋2
酸　　度：1.3〜1.5
蔵元：佐浦
宮城県塩竈市
☎022-362-4165
見学可
※製造工程の見学不可。蔵ガイド要予約，1日2回（11時，14時），日曜・年末年始休業。

11 寫楽《しゃらく》
純米酒
日本酒度：＋1
酸　　度：1.4
蔵元：宮泉銘醸
福島県会津若松市
☎0242-27-0031

12 東力士
純米吟醸
日本酒度：－2
酸　　度：1.5
蔵元：島崎酒造
栃木県那須烏山市
☎0287-83-1221
見学可
※要予約，10時〜18時，地下工場跡にある洞窟酒蔵見学4〜11月。

13 澤乃井
特別純米酒
日本酒度：＋3
酸　　度：1.6
蔵元：小澤酒造
東京都青梅市
☎0428-78-8215
見学可
※要予約，1日4回（11時，1時，2時，3時），月曜定休。

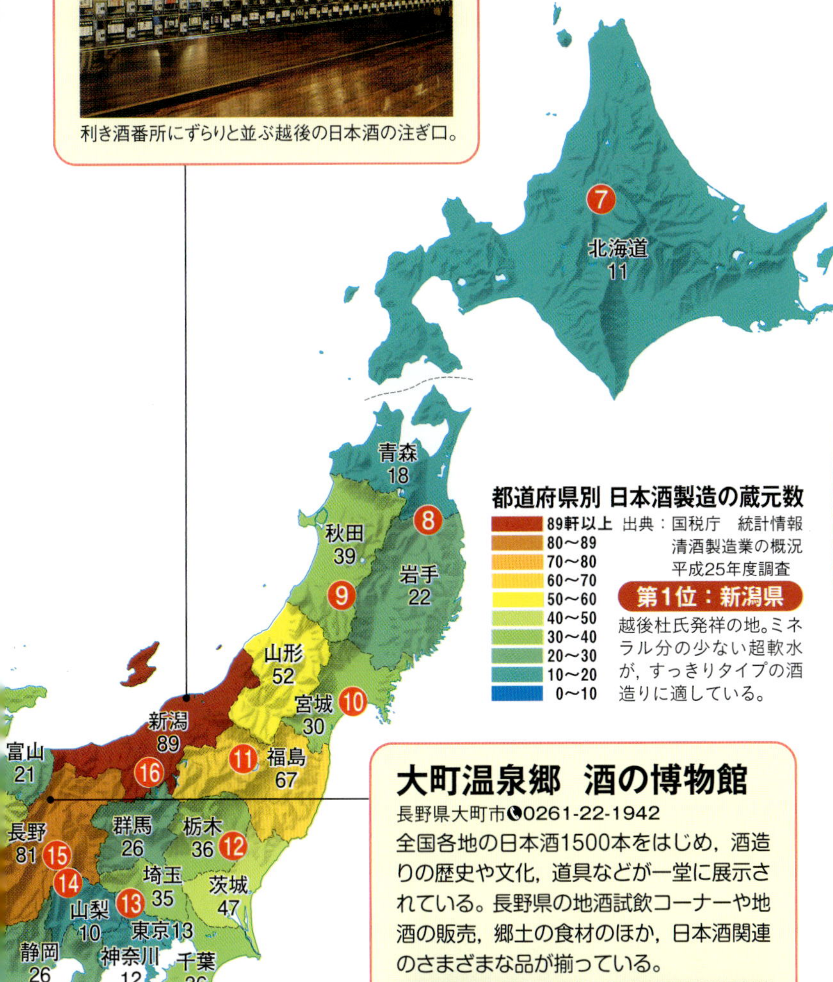

北海道
11
青森
18
秋田
39
岩手
22
山形
52
宮城
30
新潟
89
福島
67
富山
21
長野
81
群馬
26
栃木
36
埼玉
35
茨城
47
山梨
10
東京13
神奈川
12
静岡
26
千葉
36
都道府県別 日本酒製造の蔵元数
89軒以上
80〜89
70〜80
60〜70
50〜60
40〜50
30〜40
20〜30
10〜20
0〜10
出典：国税庁　統計情報
清酒製造業の概況
平成25年度調査
第1位：新潟県
越後杜氏発祥の地。ミネラル分の少ない超軟水が，すっきりタイプの酒造りに適している。

14 七賢《しちけん》
純米大吟醸 絹の味
日本酒度：±0
酸　　度：非公開
蔵元：山梨銘醸
山梨県北杜市
☎0551-35-2236
見学可
※9時〜15時，事前予約がおすすめ。

15 真澄
純米吟醸 辛口生一本
日本酒度：＋4
酸　　度：1.5
蔵元：宮坂醸造
長野県諏訪市
☎0266-52-6161
※試飲のみ。

大町温泉郷　酒の博物館

長野県大町市☎0261-22-1942

全国各地の日本酒1500本をはじめ，酒造りの歴史や文化，道具などが一堂に展示されている。長野県の地酒試飲コーナーや地酒の販売，郷土の食材のほか，日本酒関連のさまざまな品が揃っている。

北アルプス山麓に広がる大町は，豊かな清流と良質の米を原料に，おいしい地酒が造られてきた。

16 鶴齢《かくれい》
純米吟醸
日本酒度：＋2
酸　　度：1.2
蔵元：青木酒造
新潟県南魚沼市
☎025-782-0023
※試飲のみ。

17 天狗舞
山廃仕込純米酒
日本酒度：＋3
酸　　度：2.0
蔵元：車多酒造
石川県白山市
☎076-275-1165

〈監修〉
日本酒コンサルタント
松崎晴雄

複雑な工程を経て生まれ，香りや味わいのバラエティーが豊かな日本酒。原料や蒸留の仕方など多様性のある風味が楽しめる焼酎。ともにそれぞれの風土を反映させながら，地元の食文化に寄り添うように発達してきました。各地域を代表し，また最近では全国，海外でも人気を呼んでいる銘柄を紹介します。

18 天領
ひだほまれ純米吟醸
日本酒度：＋3〜＋5
酸　　度：1.3〜1.5
蔵元：天領酒造
岐阜県下呂市
☎0576-52-1515
見学可
※要予約，10時〜16時，土日祝・年末年始・お盆休業。

19 喜楽長《きらくちょう》
辛口純米吟醸
日本酒度：＋14
酸　　度：1.9
蔵元：喜多酒造
滋賀県東近江市
☎0748-22-2505
見学可
※酒造りの見学は12〜2月，要予約，日祝休業。

20 月の桂
本醸造 生原酒にごり酒
日本酒度：－1〜＋1
酸　　度：1.5
蔵元：増田徳兵衛商店
京都府京都市
☎075-611-5151
見学可
※冬季のみ要予約。

李白酒造，旭酒造，川鶴酒造，千代の園酒造

日本のワイン，ビール，ウイスキー

日本各地で多くの酒造家がレベルの高い洋酒を生み出している。生産現場を訪ねて，そのこだわりを知れば，魅力をより深く味わうことができるだろう。

❶甲州市勝沼 ぶどうの丘 山梨県甲州市 0553-44-2111
甲州市産約200銘柄のワインが試飲できるワインカーヴやレストラン，温泉施設「天空の湯」などがある。

ワイン

栽培技術と醸造技術はワインづくりの両輪。日本の本格的ワインづくりは，明治政府が殖産興業政策の一環として奨励したことから始まった。

❸十勝ワイン（池田町ブドウ・ブドウ酒研究所）

北海道池田町 015-572-2467
町に自生していた山ブドウからつくった「十勝アイヌ葡萄酒」が，1964年に国際コンペティションで初受賞。辛口と熟成にこだわる。

見学 1日3回（ガイド付き・無料。ワイン祭り当日 / 年末年始 /GW/ お盆時期などを除く）。見学通路からは常時可。

熟成中のワインが身近に感じられる地下熟成室。

十勝ワイン
清舞
十勝ワイン
凋寒

池田町独自品種を使った「清舞」（左）と，北海道後志地方産のブドウでつくられる「凋寒（セイオロサム）」（右）

❹ココ・ファーム・ワイナリー

栃木県足利市 0284-42-1194
1950年代に開かれた「こころみ学園」のブドウ畑の麓にあるワイン醸造場では，国産ブドウ100%で上質な日本ワインをつくっている。2000年九州・沖縄サミットや2008年北海道洞爺湖サミットなどでも採用された。

見学 1日3回（ガイド付き・有料。収穫祭前日から4日間 / 年末年始 /1月第3月曜〜金曜を除く）。その他テイスティングや食事付きのコースもある。

1回45分かけて，ワインづくりの現場をスタッフが案内。

Petit Manseng

自家畑自家醸造の「こころみノートン」（左）と「プティ・マンサン」（右）。

❷サドヤ

山梨県甲府市 0120-25-3108
1936年にフランスからワイン専用品種の苗木を取り寄せて自家農園で栽培し，食を楽しむ本格辛口ワインの製造を開始。

見学 1日5回（ガイド付き・有料［中学生以下無料］。年末年始を除く）。

時が止まったような地下セラーの昔の搾汁機。

CHATEAUBRIAND
Chateau Brillant
CHATEAUBRIAND
シャトーブリヤン

「シャトーブリヤン」第1号を販売した当時のポスター。

Chateau Brillant
1977
SADOYA
Chateau Brillant
SADOYA

1946年から製造している「シャトーブリヤン」の赤（左）と白（右）。

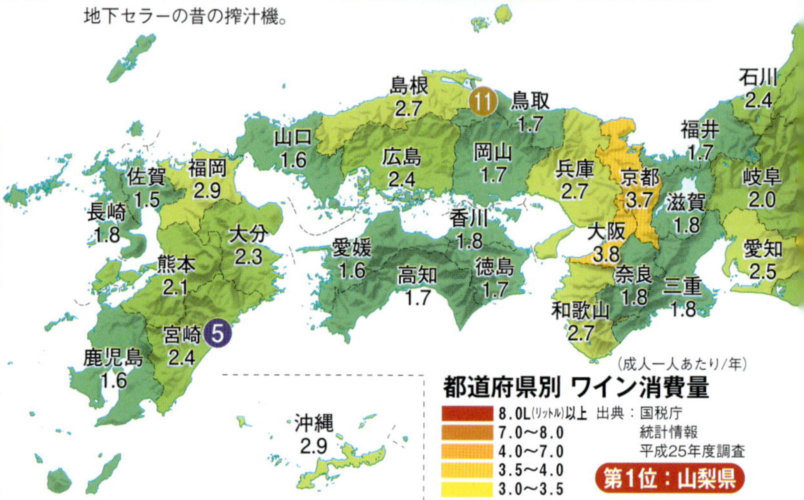
石川 2.4
福井 1.7
岐阜 2.0
滋賀 1.8
京都 3.7
愛知 2.5
三重 1.8
奈良 1.8
大阪 3.8
兵庫 2.7
和歌山 2.7
島根 2.7
11
鳥取 1.7
岡山 1.7
広島 2.4
山口 1.6
香川 1.8
徳島 1.7
愛媛 1.6
高知 1.7
福岡 2.9
佐賀 1.5
長崎 1.8
大分 2.3
熊本 2.1
宮崎 5 2.4
鹿児島 1.6
沖縄 2.9

（成人一人あたり/年）

都道府県別 ワイン消費量

8.0L（リットル）以上
7.0〜8.0
4.0〜7.0
3.5〜4.0
3.0〜3.5
2.5〜3.0
2.0〜2.5
1.5〜2.0
1.0〜1.5
0.0〜1.0

出典：国税庁 統計情報 平成25年度調査

第1位：山梨県

山梨県内には約80のワイナリーがあり，国内産の約3割を生産している。

❺都農《つの》ワイン

宮崎県都農町 0983-25-5501
日向灘を望む小高い丘の上で，地元産のブドウにこだわり第三セクターで設立。ブドウの休眠期に堆肥を入れて土づくりから行っている。

見学 ガイドツアーは1週間前までに要予約（無料）。見学通路からは常時可（年末年始を除く）。
10月第3日曜にはハーヴェスト・フェスティバルを開催。

人気の「キャンベル・アーリー」（左）と「シャルドネ アンフィルタード」（右）。

ウイスキー

5大生産地の一つとなったジャパニーズウイスキー。スコッチに似ているが，スモーキーな香りは少なく，水割りにしても風味がある。

❻ベンチャーウイスキー秩父蒸溜所

埼玉県秩父市☎0494-62-4601

2008年の製造開始以来，毎年国内外で受賞。創業者の名を冠した「イチローズモルト」は高い評価を受けている。

見学 プロ向けのみ。一般は2月の「秩父ウイスキー祭」で見学できる可能性も。

木製のレールを敷いて樽を積み重ねる昔ながらの貯蔵庫。バーボン樽やミズナラ樽でウイスキーを熟成させている。

「イチローズモルト ダブルディスティラリーズ」(左)と「イチローズ モルト&グレーン ホワイトラベル」(右)。

❼マルス信州蒸溜所（本坊酒造）

長野県宮田村☎0265-85-4633

鹿児島で誕生し，日本の風土を活かした本物のウイスキーづくりをめざして，1985年，冷涼な気候と良質の水に恵まれた信州に蒸留所を開設。世界的に権威のあるウイスキーコンペティションで世界最高峰の賞を受賞。

見学 10人以上は要予約(ガイドなし・無料[一部有料試飲あり]。年末年始を除く)。

ジャパニーズウイスキー創生の一翼を担った岩井喜一郎氏設計のポットスチル。

ブレンデッドモルト「越百(コスモ)」(左)とブレンデッドウイスキー「ツインアルプス」(右)。

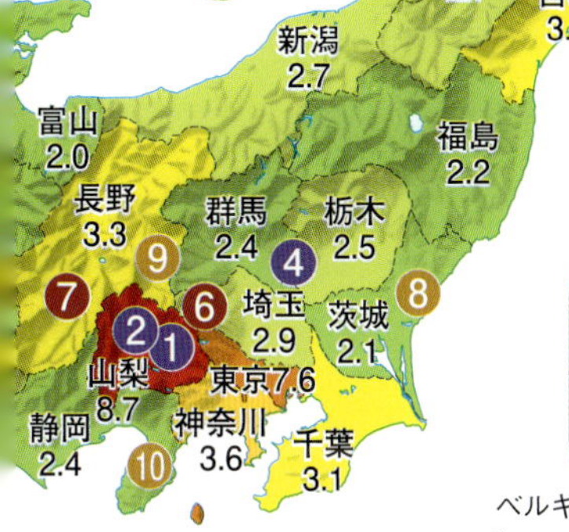

北海道
3.6
3
青森
2.5
秋田
2.2
岩手
2.5
山形
2.7
宮城
3.2
新潟
2.7
福島
2.2
富山
2.0
長野
3.3
群馬
2.4
栃木
2.5
4
9
7
6
8
2
1
埼玉
2.9
茨城
2.1
山梨
8.7
東京7.6
神奈川
3.6
静岡
2.4
10
千葉
3.1

クラフトビール

1994年の酒税法改正で小規模醸造が許可され，クラフトビールと呼ばれる個性ある製品をつくるブルワリー（醸造所）が増えてきた。海外でも高く評価されているものが多い。

❽常《ひ》陸《たち》野《の》ネストビール 額田醸造所（木内酒造）

茨城県那珂市☎029-298-0105

江戸時代から続く日本酒醸造元がつくっている。額田醸造所ではホップの生産も開始。世界30か国以上で飲まれている。

見学 2，3日前までに要予約（ガイド付き・無料。年末年始/日祝日を除く)。

ベルギー伝統の小麦ビール「ホワイトエール」(左)と日本のビール麦とホップを使った「ニッポニア」(右)。

2008年からは新たな工場で醸造。

❾軽井沢ブルワリー

長野県佐久市☎0120-919-144

「爽やかで何杯でも飲みたくなるビール」を目標に，浅間山の冷涼名水で仕込んでいる。クラフトビールでは最大規模・最新鋭の設備を誇る。

見学 要予約。1日5回（ガイド付き・有料。年中無休［臨時休業あり］)。

本物のサクソホンがビールサーバーに。

日本画家・千住博画伯の絵画をラベルにデザインしたプレミアムビール。

❿ベアード・ブルワリーガーデン修善寺

静岡県伊豆市☎0558-73-1225

麦，ホップなどの原材料も生産していく農場型ブルワリーをめざしている。お弁当を持ってピクニック気分で行くのもOK。

見学 1日3回（ガイド付き・無料。土日祝日に実施)。予約可。

オーナーのベアード夫妻(中央)とスタッフの皆さん。

Angry Boy
Brown Ale

定番の「ライジングサンペールエール」(左)と「アングリーボーイブラウンエール」(右)。

⓫くめざくら大山ブルワリー（大山Gビール）

鳥取県伯耆町☎0859-68-5570

国立公園大山の麓にあり，源水は150mからくみ上げた大山の伏流水。地酒蔵元が大山の自然が感じられるビールづくりを行う。

見学 見学通路から常時可（ガイドなし・無料。祝祭日/GW/夏期を除き月休)。

レストランからも醸造所の様子が見える。

Daisen
G Beer
八郷

人気のフラッグシップ「ヴァイツェン」(左)と酒米を使った季節限定の「八郷」(右)。

電車に乗って旅弁

©visual supple/amanaimages

鉄道旅の楽しみといったら駅弁。地域に根づいた食文化が結集されていることも駅弁の魅力だ。駅弁の達人・小林しのぶが薦める有名駅弁や人気駅弁を旅のお供に！

中国

広島電鉄・宮島口駅など

❶穴子飯

地元で老舗「うえの」が100年以上も変わらない味で出している。

山陽本線・岡山駅など

❷桃太郎の祭ずし

瀬戸内産の新鮮な山海の幸が，華やかに並び，食欲が刺激される。

山陰本線・松江駅など

❸およぎ牛弁当

およぎ牛とは，牛を泳いで海を渡らせる隠岐島の風習。

山陰本線・米子駅など

❹赤貝めし

炊き込みご飯の上に赤貝をのせ，昆布巻き，玉子焼きを添えている。

関西

東海道本線・京都駅など

❺京都牛膳

かやくご飯の上に牛肉の照り焼き，錦糸卵，すぐき漬けなどをのせた。

山陽新幹線・新神戸駅など

❻ひっぱりだこ

タコ壺状の容器の中に，炊き込みご飯と明石のタコのうま煮など。

和歌山線・吉野口駅など

❼柿の葉寿し

酢飯にサバをのせて，殺菌作用があるといわれる柿の葉で包んだ。

山陰本線
3
4
北陸本線
金沢
14
高山本線
福岡
山陽新幹線
1
広島
山陽本線
2
10
11
長崎
久大本線
8
6
5
26
予讃線
大阪
7
名古屋
9
12
豊肥本線
土讃線
高知
紀勢本線
九州新幹線
日豊本線
13
鹿児島中央
那覇

四国

予讃線・今治駅

❽瀬戸の押寿司

来島海峡の激しい潮流で育った身の締まったタイの押寿司。

高徳線・徳島駅など

❾阿波地鶏弁当

脂肪が少なく，コクのある阿波尾鶏の鶏めしの上に，照り焼きのせた。

九州・沖縄

佐世保線・有田駅

❿有田焼カレー

28種類のスパイスを使用，有田の水や佐賀県産米にこだわった。

※器は変わることがある。

長崎本線・鳥栖駅など

⓫長崎街道焼麦《しゃおまい》弁当

鳥栖駅の 二つの名物「かしわめし」と「焼麦」を味わえる。おかずも豊富。

九州新幹線・新八代駅など

⓬鮎屋三代

焼アユの出汁の炊き込みご飯の上に，アユの甘露煮を丸ごと一匹のせている。

九州新幹線・鹿児島中央駅など

⓭極 黒豚めし

豪快に盛り付けた厚切り黒豚肉の柔らかさと旨みは，ご飯と好相性。

北陸

北陸本線・福井駅など

⑭越前かにめし

カニの身やカニミソを炊き込んだご飯に，ほぐし身をのせたカニずくし。

北陸本線・富山駅など

⑮ますのすし

サクラマスを味付けした押し寿司で，富山県の郷土料理を駅弁にした。

北海道

根室本線・釧路駅など

⑯たらば寿し

タラバガニをふんだんに使い，サーモンとイクラを添えている。

函館本線・森駅

⑰いかめし

米を詰めた小ぶりのスルメイカを柔らかく煮上げている。

根室本線・厚岸駅

⑱氏家《うじいえ》かきめし弁当

カキの煮汁で炊いた御飯の上にヒジキを散らし，磯の香りたっぷり。

東北

三陸鉄道・久慈駅

⑲うに弁当

三陸沖産のウニを使い，殻に残った汁でご飯を炊き上げている。

奥羽本線・米沢駅など

⑳牛肉どまん中

山形県産米をふっくら炊き上げ，その上に味付けした牛そぼろと牛肉煮をのせた。

東北本線・仙台駅など

㉑網焼き牛たん弁当

仙台名物の牛タンと麦飯。可熱材入りで，アツアツで味わえる。

〈監修〉
旅行ジャーナリスト・
フードアナリスト
小林しのぶ

旅が大好きで年間150日以上，地方を巡っている。全国津々浦々でさまざまな駅弁を売っているのは日本だけ。今までに4,000個以上の駅弁を食べまくり。そんな中でも，食べて絶対に後悔しない名物駅弁を満喫してほしい。

関東・甲信越

上越線・高崎駅

㉒だるま弁当

ひとめぼれ米を使用した茶飯の上に，県産のおかずを盛り付けている。

信越本線・横川駅

㉓峠の釜めし

益子焼の土釜で，鶏肉・ささがきゴボウ・ウズラの卵がなどがのっている。

東海

東海道本線・名古屋駅など

㉖抹茶ひつまぶし日本一弁当

三河一色産ウナギと西尾の抹茶，日本一長い守口大根を使っている。

伊豆箱根鉄道・修善寺駅

㉗武士《たけし》のあじ寿司

伊豆近海の地アジを酢で軽く〆め，ショウガを刻んでのせている。

東海道本線・東京駅など

㉔深川めし

茶飯の上に煮アナゴとノリ，アサリなど東京湾の幸がのっている。

信越本線・新潟駅など

㉕えび千両ちらし

玉子焼きが一面に敷かれ，エビのおぼろが上にかかっている。

名物菓子

茶菓子としての伝統的な銘菓から，南蛮文化の影響をうけた和洋折衷の菓子，特産品を使用した新しい菓子など，全国各地には独自の菓子文化がある。

石川県金沢市「石川県観光物産館」で行われている和菓子手づくり体験

関西

❶生八ツ橋（京都府京都市）
江戸時代の箏曲八橋流《そうきょくやつはしりゅう》の創始者が，残った米で煎餅を作らせ，それがのちに八ツ橋とよばれたという。

❷葛餅（奈良県吉野地方）
極寒期に地下水で精製，乾燥させた吉野本葛と水をやさしく加熱する。

中国

❺吉備団子《きびだんご》（岡山県岡山市）
岡山県の吉備津神社の祭礼で，供え物を振舞った土産品が吉備団子となったなど，いくつかの説がある。

❻夏蜜柑丸漬（山口県萩市）
山口県には天然記念物に指定された「大日比《おおひび》ナツミカン原樹」がある。上品な甘さとほろ苦い皮の風味の逸品。

四国

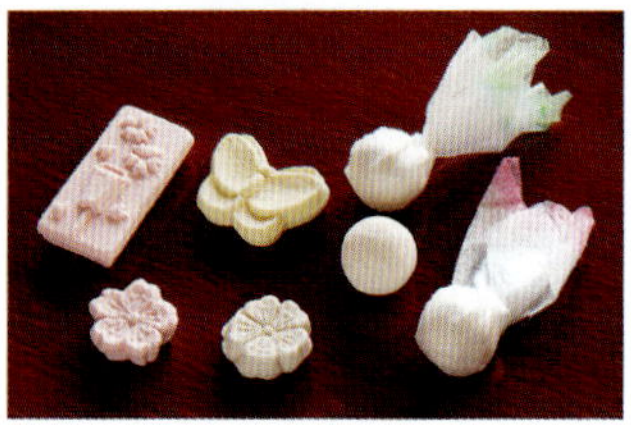

❼さぬき和三盆（香川県東かがわ市）
三盆とは，「盆の上で砂糖を三回研ぐ」という古くからの精製法からついた。伝統的な和三盆糖の菓子。

❽タルト（愛媛県松山市）
オランダ語の「taart」やポルトガル語の「torta」が語源とされるロールケーキ状の郷土菓子。

北陸

❸上生菓子（石川県金沢市）
茶の湯で出される京都が発祥の上生菓子が伝わり，加賀藩の風土で育まれた。

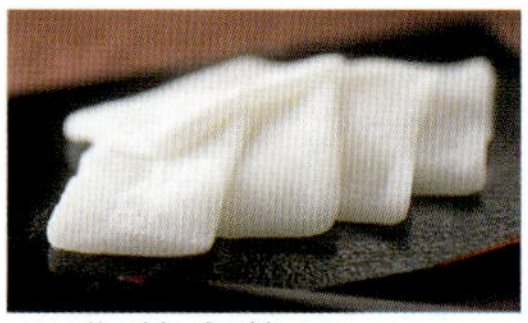

❹羽二重餅《はぶたえもち》（福井県福井市）
羽二重織りという絹織物の生産が盛んだったためついた名。餅粉で作られた銘菓。

石川県観光物産館

石川県金沢市 ☎076-222-7788
兼六園に近い「石川県観光物産館」は，老舗の銘菓，佃煮，伝統工芸品などを一同に集めた施設。和菓子手づくり体験などができるほか，加賀百万石の菓子文化ギャラリーがある。

菓子文化ギャラリー（写真提供：石川観光物産館）

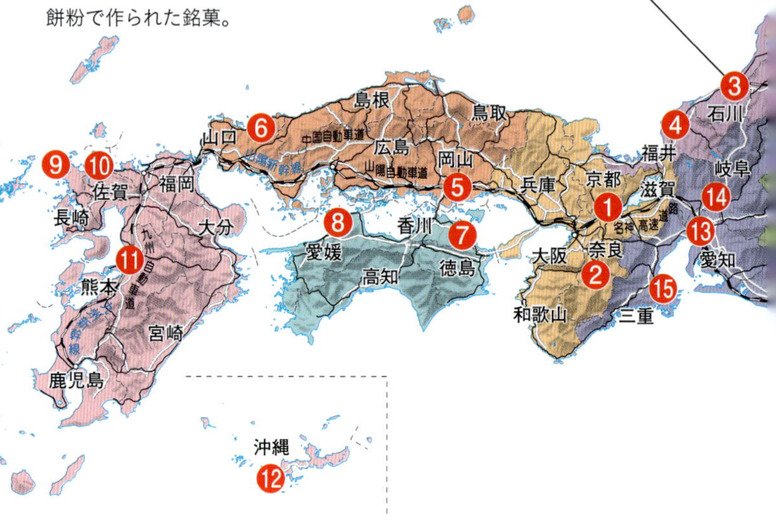

九州・沖縄

❾カスドース（長崎県平戸市）
安土桃山時代にポルトガルとの交流によって伝わった南蛮菓子。

❿けいらん（佐賀県唐津市）
秀吉が朝鮮出兵の時，勝つまで帰らん（けえらん）と言ったことが由来の菓子。こしあんをうるち米の生地で巻いたもの。

⓫いきなり団子（熊本県熊本市）
「いきなり」とは簡単，手軽という意味。サツマイモと小豆あんを餅で包んだもの。

⓬ちんすこう（沖縄県全域）
琉球王朝時代から小麦粉，砂糖，ラードを主原料に作られている伝統的な焼き菓子。

〈写真提供〉宮城県，山形県，栃木県，熊本県，秋田県観光連盟，うつくしま観光プロモーション機構，信州・長野県観光協会，千葉県観光物産協会，岐阜県観光連盟，福井県観光連盟，岡山県観光連盟，山口県観光連盟，香川県観光協会，

東海

⑬ういろう（愛知県名古屋市）
砂糖，黒砂糖，抹茶，小豆，さくらなどの種類がある。製法は約600年前に中国からの帰化人が伝えたとする説がある。

⑭孫六煎餅（岐阜県関市）
室町時代後期に美濃国で活躍した刀匠「孫六兼元《まごろくかねもと》」の名にちなんだカステラ風味の煎餅。

⑮御福餅（三重県伊勢市）
「御福」とは，二見興玉《ふたみおきたま》神社にある天の岩屋に祀られている神様の通称。餅の上に二見浦の波をかたどった優しい甘さのこしあんをまとわせた。

北海道

⑯チーズオムレット（北海道函館市）
北海道の新鮮な素材をたっぷり使った半熟オムレツのような食感のスフレタイプのチーズケーキ。

⑰バターサンド（北海道帯広市）
ビスケットに，ホワイトチョコレートとバター，レーズンを挟んだもの。北海道土産としての知名度が高い。

東北

⑱生もろこし（秋田県仙北市）
秋田の郷土菓子「もろこし」とは，中国から伝わってきた打菓子。小豆粉を型打ちしたものを焼きを入れないで作る。

⑲柳津《やないづ》あわまんじゅう（福島県柳津町）
災害に〔あわ〕ないように，と願いを込めて虚空蔵尊《こくうぞうそん》に奉納された菓子。

⑳ふうき豆（山形県山形市）
青えんどう豆を砂糖で煮詰めた昔から愛されているおやつ。蒸かした豆から名がついたとされる。

㉑ずんだ餅（宮城県仙台市ほか）
枝豆のあんを餅と合わせたもので，南東北地域の郷土菓子。「じんだ」「じんだん」とも呼ばれる。

関東・甲信越

㉒人形焼き（東京都中央区）
日本橋人形町が発祥とされ，七福神や提灯などをかたどったものが多い。

㉓しんこまんじゅう（栃木県佐野市）
このまんじゅうを食べると無病息災に暮らせると言われている稲荷神社の初午祭りの名物。

㉔五家宝《ごかぼう》（埼玉県熊谷市）
おこし状のもち米に，きな粉をまぶした熊谷名物。「五穀は家の宝」という祈りが込められている。

㉕完熟びわゼリー（千葉県南房総市）
約250年前から栽培されている特産のビワが，まるごと入った初夏の味覚。

㉖信玄餅（山梨県北杜市）
武田信玄が出陣の時，非常食としていた餅にちなんで名づけられた。

㉗笹団子（新潟県新潟市）
戦国時代の携行保存食という説がある。ヨモギ団子を笹の葉でくるんだもの。

㉘朴葉《ほおば》巻き（長野県木曽町）
昔から木曽地方では朴葉に，握り飯を包んだり，包んで蒸したものを保存食としていた。

佐賀県観光連盟，新潟観光コンベンション協会，名古屋観光コンベンションビューロー，伊勢志摩観光コンベンション機構，沖縄観光コンベンションビューロー，函館市，金沢市観光協会，平戸市観光協会

北海道【道北・道東】

太平洋とオホーツク海に面した道北・道東は豊かな海産物に恵まれた地域。内陸では大規模農業や酪農・畜産による新鮮な食材，料理も名物だ。

141°
142°
Ⓐ
Ⓑ
宗谷海峡
宗谷岬
わっかない
稚内
副港市場
市
〈238〉
タコしゃぶ
稚内空港
毛ガニ
スケトウダラ
さるふつ
猿払
ホタテ
ニシン
クッチャロ湖
はまとんべつ
浜頓別
乳牛
礼文空港
礼文島
礼文岳
490
礼文
サケ
礼文水道
甘露泉水
利尻富士
利尻空港
1721
利尻山
利尻
利尻島
利尻昆布
ウニ
利尻水道
とよとみ
豊富
サロベツ原野
トナカイ観光牧場
ほろのべ
幌延
①
45°
中頓別
えさし
枝幸
宗谷
北
甘エビ
天塩川
てしお
天塩
〈40〉
中川
ハスカップ
日本海
えんべつ
遠別
おといねっぷ
音威子府
宗谷本線
〈275〉
日本海の甘エビとミズダコを具に包んだ餃子。皮には，留萌産春播き小麦を使用しており，モチモチした食感が特徴。
日本海えびタコ餃子
〈232〉
しょさんべつ
初山別
天塩
天塩山地
スイートコーン
仁宇布の冷水と十六滝
②
てうり
天売島
やぎしり
焼尻島
ほっと♡はぼろ
びふか
美深
カボチャ
モチ米
ミズダコ
はぼろ
羽幌
ナマコ
なよろバーガー
なよろ
名寄
下川
とままえ
苫前
留萌
羊肉
ニシンそば
〈239〉
ヒラメ
士別
雨竜川
おびら鰊番屋
まさかりカボチャ
けんぶち
剣淵
ウニ
おびら
小平
わっさむ
和寒
44°
ニシン漬け
るもい
留萌
カボチャ
ほろかない
幌加内
塩狩
地元でとれたニシンを野菜と一緒に長時間漬け込んだもの。
ナス
男山
〈40〉
愛別
びっぷ
比布
ましけ
増毛
留萌本線
2 旭川ラーメン
鷹栖
旭川
とうま
当麻
國稀
沼田
秋父別
〈275〉
深川
上川盆地
しょかんべつ
暑寒別岳
1492
おふゆ
雄冬岬
北竜
もせうし
妹背牛
東神楽
東川
雨竜沼湿原
スイカ
旭川空港
雨竜
石狩
滝川
あかびら
赤平
國士無双
びえい
美瑛
新十津川
芦別
ピーマン
砂川
歌志内
ふらのワイン
富良野線
上砂川
上富良野
うらうす
浦臼
〈12〉
奈井江
空知川
中富良野
③
札沼線
宮島沼
函館本線
月形
びばい
美唄
夕張山地
ふらの
富良野
芦別岳
1726
ユリネ
三笠
ふらのピュアイチゴ
岩見沢
〈38〉
南富良野
0
50km
〈237〉
空知
トマム山
1239
夕張
石勝線
しむかっぷ
占冠

食と旅の風景　野付湾の打瀬《うたせ》網漁（別海町，標津町）

❶北海シマエビ

別海町《べっかい》

細長く湾曲して延びる砂嘴に囲まれた野付湾。その浅い海底に繁茂するアマモがエビのすみかとなり，好漁場となっている。帆掛け船で引く打瀬網漁は，風力が動力で，アマモを傷つけないよう工夫された漁法だ。

オミヤゲ Select

❼マルセイバターサンド

マルセイとは明治時代に北海道で初めて商品化されたバターを作った開拓団「晩成社」にちなんでいる。

六花亭帯広本店（帯広市）
☎0120-12-6666

ご当地アナウンサー 自慢の一品

HBC 北海道放送
高橋 友理《ゆり》アナウンサー

民宿 栄丸
☎090-8425-9859

『ミズダコ』のしゃぶしゃぶと炭火焼き［羽幌町］

海鮮バーベキューと海鮮丼

世界最大級！一目見たら「なまら大きい！」と，言葉にせずにはいられません。全長３メートルにもなるミズダコ。北海道の北部・宗谷地方の特産物です。本州で一般的に知られているマダコと比べると５倍もあるから驚きです。

漁獲量日本一の稚内市では，「タコしゃぶ」が名物。肉の代わりに，薄くスライスしたミズダコの身を昆布出汁にさっとくぐらせ，ポン酢などにつけて味わいます。また天売島では，タコ漁師が営む民宿で，とれたてを豪快に炭火で味わったことも。味付けは一切不要。染み込んだ海水と炭火の香りだけで十分です。口に含んだ瞬間，身の厚みからは想像できないほどのジューシーさと柔らかさに驚くはずですよ。いっぺん食べてみればいいっしょ！

❷ 旭川ラーメン

旭川市

中細のちぢれ麺を使う醤油ラーメンが主流。豚骨と魚介または鶏ガラと魚介という出汁のきいたWスープが多いのも特徴だ。ラードを加えて冷めにくくした，熱々のラーメンは厳寒の地のごちそうだ。

❹ チーズ

富良野市

濃くておいしい富良野産の牛乳を生かし，低温殺菌の導入や日本初のワイン入りチーズの開発などの工夫を重ね，高い評価を得た第3セクターの富良野チーズ工房が有名。チーズづくりも体験できる。

富良野チーズ工房（富良野市）
☎0167-23-1156

❸ ザンギ

釧路市

昭和30年代の釧路で生まれ，北海道全土に広まり，ソウルフードと言われるまでになった。今では，鶏に限らずほかの食材の唐揚げもザンギと呼ぶ。ニンニクや醤油で濃いめに下味をつけることが多い。

❺ 豚丼《ぶたどん》

帯広市

戦前，名産の豚肉を手軽な価格でおいしく食べようと，鰻丼をヒントに生み出された。甘辛い味付けの大ぶりな焼肉がドンドンとご飯に載せられている。炭火焼き，フライパン焼きなど焼き方はさまざま。

元祖 豚丼のぱんちょう（帯広市）
☎0155-22-1974

❻ 毛ガニ

オホーツク海

タラバガニや花咲ガニも有名だが，道東の港に春～夏にかけて水揚げされる，旬の毛ガニは，身入りが良く味が濃密なことから人気が高い。食用に供されるのは，資源保護の観点からオスのみである。

北海道

【道央・道南】

江戸時代からの交易や明治に始まる開拓など，道央・道南は本州との交流の歴史が長く，独自の郷土食や全国的によく知られた食の名物が数多くある。

食と旅の風景　ウイスキーの故郷，余市蒸留所（余市町）

左/石炭直火蒸留の作業と「シングルモルト余市」，右/ポットスチルの炉

③ ウイスキー

余市町・黒川町

余市蒸留所は，ニッカウヰスキー創業の地にあり，シングルモルトウイスキー「余市」に，その名が冠せられている。スコットランド直伝，今や世界でも希少な石炭直火蒸留による製造過程が見学できる。

ニッカウヰスキー余市蒸留所 ☎0135-23-3131

① ジンギスカン

全道

中央が盛り上がり，溝が刻まれている独特な鉄鍋で焼く羊肉料理。北海道は明治以降，富国強兵策の一環で羊の飼育が盛んだった。鍋の溝に野菜を敷いて，肉汁をたっぷり吸わせるのがおいしく食べるコツ。

いかめし阿部商店（森町）
☎01374-2-2256

② いかめし

森町

1941年の誕生以来，高い人気を博している，函館本線森駅の名物駅弁。イカにうるち米ともち米を1:2の割合で詰めて煮たもので，商品価値の低い小型のスルメイカの有効利用を図って生まれたものだという。

オミヤゲ Select

7 よいとまけ

勇払平野に自生していたハスカップのジャムを使ったロールカステラ。

三星本店（苫小牧市）
📞0120-333-153

4 鮭のちゃんちゃん焼き

全道

サケの半身をキャベツやネギとともに鉄板で焼き，焼き上がったら身をほぐし，野菜と混ぜて食べる。酒やみりんで調味した味噌を使うのが特徴だ。漁師が浜でやっていた豪快な鉄板焼きが元だという。

5 夕張メロン

夕張市

厳しい自然条件の下での農業発展をめざし，収益性の高いメロン栽培が戦前から試みられていた。そして1960年，有望品種夕張キングがついに誕生。以降，産地一丸となって品質安定化に取り組み，ブランド果物の先駆けとなった。

6 室蘭やきとり

室蘭市

豚肉とタマネギの串焼きに洋辛子を添える。戦時中，北海道では皮革増産のため豚飼育が奨励され鶏肉よりも安かったこと，またタマネギも安く豊富に入手できたことなどで，労働者に好まれ定着した。

ご当地アナウンサー 自慢の一品

STV札幌テレビ放送
吉川 典《のり》雄《お》アナウンサー

きざんだ昆布にスルメ，カズノコと，好物ばかりが入った松前漬けは，ご飯のお供にお酒のつまみに最適。北海道民にとっては昔からなじみ深いものですが，最近では，アワビやイクラまで入った豪華版や，ギョウジャニンニクをまぜこんだ新しい味も登場し，ますます進化を遂げています。

進化を続ける『松前漬』［道南地方］

ねばねば好きの私のオススメは，松前漬に北海道産の納豆を合わせ，ますますねばねばさせること。大豆生産国内1位の北海道，納豆の風味も抜群です。
2016年，ついに函館に上陸した新幹線に乗って，道南・松前の味をぜひお楽しみください。

すすきの水産本店（札幌市）
📞011-552-2506

北海道の食文化が集結

札幌

北海道には，開拓時代に培われたフロンティア・スピリットから生まれた食が数多くある。道内一の大都市・札幌で，独自に進化を続ける食文化を体感しよう。

❶ **サッポロビール博物館** ☎011-748-1876

1892(明治25)年に建てられたレンガ造りの建物が趣深い。館内ではビール産業史の学習や試飲ができるほか，レストランやミュージアムショップもある。2016年4月にリニューアルオープン。

日本におけるビール草創の地

明治政府による開拓事業の一環として，1876(明治9)年に開拓使麦酒醸造所が設立。北海道にはビールの原料となるホップが自生していたことから，札幌で栽培を開始，醸造所で使用するホップは道内で自給できるまでになった。ドイツの醸造法をもとに造られた北海道初のビールは，冷製「札幌ビール」と名付けられた。

札幌味噌ラーメン

寒さの厳しい北海道では，こってりとした濃厚な味わいと食べごたえのある太めの麺が人気を集めた。コーンやバターなど，トッピングも北海道らしい。

札幌ラーメン
熊吉のバターコーンラーメン
☎011-513-1208

❷ **元祖さっぽろラーメン横丁**

http://www.ganso-yokocho.com/

1951(昭和26)年，数軒の店からなる「公楽ラーメン名店街」が中央区南5条に誕生し，ここが札幌ラーメンの代名詞である「味噌ラーメン」発祥の地といわれる。現在も17店が並び，店主が工夫を重ねて追求したスープや麺を使ったこだわりの一杯を提供している。

ジンギスカンと花見

北海道では，花見や海水浴，キャンプなど，人が集まればジンギスカンを楽しむ。札幌屈指の桜の名所・円山公園(❸)では，花見シーズン限定でコンロの貸し出しも行われる。札幌周辺では，生肉を焼いてからタレをつけて味わうスタイルが主流だ。

スープカレー

スパイシーでさらりとしたスープに，大きめの野菜がごろごろ入ったスープカレー。インドの薬膳スープをベースに，昭和40年代後半に札幌の喫茶店「アジャンタ(❹)」で提供されたのが始まりとされる。

8 大通公園のとうきびワゴン

北海道ではトウモロコシを「とうきび」と呼ぶ。例年4月下旬〜10月にかけて，大通公園周辺には焼いたトウモロコシを販売するワゴン（屋台）が登場する。歌人・石川啄木も「しんとして 幅廣き街の 秋の夜の 玉蜀黍《とうもろこし》の 焼くるにほひよ」と詠んでいる。

5 白い恋人パーク

011-666-1481

「白い恋人」の製造・販売元である石屋製菓が運営するお菓子のテーマパーク。その場で撮影した写真をプリントできる「白い恋人オリジナル缶」のほか，パフェやチョコレートドリンクを味わえるカフェも人気を集めている。

白い恋人

雪をいただく利尻山を描いたパッケージでおなじみのスイーツは，今や海外から訪れる観光客にも大人気。オリジナルブレンドのホワイトチョコレートをサクサクとした食感のラングドシャークッキーでサンドしてある。

6 雪印パーラー 札幌本店

011-251-3181

「酪農王国」北海道といえば，乳製品。2階レストランでは，デコレーションケーキのようなジャンボパフェを提供しており，注目を集めている。1968(昭和43)年に昭和天皇・皇后陛下のために作られたバニラアイスクリーム「スノーロイヤルスペシャル」は，乳脂肪分15.6%と濃厚な味わいで，こちらも人気だ。

7 週末限定 野菜のマーケット メイマルシェ

例年6月下旬〜10月中旬にかけて，とれたてのトウモロコシやジャガイモ，西洋野菜，ハーブ類を販売。おしゃれな店舗は外国のマルシェのようだ。マルシェ開催日には，野菜を使ったアイスクリームも販売する。

011-532-1432

ニシン漁で栄えた運河の街

小樽

明治から大正時代にかけてニシン漁で栄え，昭和に入ってからは小樽運河を中心に発展。鮮度抜群のネタを使った寿司は，ぜひ味わいたい名物の一つだ。

❶ 小樽寿司屋通り

市内に50以上の店があるといわれる寿司の街・小樽。なかでも国道5号から小樽運河方面へ続く「小樽寿司屋通り」に寿司屋が多く立ち並んでおり，各店こだわりのネタを使った寿司や海鮮丼を提供している。

かまぼこ

明治時代創業の老舗も多く，小樽みやげとして人気が高い。北海道らしくカニやウニを使ったものなど，種類も豊富に揃っている。

すり身をパンで包んで揚げたパンロール。おやつ感覚で食べられる

❷ かま栄 ☎ 0134-25-6181

スイーツ

北海道産の生乳をはじめ上質な素材を使い，丁寧に仕上げたケーキやチョコレート，焼き菓子は，どれもやさしい味わい。小樽市内には本店のほか，さまざまなコンセプトでショップを展開している。

今や全国にファンをもつ人気スイーツとなったドゥーブルフロマージュ

❸ 小樽洋菓子舗 ルタオ 本店
☎ 0120-46-8825

網元たちの富の象徴 にしん御殿

明治時代に最盛期を迎えたニシン漁。網元たちは，漁で得た莫大な財をつぎ込んで豪華な家屋を建てた。これらは「にしん御殿」と呼ばれ，柱や梁に檜やケヤキをふんだんに使い，内装や調度にもこだわった造りが，当時の様子を今に伝えている。

併設するレストランでは身欠きニシンを使った料理を味わえる

旧青山別邸は山形県酒田から宮大工を呼んで建てられた。国の登録有形文化財

❹ 小樽貴賓館 旧青山別邸 ☎ 0134-24-0024

写真提供：小樽観光協会，函館市観光部，函館国際観光コンベンション協会

小樽で探すガラスの器

かつて漁業の町として栄えた小樽では，ニシン漁などでガラス製の浮き玉を使用していたことから，ガラス産業も発展。1901（明治元）年創業の北一硝子をはじめ，小樽市内にはガラス工房が点在しており，さまざまなガラス製品を手に入れることができる。

❺ 北一硝子 ☎ 0134-33-1993

海の幸と異国情緒を楽しむ
函館

函館山から見る夜景や新鮮な海の幸が並ぶ朝市などを目的に，年間450万人が訪れる観光都市。2016年3月には北海道新幹線も開業し，ますます注目を集めている。

❶ 函館朝市　0120-858-313

戦後の闇市がルーツとされ，函館駅に近いアクセスのよさと豊富な品揃えで，地元の人たちからも親しまれている。鮮魚や青果を中心に約250店舗が集まっており，一角には海鮮丼や定食類を手ごろな価格で味わえる「どんぶり横丁市場」もある。

場内にはイカ釣りを楽しめるコーナーも。釣ったイカはその場で刺身にしてもらえる

ウニやホタテなど好きなネタを選べる海鮮丼はボリュームも申し分なし！

鮨処はこだて
0138-22-5333

❸ 赤ちょうちんが揺れる 函館ひかりの屋台 大門《だいもん》横丁

函館駅から徒歩5分の大門地区にあり，居酒屋やラーメン店，ジンギスカンなど，26の店舗が軒を連ねる。ワンコイン(500円)で料理やドリンクを楽しめるイベント「大門バル」も不定期に開催されている。

ふらりと立ち寄れる気軽な雰囲気。店をはしごするのも楽しい

❷ 五島軒の洋食　0138-23-1106

1879(明治12)年にロシア料理とパンの店として創業した洋食店。名物のカレーは，北海道産の豚肉と野菜をじっくり煮込んだ「明治のカレー」や，東京の帝国ホテルで修行した２代目社長が大正時代に考案した「イギリス風ビーフカレー」などが揃う。

カニクリームコロッケやビーフシチューも付く明治の洋食＆カレーセット

函館へ楽々アクセス

北海道新幹線の開業と同時に登場した新函館北斗駅。駅舎は地元産の杉材やレンガを使った温かみある造りが印象的だ。ここから「はこだてライナー」に乗り換えて函館駅へは最短15分，車利用の場合は40分ほどで函館市街へアクセスできる。

新函館北斗駅

青森

青森県は，日本一のリンゴの産地。また，日本海と太平洋に囲まれ，海の幸も多彩だ。畑作中心だった南部地方では，小麦や野菜が主役の郷土料理が多い。

食と旅の風景　リンゴ畑と岩木山（弘前市）

オミヤゲ Select

7 気になるリンゴ

青森産のふじを丸ごと1個使ったパイで，シャキシャキとした歯応えもグッド。
ラグノオささき（弘前市）
☎0172-35-0353

①　Ⓒ　41°30′

粉にしたもち米とうるち米に色をつけて棒状に練り，花などの美しい模様になるよう巻き込んだ餅。端午の節句にふるまわれる。

1 貝焼き味噌

青森市

陸奥湾でとれる大きなホタテの貝殻にネギ，味噌，カツオ節を入れて焼き，溶いた卵をかける。ホタテの身などの魚介類を入れることもある。卵が貴重だった時代には，病中・産後の栄養食として食べられた。

2 じゃっぱ汁

津軽地方

じゃっぱ（雑把）とは，津軽弁で魚のアラのこと。肝や白子（精巣），真子（卵巣）から濃厚な出汁が染み出る，冬場のマダラのじゃっぱ汁がなんといっても絶品で，塩，味噌，酒粕などで味付けして食べる。

3 けの汁

津軽地方

津軽地方の小正月の行事食。かつては日頃炊事に追われている女性をねぎらう意味で，たくさん作ったけの汁を何日かかけて食べたという。「け」とは「粥《かゆ》」のことで，根菜などを細かく刻み，昆布出汁で煮る料理である。

4 大間マグロ

大間町

下北半島の最北端に位置する大間町では，伝統的な一本釣りでクロマグロを仕留めている。近海ものの逸品として有名な大間マグロは，2013年の築地市場の初セリで，1億5540万円の史上最高値を記録した。

5 いちご煮

八戸市

三陸海岸でとれるウニとアワビをたっぷりと使い，青ジソの千切りをのせた潮汁。ウニの鮮やかな朱色を野イチゴの実に見立てたもので，シンプルながら鮮烈な潮の香りが味わえる郷土料理。

6 せんべい汁

八戸市

かつての南部地方では，麦やそばのせんべいを主食にもしたが，鍋に入れる食べ方も古くからあった。今では汁専用の南部せんべいを割って入れ，鶏肉や豚肉，野菜，キノコなどと食べるようになった。

食感は，ひっつみ（すいとん）に似ているが，保存しやすいのがせんべいの良いところ

東北みやげ煎餅株式会社（東北町）

☎0120-636-411

ご当地アナウンサー 自慢の一品

RAB青森放送

上野 由加里

アナウンサー

最北端の海でとれる『八戸前沖さば』[八戸市]

港町・八戸市民にとって，サバは昔からおなじみの魚。自家製しめサバを作ったり，郷土料理「せんべい汁」にサバ缶を入れたりする家庭もあるほどです。八戸はサバの漁場としては最北端に位置し，脂ののったサバが揚がります。そのため，八戸港に水揚げされるサバを「八戸前沖さば」，特に大型のものは「銀鯖」としてブランド化しています。市内の飲食店では，さまざまなサバ料理を楽しめます。魅力は何と言ってもさらりと上品な脂！サバのづけや刺身はとろけるような味わい，ふっくらしたサバの串焼きもうまみが凝縮していて絶品です！八戸におんでやんせ！

サバの串焼き

サバの駅（八戸市）

☎0178-24-3839

岩手

北上盆地を中心とした内陸部では酪農と畜産が盛ん。親潮と黒潮がぶつかる三陸沖はリアス海岸で，好漁場を形成し，沿岸の港町は，海産物の宝庫となっている。

食と旅の風景 岩手山山麓の小岩井農場（雫石町）

オミヤゲSelect

8 チーズケーキ

農場の新鮮な牛乳や卵をたっぷり使った，濃厚な味わい。

小岩井農場（雫石町）
☎019-692-4321

1 盛岡冷麺

盛岡市

朝鮮半島の冷麺を原型とし，おもに牛骨で出汁をとった甘辛いスープに，キムチ，スイカ，リンゴなど季節の果物をのせる。コシが強く，喉越しがよい半透明の麺は，パスタのように押し出してつくる。

2 ひっつみ

全県

内陸部では小麦栽培がさかん。小麦粉を練ってひっつまんでちぎり，鍋に入れることから「ひっつみ」という。地域により「とってなげ」ともいう。醤油味の汁に，川魚や川カニ，鶏肉，野菜，キノコなどをたっぷり入れる。

3 わんこそば

盛岡市・花巻市

南部家の殿様に出した小椀のそばが始まりとする花巻発祥説と，行事の際，大勢の人にふるまうそばがのびないよう小分けにして出したという盛岡起源説の2説がある。多彩な薬味が添えられるのも特徴だ。

❹ そばかっけ

二戸市・九戸村

「かっけ」とは，そばの切れはしのこと。そば粉を練って薄くのばしたもので三角形をしている。これを大根，豆腐，ネギと煮て，ニンニク味噌をつけて食べる。麦を原料とする麦かっけもある。

❺ まめぶ汁

久慈市

煮干しと昆布の出汁に，クルミと黒砂糖を包んだ小麦粉団子「まめぶ」を入れ，野菜やキノコ，油揚げなどと煮込んだ料理。昔，麺類禁止の法度があったために，ハレの日の食として考えられたとの説もある。

❻ 南部鮭

宮古市

南部鼻曲鮭は，江戸時代からの名産品。伝統の新巻き鮭のほか，近年は15～20度の低温でいぶす冷燻が好評だ。北上山地から流れる閉伊川は，現在も産卵のため遡上する鮭が見られる自然豊かな川だ。

❼ 氷頭《ひず》なます

三陸地方

鮭の鼻先から頭にかけての部位にある，氷のように美しく透き通った軟骨を氷頭という。大根，ニンジン，イクラを入れた酢の物にし，こりこりした歯応えを味わう。酒の肴や正月料理には欠かせない。岩手県のほか，青森県，新潟県などでも食べられる。

ご当地アナウンサー 自慢の一品

IBC岩手放送
菊池 幸見 アナウンサー

『じゃじゃ麺』は盛岡のソウルフードである ［盛岡市］

じゃじゃ麺は盛岡の名物で，うどんのような平たい麺に肉味噌とキュウリがのっていて，ラー油やおろしニンニクなどを加え，よく混ぜて食べる。ニンニクを入れすぎると「じゃじゃったな」と相手にバレることもある。私が初めて食べた時には，混ぜる加減がわからず，その後にテレビのニュースがあるというのに，ワイシャツに激しく肉味噌を飛ばしてしまった。今では紙エプロンを勧めてくれる店もあるので安心。麺を食べ終えると，チータンタンという玉子スープが皿に注がれる。これで皿もすっきりして「めでたし」という気分になるのである。

宮城

米どころであり，太平洋岸には気仙沼，石巻，塩竈など三陸沖の漁場に近い良港がある。東日本大震災で大きな被害を受けたが，力強く復興しつつある。

食と旅の風景　松島湾のカキ養殖（松島町）

かき小屋（松島観光協会）☎0120-733-530

❷焼きガキ

松島町

松島湾は，湾に多くの島が点在するため，波が穏やかで水深も浅く，カキの養殖に適している。養殖には長い歴史があり，17世紀頃から稚貝の採取・散布が始まったと伝えられる。小粒だが身が引き締まっているのが松島産カキの特徴だ。松島のカキ小屋では，バーベキュースタイルの焼きガキを豪快に楽しみたい。

❸温麺《うーめん》

白石市

白石は「蔵王おろし」が吹き，その風を利用して麺を乾燥させた。また，白石川の水を城下町に引き入れて水路を整備していたので，水車を用いて粉をひくこともできた。これらを背景に温麺が発展し，名物に。県南では，盆に温麺を食べる習慣がある。

❶牛タン焼き

仙台市

戦後，仙台のやきとり店主が，洋食のタンシチューをヒントに，工夫を重ねた末に編み出した塩焼きを独自メニューとして出したのが始まり。牛タン塩焼きとテールスープに麦飯というのが定番の組み合わせ。

オミヤゲ Select

❼ずんだ餅

枝豆をつぶした緑色のあんを餅にからめたもので，元来は家庭料理。米どころ宮城では，餅は年中行事や冠婚葬祭に欠かせない。ずんだ餅は，みやげ物としても人気。「ずんだ」は「豆打」を由来とする。

御菓子老舗ひろせ（仙台市）

☎022-297-3331

4 フカヒレラーメン

気仙沼市

気仙沼のフカヒレは，江戸時代の末から清国向けに輸出されていた。現在も気仙沼港は，国内サメ水揚げ高の約90％を占めている。ラーメンは高級食材フカヒレを気軽に楽しめるB級グルメとして人気だ。

和風レストラン 田園亘理店（亘理町）☎0223-34-8760

5 はらこ飯

亘理町

秋鮭の煮汁で炊いた，サケの旨味が染み込んだ飯に，イクラとサケの身をのせる。阿武隈川の河口に近い亘理町は，かつてはサケの地引網漁が盛んだった。はらこ飯は，伊達政宗が運河工事の視察に訪れた際に，亘理・荒浜の漁師が献上したのが始まりと言われる。

6 笹かまぼこ

全県

豊かな漁場に恵まれた宮城では，加工品としてかまぼこ作りが発展。戦前，仙台市のかまぼこ店が伊達家の家紋「竹に雀」にあやかって，「笹かまぼこ」の名を考案。それが広まり，宮城を代表する特産品となった。

ご当地アナウンサー

自慢の一品

TBC東北放送
安東 理紗
アナウンサー

根っこも食べるのが仙台流『セリ鍋』[仙台市]

宮城県の鍋コンテストで２年連続グランプリを取るなど，ここ数年注目を集めている「セリ鍋」。醤油ベースの出汁に鴨肉（あるいは鶏肉）とセリ。シンプルですが，セリの食べ方に特徴があります。葉・茎・根に分け，なんと根っこも食べるんです。色が変わらず，シャキシャキの食感も残るように，数秒から数十秒程度，鍋に浮かべて食べると，口いっぱいに大地の香りが広がり，くせになる美味しさ。生産量日本一を誇り，古来仙台雑煮には欠かせないほど地元に根付いていたセリですが，地元飲食店が発信した新たな食べ方が大ヒット。会話が弾む宮城の味，まんずうめがら，食べてけさいん！

蔵の庄総本店（仙台市）☎022-268-2488

セリ根がおいしいのは
厳冬期（12～2月）。

三陸海岸 海の恵み

複雑な海岸線が続く三陸海岸は，ダイナミックな景色と豊かな海の幸が魅力。ドラマで一躍有名になった“あまちゃん”たちがとるウニやアワビ，珍味のホヤなどを味わおう！

食べ方いろいろ ウニ料理

素潜りでウニやホタテをとる海女《あま》は久慈市(❶)が北限。ワカメや昆布を食べて育つ三陸のウニは，煮ても焼いてもおいしいと評判だ。

ウニの瓶詰め
丈夫で手軽な牛乳瓶を使い，海水とともに詰めたウニは地元ならでは。

塩ウニ
生ウニと塩だけで作る保存食。ウニの旨みが広がる珍味。

焼きウニ
器となるアワビの殻に詰めたウニはコクと甘みたっぷり。

うに弁当
ウニご飯に蒸しウニをのせた久慈駅の名物駅弁。

いちご煮
具となるアワビとウニの塩分で作る潮の香り豊かな汁物。

ホヤ

その形から「海のパイナップル」と呼ばれる。生息に適した岩場が多く，栄養分が豊富な三陸沿岸は，天然ものに加え養殖も盛ん。鮮度のよいホヤは臭みが少ない。

カキ

三陸沿岸では，カキの養殖も盛ん。新鮮なカキを刺身や蒸し焼きで味わえるカキ小屋は，素朴な雰囲気で地元の人とのふれあいも楽しい。

❷ 漁師のかき小屋
☎ 0192-26-4788

海鮮丼

三陸の海の幸を満喫するならこの一品。その日によってネタは変わるが，いつでも鮮度抜群だ。

三陸ごはん
❸ 蛇の目 本店 ☎ 0193-62-1383
ウニ，イクラ，アワビ，甘エビ，毛ガニなど，三陸の海の幸が大集合！ 豪快な盛り付けの名物丼は食べごたえも満点だ。

ホタテ　栄養豊富な海で育つホタテは，肉厚でプリッとした食感が魅力。

イクラ　サケの岩手県の漁獲量は北海道に次いで全国2位。秋から冬が旬で，イクラは粒が大きく皮がやわらかい。

写真提供：三陸鉄道，久慈市観光物産協会，岩手県観光協会，スマイルとうほくプロジェクト，大船渡市観光物産協会，(株)佐々由，小林魚店

三陸海岸

岩手山
2038
花輪線
二戸
八戸
サケ
階上
十三本木峠
九戸
雫石
東北新幹線
東北自動車道
盛岡
岩
手
葛巻
1239
安家森
北
上
高
地
道の駅くじ
海女丼、まめぶ汁。
北限の海女
1
久慈
ウニ
道の駅のだ
のだ塩、山ぶどう
早坂峠
三
道の駅たのはた
海産物のほか、たのはた牛乳、アイスクリーム。
三陸鉄道
北リアス線
サケ
黒崎
早池峰山
1917
岩泉
道の駅いわいずみ
龍泉洞の水
北山崎展望台
断崖絶壁の景勝地。レストハウスでは磯丼やウニ丼が人気。
道の駅釜石仙人峠
醤油が隠し味の藤勇醤油ソフトが人気。
田老かりんとう
善助屋食堂
7
宮古魚菜市場
6
蛇の目 本店
3
ドンコ
昆布
ウニ
宮古
陸
遠野
荷沢峠
道の駅やまだ
ワカメのソフトクリーム、メカブたっぷりの磯ラーメン。
山田生せんべい
8
山田
仙人峠
重茂半島
閉伊崎
昆布
ワカメ
魹ヶ崎
太
大槌
カキ
佐々由
三陸の旬がそろう。通信販売でも購入可能。
道の駅みやこ
新鮮な魚介類や野菜を販売。レストランでは種類豊富な海鮮丼や海鮮定食が人気。
大船渡おさかなセンター
漁師のかき小屋
サン・フィッシュ釜石
5
釜石
三陸鉄道南リアス線
陸前高田
カキ
2
大船渡
4
御箱崎
ワカメ
海
尾崎
ワカメ
首崎
ドンコ
平
唐桑半島
広田湾
広田崎
カキ
ワカメ
ウニ
サンマ
サケ
岸
道の駅さんりく
アワビ、ホタテなど三陸の旬の幸が充実。日本で初めての柿のソフトクリームを販売。
洋
北上
花巻
金ケ崎
奥州
鳴子
宮
城
中尊寺
平泉
一関
関山峠
松島さかな市場
新鮮な魚介類がそろう。敷地内にある焼きガキハウスも人気。
色麻
大崎
東北新幹線
東北本線
登米
道の駅上品の郷
「地産地消部門大賞」受賞のレストランが好評。
気仙沼
気仙沼湾
南三陸
仙台
松島
塩竈
仙石線
石巻
ノリ
カキ
ホヤ
石巻湾
カキ
カキ
志津川湾
ワカメ
ホタテ
追波湾
ドンコ
女川
月ノ浦
ホタテ
ウニ
カキ
田代島
牡鹿《おしか》半島
ホヤ
江島
網地島
金華山
カキ
道の駅津山
郷土料理「はっと」のメニューが豊富。
塩釜仲卸市場
約115店舗が集まる広い売り場には新鮮な魚介類が並ぶ。丼ものからその場で焼いて食べられる自由焼炉まで食事処も豊富。
仙台湾

復興を支えた“三鉄《さんてつ》”

盛～釜石駅間を運行する南リアス線と宮古～久慈駅間を走る北リアス線からなる三陸鉄道。2011年に発生した東日本大震災で大きな被害を受けたが，被災5日後から一部区間で運行を再開。無料で乗車できる災害復興支援列車を運行するなど，地元の人々を支えた。

◀2014年4月に全線復旧を果たし，宮古駅にも多くの人が訪れた

毎年10月に開催される釜石まつりでは，大漁旗を掲げた漁船が釜石港内をパレードする。

サンマ

秋の味覚サンマは，大船渡港(❹)が岩手県一の水揚げを誇る。震災後は復興のシンボルとして，各地のイベントで振る舞われた。

三陸市場めぐり

❷大船渡おさかなセンター

☎ 0192-27-8100

大船渡港に水揚げされる魚介を中心に，干物や珍味などの加工品も充実。食事処を併設するほか，鮮度抜群のカキをその場で焼いて味わえるカキ小屋もある。

❺サン・フィッシュ釜石

☎ 0193-31-3668

アクセス至便な釜石駅前，大きなマンボウの看板が目印。1階は鮮魚やみやげ販売，2階はレストランになっている。早朝から営業しているのもうれしい。

❻宮古魚菜市場

☎ 0193-62-1521

水産物や野菜を中心に25店舗が集結する市場は，地元の人もよく利用する。三陸名物のウニの瓶詰めや新巻鮭など，地元の味が豊富に揃っている。

ドンコ

タラの仲間の白身魚。肝を使ったドンコ汁は，濃厚な味わいで身体が温まる冬の味覚。

カリッと揚げたから揚げに温泉卵をトッピングした「どんこ唐揚げ丼」

❼ 善助屋食堂

☎ 090-7067-3886

© 平運丸　http://www.heiun.com/

おみやげ

❼ 田老かりんとう

創業1923(大正12)年の老舗。生地に三陸宮古産の塩を練り込み，米胚芽油で揚げてある。その形から「耳かりんとう」とも呼ばれる。

田中菓子舗 ☎ 0193-88-5355

生せんべい

❽ 山田生せんべい

江戸時代には保存食として食べられていた伝統菓子。米粉とゴマで作る生地を薄くのばした半生状の煎餅は，ゴマの風味が素朴な味わい。

太田幸商店 ☎ 0193-82-4059

秋田

「秋田音頭」に詠い込まれる「ハタハタ」は，名物としてよく知られるところ。長い冬を過ごすために，山海の幸をいかした馴れ寿司や漬物などの個性的な発酵食文化が発展した。

食と旅の風景　ジュンサイ採り（三種町）

若芽を酢の物などにする。三種町は国産ジュンサイの約9割を産する。

❶ きりたんぽ鍋

全県

きりたんぽは，つぶしたご飯を棒に巻いて，焼いたもの。マタギの保存携行食が起源だともいわれる。これを肉や野菜と一緒に醤油味で煮るのが，きりたんぽ鍋で，煮込んでも堅くなりにくい比内地鶏との相性が最高だ。

❷ 稲庭うどん

湯沢市

江戸時代に製法が確立された干しうどん。山間部の麦作地域の特産で，丹念に繰り返される手延べと手ない（手でよりながら綾掛けする）などの工程により，麺の中にたくさんの気泡ができ，これが独特のコシの強さを生む。

❸ ハタハタ寿司

全県

秋田県の県魚でもあるハタハタをニンジン，ショウガ，海草とともにクマ笹を敷いた桶に漬け込んでつくる馴れ寿司の一種で，伝統的な冬の保存食である。卵を抱えたブリコでつくる子持ち寿司もある。ハタハタは11月下旬から12月にかけて産卵のため秋田沿岸にやってくる。

秋田市民市場（秋田市）☎018-833-1855

❹ けいらん

鹿角市

北前船によって上方から伝わったとされる精進料理。青森や岩手にも同じ名前の料理があるが，鹿角のけいらんはすまし汁に入れたあんこ餅の中にクルミとコショウが入っているのが特徴。鶏卵に似ているためその名がついたという。慶弔の席の膳などによく供される。

❺ 横手やきそば

横手市

1950年代に横手市で生まれ，地元で長年愛されてきたご当地グルメ。横手で作られた茹で麺を使用，具材は豚挽き肉とキャベツで出汁入りソースで焼き上げる。半熟の目玉焼きをのせ，福神漬けを添えるのが定番。

ご当地アナウンサー 自慢の一品

ABS秋田放送

酒井 茉耶 アナウンサー

磯の香り漂う象潟の『天然岩ガキ』［にかほ市］

毎年夏になると，秋田市から日本海沿いを車で南へ走り，にかほ市象潟をめざします。お目当ては，海に注ぐ鳥海山の伏流水が育んだ天然岩ガキ。この時期，海の近くにある鮮魚店には，磯の香りを漂わせる大きな岩ガキがずらりと並び，長蛇の列ができています。身の大きさが15cm前後の岩ガキは，一口では食べられないほどです。私はいつもレモンを絞っていただきます。口に入れると，海のミルクともいわれるカキの濃厚なうまみが広がります。カキ特有の磯の香りは，日本酒との相性も抜群。秋田のお酒と岩ガキ，うめぇどー！！

オミヤゲ Select

⑦バター餅

ほのかに甘く柔らかな餅。マタギの携行食が由来ともいわれる新名物。

⑥比内地鶏

大館市

名古屋コーチン，薩摩地鶏とともに，日本三大美味鶏の一つとされる。県北部の比内地方で古から飼われてきた原種に，アメリカ原産種をかけ合わせたもので，ヤマドリに似ているという風味の良さを残しつつ，育てやすく改良されたものだ。

山形

県を縦断する母なる川，最上川が育んだ広大な庄内平野は，日本有数の米どころで，山にへだてられ，独自の食文化が育まれた。山形盆地ではサクランボをはじめ，果樹栽培も盛んだ。

食と旅の風景 日本一の芋煮会（山形市）

ご当地アナウンサー 自慢の一品

YBC山形放送
相磯 舞アナウンサー

秋の到来を告げる『芋煮会』［全県］

山形ではお盆を過ぎたころからコンビニやスーパーに，無料の「芋煮セット」が並びます。セットの中身は，鉄鍋，おたま，ござなど。多くの県民が河原に集まって，芋煮会を開くのです。これは明治時代から続く伝統。具材はサトイモ，こんにゃく，ネギが定番で，おもに内陸側の地域ではこれに牛肉，醤油ベースのつゆ，海側では豚肉を入れ，味噌をベースにしてつくります。抜けるような青空の下，気の合う仲間たちと温かい芋煮をいただくのは至福のとき。さらに，残った汁で〆にはカレーうどん。和だしがきいて二度おいしい芋煮会です。ぜひ食べに来てけらっしゃい！

❶ だし
全県

蒸し暑くなる梅雨から夏にかけて食べられる料理で，ナス，キュウリ，ネギ，ショウガ，シソ，ミョウガ，青ナンバンを粗めのみじん切りにして，カツオ節と醤油をかけて食べる。シンプルで栄養価が高い料理だ。

❷ 孟宗汁《もうそうじる》
庄内地方

庄内は孟宗筍の産地で，春になると収穫が始まる。孟宗筍を鍋に入れ，豚肉，シイタケ，それに酒粕と味噌を入れて煮立てるシンプルな料理で，孟宗筍のシャキシャキとした食感と素朴な味わいが人気だ。

❸ 玉こんにゃく
全県

山形県はこんにゃくの消費量が全国1位。丸い形をした玉こんにゃくは，古くから家庭でも食べられてきた。水を使わずに醤油のみで煮込み，串にさして食べる。祭りなどには欠かせない一品。

❹ どんがら汁
庄内地方

冬の庄内の名物料理で，脂がのった寒ダラの身や頭，骨をブツ切りにして，はらわたと野菜を入れて鍋で煮込む。タラの身とガラを煮るため「胴殻《どうがら》」，それが変化して「どんがら」になったといわれている。

❺ 山形牛
全県

明治初期，藩校「興譲館」の外国人教師が，米沢の黒牛の旨さに感心したことから，山形の肉牛の歴史が始まった。戦前は，水田耕作にも使う肉役牛が多かったが，戦後は肉用牛の生産が盛んになり，ブランド牛となった。

日本海
秋田
宮城
新潟
福島
山形
鳥海山《ちょうかいさん》
2236
丁岳《ひのとだけ》
1146
雄勝峠
神室山《かむろ》
1365
0
20km
三五八漬
食塩，麹，蒸米を3:5:8の割合で混ぜ合せた漬物。
ウルイ(ギボウシ)
おひたしや汁物にする山菜。
タラノメ
ガッキ煮
馬肉のスジ肉を醤油，ショウガ，酒などと煮込んだ料理で盆につくられる。
くじら餅
もち米とうるち米を水で練り，クルミを加えてせいろで蒸した餅。
青バタ豆
アスパラガス
タラ
岩ガキ
ハタハタ
4 どんがら汁
食用菊
弁慶めし
平田赤ネギ
アサツキ
メロン
サクラマス
くどき上手
コゴミ(クサソテツ)
だだちゃ豆(えだまめ)
外内島キュウリ
外内島地区でわずかに栽培されているキュウリ。皮が薄くみずみずしく，ほのかな苦みと甘みがあり，漬物に最適。
温海カブ
江戸時代から栽培されている伝統野菜の一つである赤カブ。甘酢漬けなどにして食べられる。
ウド
民田なす
カキ
2 孟宗汁
1 だし
さかた海鮮市場
おさかな市場
酒田
鶴岡
鶴岡 P.44-45
出羽柵跡(推定地)
最上川《もがみ》
庄内空港
湯野浜
由良
温海《あつみ》
念珠関跡
月山
1984
湯殿山
1500
月山山麓湧水群
立谷沢川
羽黒
最上カブ
次年子カブ
大根に似た形をした濃い紅色のカブ。肉質は硬く辛みがある。
サトイモ
十四代
牛房野カブ
山形青菜
そば
尾花沢スイカ
芋煮
塩引きずし
サクランボ
西洋ナシ
リンゴ
板蕎麦
天童ブルワリー
出羽桜
新庄
しんじょう
尾花沢《おばなざわ》
村山
東根
天童
寒河江《さがえ》
山形
上山
南陽
米沢
長井
地ビール月山
にしかわ
月山山菜そば
朝日町ワイン
日当たりのよい場所に生える雑草スベリヒユを干して煮たもの。
スベリヒユ
ひょうの煮物
ベニバナ
もってのほか(食用菊)
白鷹ヤナ公園
悪戸イモ
悪戸地域で古くから栽培されているサトイモの一種。粘りが強く，モチモチした食感があり，煮崩れしにくい。
タケダワイナリー
蔵王ジンギスカン
古くから羊肉料理が盛んな蔵王では，県内産サフォーク種のラム肉とたっぷりの野菜に加え，豆腐やこんにゃくを使用した具沢山のジンギスカンが味わえる。
3 玉こんにゃく
芋煮鍋
6 冷やしラーメン
立石寺(山寺)
蔵王山(熊野岳)
1841
干し柿
デラウェア
おみ漬け
高菜，ニンジン，大根に，スルメなども入れた山形特産の漬物。
長井そば
花作大根
棒鱈煮
オカヒジキ
雪菜の冷や汁
いいで
5 山形牛
8 サクランボ
7 鯉のうま煮
米沢牛
ウコギ
上杉鷹山公が垣根に植えることを奨励したとげのあるウコギは，防犯に役立ち，新芽や若葉は食用になる。
雪菜のふすべ漬
梓山大根
上杉藩政期，領内の適地適作を進めた家老直江兼続が栽培を指示したといわれる，細身で歯ざわりがよく辛みの強い大根。
上杉神社
飯豊山
2105
吾妻山(西吾妻山)
2035
朝日岳(大朝日岳)
1871
以東岳
1772
大鳥屋岳
989
船形山
1500
面白山
1264
笹谷峠
906
関山峠
鍋越峠
514
宇津峠
491
二井宿峠
568
板谷峠《いたや》
飯森山
1595
139° 30′
140°
140° 30′
39°
38° 30′
38°

オミヤゲ Select

8 サクランボ

山形県は全国のサクランボ生産量の7割を占める。初夏を代表するフルーツだ。

6 冷やしラーメン

山形市

盆地で夏の暑さが厳しい山形生まれのラーメン。見た目は一般的なラーメンと変わらないが，氷が入ったスープに加え，麺も冷たいのが特徴だ。山形市内では，戦後から食べられ親しまれている。

栄屋本店（山形市）
023-623-0766

7 鯉のうま煮

米沢市

動物性タンパク質に乏しかった米沢で，当時の藩主，上杉鷹山がコイの養殖を命じたのが「米沢鯉」の始まり。清らかな水で育ったコイは身がしまっていて，酒と醤油で煮込んだうま煮はハレの日の代表的な料理だ。

鶴岡

月山を望む庄内《しょうない》平野は，「だだちゃ豆」や豊かな水に恵まれて育つ米，在来野菜の産地。眼前の海からは，日本海の幸があがる。庄内平野南側の鶴岡は酒井家が治めた武家文化で，藩政時代にさかのぼる料理も多い。受け継がれてきた鶴岡の食文化の一端を垣間みる。

体験 JA鶴岡では毎年8月頃，「だだちゃ豆収穫体験」ができる。
❶JA鶴岡☎0235-29-2828

庄内藩の殿様が好んだ枝豆「だだちゃ豆」

だだちゃ豆の「だだちゃ」とは「親父さん」という意味。その昔，庄内藩の酒井公が，とてもおいしい枝豆が食事に出たので「これは，どこのだだちゃが作った枝豆か？」と尋ねたところから「だだちゃ豆」とついたという。評判の高い「白山だだちゃ豆」は❷白山地区が発祥地。

旬 8~9月上旬

だだちゃ豆ご飯

だだちゃ豆がんも

だだちゃ豆ロールケーキ

在来野菜

その土地で昔から育てられてきた固有の野菜は，ほかの土地に植えても本来の味が出ない。

旬 5~7月

旬 6~10月

❸月山筍《がっさんだけ》

雪がとけてから急成長するため太くて，柔らかい。

❹民田《みんでん》なす

鶴岡を代表する夏野菜。浅漬け，からし漬けにも最適。

藤沢かぶは甘酢漬けにすることが多い。

旬 10月頃

❺藤沢かぶ

藤沢地区には，上半分が赤く，下半分が白い伝統野菜の長カブがあった。作り手がほとんどいなくなり絶滅寸前だったが，農家の努力で復活した。普通の畑より，焼き畑で栽培する方がおいしいという。

日本海の幸

鶴岡市内の「庄内観光物産館」のおさかな市場では，庄内浜産のハタハタやブリ，タラなど季節ごとに新鮮な海の幸が並ぶ。
❻庄内観光物産館ふるさと本舗☎0120-79-5111

旬 1~2月

寒ダラ

約10kgもあるマダラ。捨てる部分がないといわれ，「寒ダラ汁（どんがら汁）」などにする。

（写真提供）山形県，「食の都庄内」ブランド戦略会議，山形県観光物産協会，庄内観光コンベンション協会，JA鶴岡

水の恵み

庄内平野を流れるいくつもの川や鳥海山の伏流水が育んだおいしい米や麦。そして伝統を守り続けた酒蔵がある。

くどき上手

7 亀の井酒造

0235-62-2307

気品を感じる香りと個性ある日本酒。

庄内平野の米

庄内平野は日本有数の穀倉地帯。庄内米「はえぬき」や山形のブランド米「つや姫」などが栽培されている。

麦きり

うどんより細めで，つるつるとした食感。地元では，年越しそばではなく，麦きりを食べる。

鶴岡自慢 うんめもん

わたしを育てた鶴岡の食文化

加藤鮎子（衆議院議員）

【笹巻き】

「笹巻き」は山形県全域で食べられていますが鶴岡の笹巻はちょっと違います！笹を剥くと，中から現れるのは黄色いプルンとしたもち米。木灰を溶かした水の上澄みにもち米を漬けることで，この独特の食感になるのです。親戚のおばあちゃんが毎年作ってくれた懐かしい味ですが，最近では作れる人も少なくなっています。青きな粉と黒蜜をつけて食べるとなんとも美味ですよ。

【寒ダラ汁（どんがら汁）】

「どんがら」とは庄内地方の方言で，魚の骨や皮，内臓などのこと。ぶつ切りにした寒ダラを味噌仕立てで，余すところなく味わう「寒ダラ汁」は庄内の冬の風物詩。毎年，寒ダラ汁を味わう祭りが開かれ，厳しい寒さの中で地域の人と肩を寄せ合って食べると身も心も温まります。日本海の荒波にもまれた寒ダラは脂がのっていて，どこを食べても最高です。

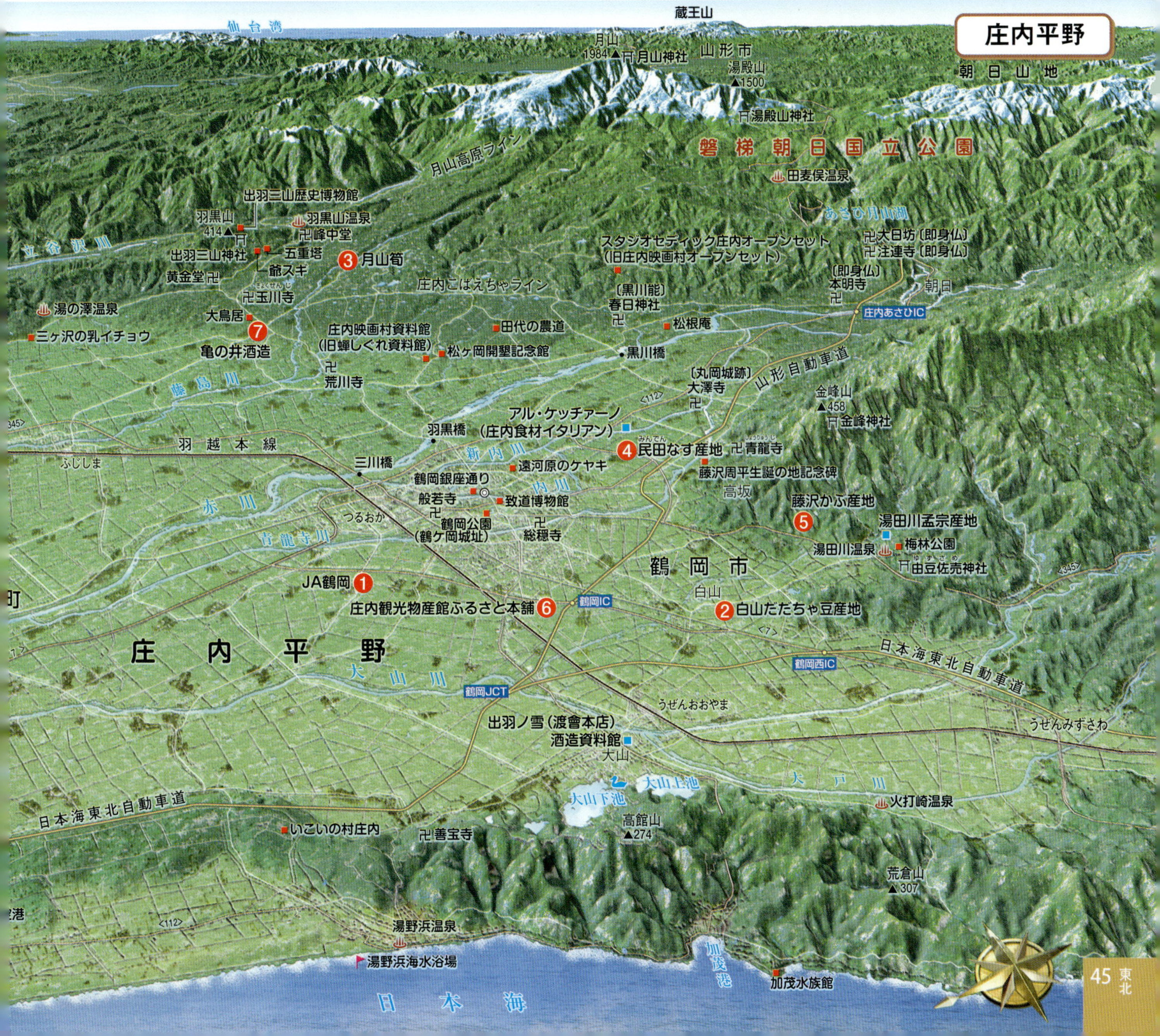

福島

浜通りは新鮮な魚介料理，中通りは冬の乾いた寒気を生かしてつくる凍み食材，会津地方は北前船の影響が色濃く感じられる乾物の利用などに特徴がある。

食と旅の風景 そば畑の中を走る磐越西線のSL（喜多方市）

ご当地アナウンサー 自慢の一品

FCT福島中央テレビ
徳光 雅英
アナウンサー

いつの日か再び『なみえ焼きそば』を浪江町で［浪江町］

B1グランプリでゴールデングランプリに輝いた，浜通りの浪江町民のソウルフードです。もっちり極太麺に濃厚ソースが絡み，具は豚肉・モヤシとシンプルながら，それぞれの旨味が物を言います。腹持ちの良い焼きそばは50年程前に，労働者用に考案されたそうです。現在浪江町は避難指示が出ているために，避難先の二本松市で営業する「杉乃家」のように震災前から販売していた食堂や，講習等を受けて認定された店で食べることができます。避難指示が解除された後，浪江町がこの焼きそばを食べに来る人で活気づく時が，本当の復興です。

蕎邑（喜多方市山都町）
☎0241-38-3344

❶山都《やまと》そば

喜多方市山都町

昼夜の寒暖差が大きい山あいの気候は，そばの栽培に向いている。昔からそばの産地が多い会津地方でも，山都町（現喜多方市）の山都そばは，有名な逸品だ。つなぎを一切使わない十割そばだが，色が白く透明感がある。

❷馬刺し

会津若松市・会津坂下町

会津地方では，ニンニクをきかせた辛子味噌で食べる。ワサビ醤油に代わるこの食べ方によって，馬刺しが急速に普及したといい，今では福島県の馬肉生産高は熊本県に次ぐ全国第2位である。

會津郷土食と桜鍋 鶴我（会津若松市）
☎0242-29-4829

❸白河ラーメン

白河市

鶏ガラ中心で醤油ベースの澄んだスープに手打ちの縮れ麺，というのが白河ラーメンの基本スタイルだが，市内に100店舗以上のラーメン店があるという現在では，各店さまざまな工夫を凝らしたものとなっている。

杉乃家
（二本松市）
☎0243-24-1215

オミヤゲ Select

⑦くるみゆべし

醤油風味の甘い餅に大粒のクルミを入れた菓子で、ユズの産地ではない東北地方では、クルミを入れるのが一般的。

④いか人参

福島市

細く切ったスルメを酒に浸してもどし、醤油、みりんなどで味を付け、ニンジンと和える。県北部の正月には欠かせない郷土料理。松前漬けの原型だという説もあるが、昆布を入れないのでねばりはない。

⑤桑折《こおり》町の献上桃

桑折町

桑折町は果物栽培が盛んな福島県でもとくに名声が高く、毎年名産のモモを皇室に献上している「献上桃の郷」である。モモの花が咲きそろった春の阿武隈川沿いはさながら桃源郷のようだ。

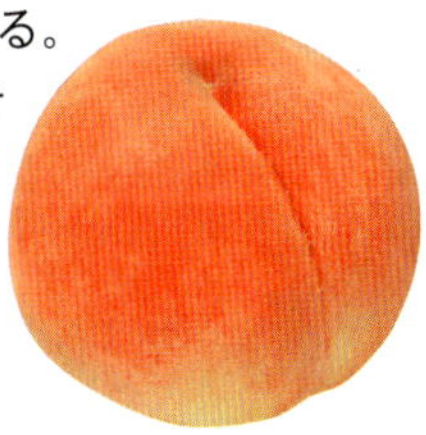

⑥メヒカリ料理

いわき市

太平洋の深海に生息するメヒカリは、刺身、天ぷら、唐揚げ、干物などどう食べてもおいしい魚である。いわき市では市の魚に制定されている。

天婦羅・とんかつ 天宝 ☎0246-65-4567

写真提供：ヒトサラ

会津西街道

江戸時代に会津藩主・保科正之《ほしなまさゆき》により会津若松から今市へ整備された街道。「下野街道」とも呼ばれる。参勤交代の道として，また米や塩，煙草，麻などの物流で東北と江戸を結ぶ重要な街道として栄えた。

大内宿の町並み

❶ 会津若松（福島県）

北前船と盆地の風土が生んだ郷土料理

江戸時代に北海道の海産物を新潟や大阪に運んだ「北前船」。会津藩へは，新潟から阿賀川を船で「身欠きニシン」などが運ばれた。内陸で周囲を山に囲まれた会津では，長持ちする海産物の乾物は重要なたんぱく源で，郷土料理として発展した。

ニシンの山椒漬け

長い冬を乗り切るために必要な脂分の多い「身欠きニシン」と，殺菌作用のある「山椒の葉」が出会った保存食。身欠きニシンの頭と尾を取り，醤油，みりん，酢と山椒の葉を一緒に2～3週間ほど漬け込む。

棒鱈《ぼうだら》煮

幕末の会津藩主・松平容保《かたもり》が京都の守護職を終えた際に，京料理の「芋棒」を持ち帰り，冬の保存食として作らせたのが始まりと言われている。真ダラを棒のように素干しにしたものを2日ほど水につけて戻し，6～7時間煮付けた郷土料理。

こづゆ

内陸でも入手できる海産物の乾物と山の幸を取り合わせた汁物で，正月や冠婚葬祭などの料理。ホタテの貝柱の乾物を水で戻し出汁を取る。サトイモ，ニンジン，キクラゲや豆麩《まめふ》を入れ，椀に盛り付けて塩出しした塩漬けワラビをのせる。

嫁入り道具のニシン鉢

会津では，嫁入り道具の一つと言われ，「ニシンの山椒漬け」を作る時に使われる陶器の鉢。東北最古の登り窯を持つ「宗像窯」で作られている。

会津本郷・宗像窯☎0242-56-2174

会津地鶏と会津彼岸獅子

会津地鶏は，400年以上も前に平家の落人が持ち込んだとされ，美しい羽を持っていることから観賞用として飼われていた。絶滅寸前であったが，品種改良により今では会津地方を代表する食肉用鶏となった。

会津地方には，古くから受け継がれてきた郷土芸能「会津彼岸獅子」がある。戊辰戦争の時，新政府軍に囲まれた鶴ヶ城に「彼岸獅子」に扮した会津藩兵が堂々と入城した。この彼岸獅子の獅子頭の羽装に使われているのが，会津地鶏の雄の黒色の長く美しい尾羽。

❷ 大内宿（福島県）

会津城下と今市を結ぶ会津西街道の宿駅。昭和56年に重要伝統的建造物群に指定され，年間約120万人の観光客が訪れる。

高遠《たかとお》そば

一本のネギを箸代わりにして食べる名物。徳川将軍への献上品のため「切る」のは縁起が悪いとされ，ネギをそのまま使ったのが始まり。そば好きであった会津初代藩主・保科正之は，以前は信濃高遠藩の藩主であった。転封の際に高遠から，そば打ち職人を連れてきて広めたため「高遠そば」と呼ばれた。

しんごろう

南会津に伝わる郷土料理。半づきにした餅を竹串に刺し，味噌とエゴマなどを混ぜたものを付け，炭火で焼く。

〈写真提供〉うつくしま観光プロモーション機構，日光市観光協会，鹿沼そば振興会，下郷町，宗像窯

会津西街道
米沢牛…松阪牛,神戸牛と並んで,
日本三大和牛にかぞえられる
雪菜…上杉鷹山が奨励したといわれ,
雪の中で育つ。セロリに似た食感
上杉家廟所
米沢城跡
上杉記念館
米沢市
福島市
山形県
奥羽本線
白布温泉
白布峠
磐梯朝日国立公園
吾妻山
磐梯吾妻レークライン
安達太良山
熱塩温泉
喜多方ラーメン…太ちぢれ麺が特徴
塩川鳥もつ…喜多方市塩川町の
「鳥皮」の煮込み
蔵のまち
喜多方市
磐越西線
新宮熊野神社長床
会津若松市
猪苗代湖
磐越自動車道
白虎隊十九士の墓
さざえ堂
御薬園
会津武家屋敷
東山温泉
鶴ヶ城
会津酒造博物館
会津本郷焼資料展示室
柳津西山地熱発電所PR館
芦ノ牧温泉
会津西街道
大内宿本陣跡
湯野上温泉
塔のへつり
福島県
田島宿
那須塩原市
七ヶ岳
滝の原温泉
栃木県
前沢曲屋集落
木賊《とくさ》温泉
湯ノ花温泉
湯西川温泉
平家狩人村
平家落人料理…囲炉裏の火であぶる串焼きや鹿肉,川魚の味噌焼き。平家の落人が食したといわれる
会津駒ヶ岳
檜枝岐村
尾瀬国立公園
川治温泉
鬼怒川温泉
矢板市
川俣温泉
今市
日光国立公園
日光東照宮
群馬県
日光市
鹿沼市
日光例幣使そば街道
会津西街道
日光例幣使そば街道

❸日光周辺（栃木県）

今市宿は江戸時代，日光街道，会津西街道，日光例幣使街道などが集まる交通の要所として栄えた。日光には世界遺産の日光東照宮があり，市内では毎年11月下旬に「日光そばまつり」が開催される。

湯波料理

「ゆば」は，京都では「湯葉」，日光では「湯波」と書く。元々は，表面に皺が多いことから「湯婆」と名付けられたのが土地によって変わったとされる。日光の湯波は，引き上げる時に真ん中で二つ折りにする。

湯波刺し

湯波田楽

湯波豆腐

❹日光例幣使《れいへいし》そば街道

日光例幣使街道は，徳川家康が祀られた東照宮に供え物を納める勅使《ちょくし》(例幣使)が通った街道。栃木県の日光市から鹿沼市にかけては，そばの産地で，日光連山などを水源に育てたそばが味わえるこの街道を「日光例幣使そば街道」と名付けた。

鹿沼そば

鹿沼市では，昔から麻などを栽培したあとの畑で，そばを育ててきた。小粒で，そば粉に占める甘皮の割合が多く香り高い。霜が降りるまで完熟させるため深い味わいになる。

新そば
11月下旬

山間部でミツバチに受粉させるため，山の尾根を越えることが無く，多品種との交配を防いできた。畑で出会う桃色のそばの実が栃木の原種の証。

茨城

平野部では農業が盛んな，日本屈指の農業県。霞ケ浦周辺ではワカサギやレンコンなどが育まれるほか，水戸の納豆や大洗のアンコウなど名物も多い。

食と旅の風景　アンコウの「吊るし切り」(大洗町)

❶ アンコウ料理

大洗町

茨城を代表する冬の味覚。淡白な白身やコラーゲンたっぷりの皮，肝など，骨以外は捨てるところがない魚で，食べられる各部位を指してアンコウの七つ道具と呼ぶ。どぶ汁は，本来は水を使わず，肝と味噌，野菜だけでつくる濃厚な味わいの鍋だ。グニャグニャの魚体は，まな板上では切りにくいため，「吊るし切り」という独特の方法でさばく。

左／どぶ汁，右／共酢あえ，下／アンコウ鍋

❷ 凍みこんにゃく

常陸太田市

旧水府村では，かつては多くの農家が凍みこんにゃくをつくっていたが，現在ではわずかに1軒だけ。水を撒いて凍らせ，天日で溶かす工程を約1カ月も繰り返してつくるという幻の食材だ。冬の冷え込みは厳しいが雪は少ない気候を生かしている。

オミヤゲ Select

❻ べっ甲ほしいも

蒸したイモを乾燥させ，甘さを増す。ほしいも生産量の9割は，ひたちなか市産。

幸田商店(ひたちなか市)
☎0120-700113

◀笠間いなり寿司

3 そぼろ納豆

水戸市

納豆と切り干し大根を合わせて，醤油に漬け込んだもので，納豆をさらに長期間寝かせることができる保存食でもある。水戸の納豆は，秋の台風前に収穫できるよう早生大豆中心だったので，伝統的に小粒である。

©SHUN GATE／れんこん三兄弟

4 レンコン

土浦市・稲敷市

霞ケ浦の周囲ではレンコン栽培が盛んで，とくに土浦市は生産量日本一だ。栄養豊富な泥炭の湿地であること，また，冬でも温暖な気候がレンコンに適している。ホースで水を吹き付ける水掘りという方法で収穫する。

浜茶屋やましょう（鹿嶋市）
☎0299-69-1668

5 ハマグリ料理

鹿島地方

鹿島灘沿岸でとれる，非常に大粒なハマグリを「鹿島灘はまぐり」という。正式な和名はチョウセンハマグリだが，日本古来の種類で，ぷりぷりの身が特徴。焼きハマグリが最高だ。大洗町から神栖市にかけてのエリアで，4月中旬から6月下旬頃までハマグリなどの潮干狩りを楽しむことができる。

ご当地アナウンサー 自慢の一品

IBS茨城放送
菊地 真衣アナウンサー

一口でいなり寿司の概念を覆す『笠間いなり寿司』［笠間市］

日本三大稲荷の一つ，笠間稲荷神社。その門前町として栄える笠間市には，稲荷神社にちなんだ『笠間いなり寿司』があります。いなり寿司と聞くと，中身は酢飯だけのものを思い浮かべますが，『笠間いなり寿司』はなんといっても中身がユニーク！酢飯のほかに，そばやクルミ，舞茸などが入っており，食材によってさまざまな味と食感に出会えます。茨城特産の常陸秋そばを使用した『そばいなり』は，その特徴でもある香りとのど越しの良さを手軽に楽しめます。また，少し時間を置くと，油揚げの甘みがそばに染み込んで，お酒との相性も抜群です！特に，茨城の地酒と合わせるともう，たまりません！ぜひ，食べに来たらいーべよ！

栃木

鬼怒川，那珂川，渡良瀬川流域などの平地では，稲作，畑作ともに盛んだ。また，全国から信仰を集めた日光では，精進料理など参拝者向けの名物も多い。

食と旅の風景 とちおとめのイチゴ狩り（全県）

オミヤゲ Select

6 ココ・ファーム・ワイナリー

急斜面のブドウ畑の麓で，「こころみ学園」を母体とするワイナリーが生んだ高品質なワイン。

ココ・ファーム・ワイナリー
（足利市）
☎0284-42-1194

1 しもつかれ

全県

新《あら》巻《まき》鮭の頭と煎り大豆，大根，ニンジンなどを細かく刻んだり，すりおろしたりし，酒粕で煮てつくる。元来は，正月の鮭や節分の大豆の残りを利用したもので，各家庭で材料や味付けはさまざまである。初午の日に，わらつとに入れたしもつかれを，稲荷神社に供える習慣がある。

2 宇都宮餃子

宇都宮市

宇都宮の餃子は，中国東北部から復員した兵隊が作り始めたとされている。具が白菜中心であることや水餃子が必ずメニューに載っていることなどが特徴である。毎年，1世帯あたりの餃子購入額で静岡県浜松市と日本一を争っている。

❸ ちたけそば

日光・那須地方

秋の味覚チタケ（乳茸，チチタケ）は，傷つけると白い乳液を分泌することから名付いたキノコで，香りが高く，そばに入れると良い味が出る。ちたけそばは，ナスと一緒に炒めたチタケを入れることが多い。ちたけうどんもよく食される。

味処 会津屋 ☎0288-55-0045

❹ にらそば

鹿沼市

鹿沼市は，関東でも有数のそばの里だが，ニラの生産量も全国トップクラス。この特産品を組み合わせたにらそばは，明治時代以前から食べられてきた。そばとニラの食感の相性がよく，今ではすっかり鹿沼名物として定着している。

❺ かんぴょうの卵とじ

下野市

下野市のカンピョウ生産高は日本一。保水性が高く水はけのよい関東ローム層がカンピョウ栽培に適している。夏に夕立が多いことも生長を促す要因だ。郷土料理のかんぴょうの卵とじは，シャキシャキとした歯応えが楽しめる。

▲白いすだれのようなカンピョウ干しの光景は，夏の風物詩

ご当地アナウンサー 自慢の一品

とちぎテレビ
飯島 誠 アナウンサー

日光の自然と職人が手掛ける『水ようかん』［日光市］

2016年は日光にとって，家康公御鎮座400年，開山1250年の節目の年。世界遺産・二社一寺に向かう通りは「街ブラ」するには最高です。和菓子店も多く，中でも水ようかんは絶品！熱処理していないためプルンとした食感で，みずみずしさが違います。食べた時，素直に言葉が出ます…「うまいなぁ」。日光の豊かな水も，おいしさを引き立たせています。日持ちがしないため昔から冬の食べ物として，特に正月に食べる風習があります。市民の日常にも溶け込んだ日光の水ようかん。旅に「癒し」を与えるやさしい甘さと食感をご賞味あれ。
食べてほしいんだかんね！

三ツ山羊羹本舗（日光市）
☎0288-54-0068

群馬

上毛三山と呼ばれる赤城，榛名，妙義山などの山々に囲まれる群馬県は，水はけのよい火山灰地が多く，小麦や高原野菜などの畑作や畜産が盛んだ。

食と旅の風景 高原キャベツと浅間山（嬬恋村）

休暇村嬬恋鹿沢
（嬬恋村）
📞0279-98-0511

❶ 嬬恋キャベツ焼きそば

嬬恋村

夏に冷涼な気候を生かした嬬恋村のキャベツ栽培は，戦前から盛んである。キャベツ焼きそばは，キャベツの千切りをたっぷりと敷き，太麺の焼きそばに紅ショウガと温泉玉子を添えた，サラダ感覚のご当地グルメだ。

うどん茶屋水沢万葉亭
（渋川市）
📞0279-72-3038

❷ 水沢うどん

渋川市

水沢観音の参詣客に振る舞われるうどんで，約400年の歴史があるとされている。良質な小麦と水沢山のよい水を使って打ちあげており，コシが強く滑らかな喉ごしがある。讃岐うどん，稲庭うどんと並ぶ，日本三大うどんの一つ。

❸ 峠の釜めし

安中市

信越本線の横川駅は，碓氷峠を越える列車に機関車の増結を行うため，長時間の停車がある駅だった。しかし，日本初の温かい駅弁でもある峠の釜めしは，停車中の乗客の楽しみの一つとなり，横川―軽井沢駅間が廃線となった現在でも根強い人気がある。

おぎのや本店（安中市）
📞027-395-2311

❹ こんにゃくおでん

下仁田町

群馬県は全国のこんにゃくいも生産の9割以上を占める名産地。とくに，山間部で日照時間の短い下仁田町は，日照りを嫌うこんにゃくいもの栽培に適していたといわれる。また，山の斜面の畑は水はけがよく，こんにゃくに合っていた。味噌おでんは人気の定番料理。

⑤ 焼きまんじゅう

全県

小麦文化が発達した上州の伝統食。米と小麦を練って麹で発酵させた，ふかふかの酒まんじゅうを竹串に刺し，甘い味噌だれを塗ってこんがりと焼いたもの。あんは入らないのが本来のスタイル。

ご当地アナウンサー 自慢の一品

GTV群馬テレビ

安蒜《あんびる》 幸紀《さき》 アナウンサー

©群馬テレビ

甘さいっぱい下仁田ネギの『大名焼き』［下仁田町］

下仁田ネギは別名“殿様ネギ”と呼ばれ，江戸時代には大名たちから愛され，昭和には皇室への献上品としても送られていました。そんなブランド野菜，下仁田ネギとして認められるには厳しい条件があるんです！夏の植え替えや，植えてから収穫までに1年以上かけるなどの条件を満たし，「下仁田葱の会」が認めたものだけが出荷されます。私のおすすめの食べ方は『大名焼き』。まるごと一本を焚き火で焼くだけ！味付け一切なし。これは本当にネギ？！と思うようなとろっとろの食感で，口いっぱいに甘みが広がります。初めて食べる人は衝撃を受けること間違いなしです。ぜひ，食べに来《き》ない！

下仁田ネギ産直センター（茂木食品工業株式会社，下仁田町）☎0274-82-2626

オミヤゲ Select

⑦ ガトーフェスタ ハラダのガトーラスク

明治時代に創業し110年以上の歴史をもつ和菓子店で，学校給食向けのパンを加工したガトーラスク「グーテ・デ・ロワ」が大ヒットした。

ガトーフェスタ ハラダ新本館
シャトー・デュ・ボヌール（高崎市）
☎0274-43-1100

蕎麦 山海酒屋 山人（前橋市）☎027-289-4122

⑥ 豚丼

前橋市

国内でも早い時期に製糸産業が興った前橋は，西洋の食文化に触れる機会も多く，やがて赤城山南麓などでの養豚が盛んになった。現在，前橋市は，「豚肉のまち」と呼ばれるほどで，豚肉料理の品評会T-1グランプリも毎年開催されている。

関東の麺文化

利根川などの豊かな水系に加え，冬季の寒風や日照時間の長さも相まって，良質な小麦が育まれる関東地方。小麦を主とする食文化が根付いており，多様な麺料理が各地に見られる。

群馬県

❶おっきりこみ　群馬県全域　埼玉県北部・西部

塩を加えずに打った太い生麺を，季節の根菜や油揚げなどの入った汁に直接入れて煮込む。二毛作での小麦生産が盛んなこの地域の代表的な粉食料理の一つ。

❷沼田だんご汁　沼田市

小麦粉を練って丸めた団子を季節の野菜やキノコと煮込んだ鍋料理。北毛《ほくもう》の中心，沼田市の郷土食。

❸館林うどん　館林市

江戸時代には将軍家へ献上され，今も高級贈答品として知られる。小麦の産地館林は，日清製粉の創業地として有名。

館林うどん ☎0120-57-3741

❹ひもかわうどん　桐生市

桐生に伝わる幅広麺は味がしみやすく1本でも満腹感がある。織物の町らしく「帯うどん」とも呼ばれる。

❺高崎のパスタ

古くから粉食文化をもつ高崎ではパスタ料理も広く受け入れられ，人口当たりのパスタ店の数も全国有数。スープパスタ発祥の地ともいわれる。

栃木県

❻佐野ラーメン

佐野市

大正時代，この地に住んでいた中国人が伝授したとされる。値段が安く，深夜まで働く地場産業の繊維業者の間で広まった。

❼耳うどん

佐野市仙波町

正月の粉物料理。悪魔の耳を食べて家内の話を聞かせないという魔除けのほか，耳を食べれば悪口が聞こえず近所と円満に交際できるなど，由来は諸説ある。

❽那須のすいとん

那須町

藩主の姫が食のなくなる病に伏し，日蓮上人の祈祷でお供えの団子を食べた逸話に由来。

アジアンオールドバザール ☎0287-76-7600

冬期限定メニューの「バリ風すいとん」

❾じゃがいも入り焼きそば

栃木市

食糧難の戦時中，嵩増しのためにジャガイモを入れたとされる。食堂や駄菓子屋で気軽に食べられる。

埼玉県

⑩ 煮ぼうとう 深谷市

深谷ネギや冬野菜を入れた汁で生麺を煮込むと適度なとろみが出て，体を温める効果が生まれる。冬の農作業で凍えた体に熱々の煮ぼうとうは何よりのご馳走だった。明治時代に活躍した深谷市出身の実業家，渋沢栄一氏も好んだという。

⑪ あずきすくい 東秩父村

小豆のゆるいあんと茹でたほうとう麺を和えた郷土料理「小豆ぼうとう」がルーツ。

⑫ 武州飯能うどん 飯能市

豚肉と地元産のネギやナスの入った熱い肉汁につけて食べる。うどん屋が多く味も多彩。

浅見茶屋 ☎042-978-0789

⑬ 加須うどん

加須市

加須は武州正藍染め青縞織の集積地で，全国から集まる業者の昼食や土産として手打ちうどん店が増えていった。

⑭ 武蔵野うどん

浸水性が高い関東ローム層に覆われた武蔵野台地（東京都多摩地域から埼玉県西部）は，稲作に適さず，昔から麦作が盛んだったことから，小麦を主とする食の文化が育まれるようになった。各家庭では地粉で麺を打つ習慣が根付き，麺打ちは嫁入り修行の一つでもあった。一般的なうどんよりも太く，やや茶色がかっているのが特徴だ。

埼玉

川魚料理や茶栽培などの伝統が色濃く残る埼玉県の食文化。東京のベッドタウンであるとともに，深谷ネギなどをはじめ野菜の一大供給県でもある。

食と旅の風景　広大な関東平野の茶畑（入間市）

❶ 忠七《ちゅうしち》めし

小川町

剣・禅・書に秀でた幕末の偉人山岡鉄舟に示唆され，小川町に今日も続く割烹旅館二葉の主人八木忠七が考案した料理。温かい飯にノリ，ネギ，ワサビ，ユズをのせ，出汁をかけて食べる。江戸時代末期から食されていた郷土料理である。

二葉（小川町）
☎0493-72-0038

❷ いがまんじゅう

県北地域

小麦栽培が盛んだった県北地域の伝統食で，あんが入ったまんじゅうを赤飯で包んだもの。田植えや稲刈りの後，夏祭りなどの大勢の人が集まる席で重箱に詰めて出された，祝いの菓子だ。栗の外皮である「いが」に似ていることが由来という。

❸ すったて

川島町

夏の農作業の後，よく食べられていた冷や汁うどん。魚を使わないさっぱりとした味つけで，ゴマ，味噌，キュウリ，ミョウガ，大葉などをすりつぶし，汲み立ての井戸水で溶いた冷たいつけ汁が食欲をそそった。「すりたて」が訛って「すったて」という。

4 ゼリーフライ

行田市

おからとジャガイモを主体とするタネを，衣を付けずに素揚げし，ソースで食べる。小判型なので「銭フライ」といっていたものが変化したらしい。ちなみに「行田フライ」は，お好み焼きに似たまったく別の料理だ。

ご当地アナウンサー 自慢の一品

TVSテレビ埼玉
中島 そよか
アナウンサー

摘み取りは年に2回だけ！ 旨み凝縮の『狭山茶』［狭山市・入間市］

日本三大銘茶の一つ「狭山茶」。“♪色は静岡，香りは宇治よ，味は狭山でとどめさす”と「狭山茶摘み歌」にも歌われるほどで，その特徴はなんといっても「深い味わい」です。国内の大規模な茶の産地としては，北限に位置する埼玉県。厳しい気候条件に耐えゆっくり育った茶葉は肉厚で濃厚な甘みとコクが凝縮されます。さらなる旨みの秘密は伝統の仕上げ方法『狭山火入れ』！高温でじっくり乾燥させるため深いコクと独特の香りがいっそう磨かれます。江戸時代からの変わらぬ美味しさを受け継ぐ『狭山茶』。温めのお湯で，最後の1滴まで狭山の心…どうぞご堪能ください！

オミヤゲ Select

7 草加せんべい

江戸時代から続く名菓。日光街道の草加宿は米どころであり醤油産地でもあった。

（草加市）

福寿家（吉川市）☎048-982-0019

5 やきとり

東松山市

東松山市の名物「やきとり」とは，豚肉の串焼きのことだ。炭火で焼いたカシラ肉（こめかみや頬の部分）をトウガラシの効いた味噌だれで食べる。戦後，余り気味だったカシラ肉を，有効に活用すべく考え出されたものだという。

6 ナマズ料理

吉川市

利根川水系の川や用水路が，市内各所を流れる吉川市は，稲作と舟運で栄えた町だ。天ぷらや蒲焼きのほか，ナマズの骨と身を包丁で叩き，味噌で味つけして揚げた「たたき」という肉団子料理もある。吉川駅前には巨大な金のナマズ像がある。

小江戸 川越

武蔵国の要衝だった川越は江戸と新河岸川で直結し，物資や人，文化の往来が密になり「小江戸」と称されるまでに影響を受けた。町並みだけでなく，食にもその名残が見られる。

周辺の川で良質のウナギがとれ，川越特産の醤油が味を引き立てる

ウナギ

江戸時代，豚などを食することが禁じられていた当時の貴重なタンパク源だった。

❶ 川越いちのや ☎049-222-0354

江戸の料理を伝えた新河岸川の舟運

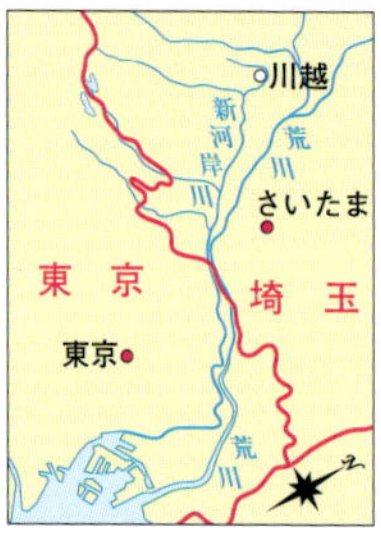

川越と江戸を結ぶ新河岸川では，利便性の良さから舟運が発達した。川越街道を使うよりも速く，楽だったため多くの豪商たちが利用し，川越からの荷は主にサツマイモなどの農産物や醤油が，江戸からは小間物や砂糖，塩が運ばれた。こうした新河岸川の舟運は，人や物資だけではなく，文化も強く結びつけた。舟運によってもたらされた江戸の文化は，「小江戸」川越に息づいている。特に，江戸庶民の味として知られるウナギは川越近郊の河川でよくとれたことから，今も川越にはウナギ料理店が点在し，それぞれの伝統の味を守っている。

川越いも

❷ いも膳 ☎049-243-8551

江戸時代の飢饉の際に，川越のサツマイモが江戸庶民を救い，将軍にも好まれ「川越いも」として名が高まった。江戸で「九里四里(栗より)うまい十三里」と好まれた川越いも。十三里とは日本橋から川越札の辻の距離。現在も川越いもの懐石や和菓子などが有名だ。

昔懐かしい風味の「いも恋」は，サツマイモとつぶあんを山芋の生地で包んだおまんじゅう。川越を代表する和菓子の一つだ

❸ 菓匠右門 ☎049-226-2771

ぶらり歩き 江戸の文化を味わう

ねこまんま焼きおにぎり

江戸末期に鮮魚店として創業した乾物屋の6代目が考案し，店先で販売。

❹ 中市本店 ☎049-222-0126

焼き団子

江戸時代，米の集散地だった川越は，米を使った焼き団子屋が今も多い。

❺ 鐘突堂下 田中屋 ☎049-223-0573

麩菓子

江戸時代の麩菓子は麩を醤油で煮しめたものといわれ，今は黒糖の甘い麩菓子が店頭に並ぶ。

❻ 松陸製菓 ☎049-222-1577

飴細工

大道芸のように和ばさみなどで職人が細工する様子は江戸で広まったとされる。菓子屋横丁で今も楽しめる。

川越

河越抹茶《かわごえ》

旧河越領内で栽培された碾茶《てんちゃ》が河越抹茶の原料

南北朝時代，山城や駿河とともに茶の名園五場として武蔵河越が数えられ，関東の武将に愛された河越抹茶。栽培を担っていた寺院や武士とともに衰退したが，地元の有志により蘇った。改めて「河越抹茶」として，さまざまな形で売られている。

茶そば

抹茶を練り込んで作る鶯色の茶そばは，地元名産の河越抹茶を使用。

7 寿庵(本店) ☎049-222-0942

抹茶わらび

河越抹茶のほのかな苦味にわらび餅がよく合い，川越みやげとして人気。

8 茶和々 ☎049-227-6191

抹茶パフェ

河越抹茶をふんだんに使ったアイスに四季折々のスイーツを合わせたパフェ。

9 Lightning cafe ☎049-225-4776

川越の文化が集まる小江戸蔵里

1875年創業の旧鏡山酒造の蔵を改修した観光施設。蔵自体が国の登録有形文化財に指定され，川越の風景をつくる蔵造り家屋の意匠を間近で見られる。施設内では，川越名物やみやげ物が多数集まっている。

10 小江戸蔵里 ☎049-228-0855

千葉

太平洋，東京湾，利根川に囲まれた千葉県には，多彩な水産物を生かした料理が多い。江戸との舟運を基盤に発展した，醤油醸造の歴史にも注目したい。

食と旅の風景　東京湾の潮干狩り（木更津市）

❶あさり飯

木更津市

東京湾の干潟で行われる潮干狩りは，安全で楽しい海のレジャーだ。木更津地域では，アサリをフライ，焼き，ラーメンの具など，実にいろいろな料理に使うが，あさり飯は最も伝統的な食べ方の一つ。

わっぱ茶屋かわな（木更津市）☎0438-53-8315

❷落花生味噌

全県

下総台地は富士山の噴火によって火山灰が積もった土地で，落花生はこの環境に適していた。品種改良も成功し，千葉県が一大産地となった。落花生味噌は，炒った落花生に味噌，砂糖，はちみつなどを絡めたもので，保存が効き，ご飯によく合う。

なめろう

❸なめろう／さんが焼き

九十九里・南房総地域

皿をなめたくなるほどおいしいので「なめろう」という。新鮮なイワシやアジを叩いて，味噌，ショウガ，ネギ，シソなどと混ぜた漁師料理で，「さんが焼き」はそれを焼いたものだ。

さんが焼き

オミヤゲ Select

6 ぬれせんべい

焼いたせんべいを醤油に漬けてしっとりと柔らかい口当たりにしたもの。

銚子電鉄 ぬれ煎餅駅（銚子市）
☎0479-26-3852

キノエネ醤油（野田市）

4 醤油

野田市・香取市・銚子市

江戸時代に紀州から製法が伝わり，今では千葉県が生産量日本一。原料の大豆や塩が入手しやすく，大消費地の江戸へ舟運があったこと，醸造に適した気候であったことが醤油産業を発展させた。

5 イワシのゴマ漬け

九十九里地域

イワシは昔から日本で最も漁獲量が多い魚で，千葉県だけでも100種類以上の郷土料理があるという。ゴマ漬けは，傷みやすいイワシを保存し，長くおいしく食べられるように工夫した酢漬けの一種で，祭りや行事，正月の膳に欠かせない。

ご当地コメンテーター 自慢の一品

CTC千葉テレビ「ニュース930」
コメンテーター
関谷 昇 千葉大学教授

お祝いがあると家族で作った『太巻き祭り寿司』［房総半島］

切り口に美しい模様が現れる太巻き寿司は，お弁当や手みやげに，あでやかな模様で結婚式にと，千葉では定番の郷土料理です。細巻を組み合わせて模様をつくっていきますが，中心にゴボウが入った椿や，ウサギなどの動植物，アニメのキャラクターなど凝ったデザインが多くあり，おもてなしの心を感じられます。また山武市では特産のニンジンを入れたり，銚子では分厚い伊達巻で寿司を巻いたりなど，地域ならではの工夫がみられるのも特徴。最近では，作り方教室が開かれ，おばあちゃんから若者へと郷土の伝統が引き継がれています。

新鮮な海の幸　果物を満喫

南房総

東京湾，太平洋と海に囲まれ，豊かな漁場を有する昔から漁業が盛んなエリアだ。アジ，タイ，伊勢エビなどの新鮮な魚介類から生まれた郷土料理も多い。温暖な気候を生かした花や果物の産地でもある。

6月下旬～8月下旬

クジラ

約400年の鯨食文化が息づき，関東で唯一の捕鯨基地南房総市和田浦(❶)には今もツチクジラが水揚げされる。

5月～8月

アワビ

白浜に残る海女漁が有名(❷)。岩井の「黒アワビ」は高値で取引される(❸)。

9月～11月

伊勢エビ

全国有数の水揚げを誇り，近年「房州エビ」としてブランド化された。

アジ

5月～6月

南房総の地魚で「なめろう」や「さんが焼き」などの郷土料理に欠かせない。

タイ

4月～11月

江戸時代，「江戸の鯛相場は富浦(❹)がつくる」といわれ，今もタイの養殖が盛ん。

ヤリイカ

11月～3月

槍先のような細長い身は一夜干しが人気。季節になるとイカ釣りもできる。

10月～3月

金目鯛

大きな目に赤い体の深海魚で，南房総近海は県内有数の漁場。地元では甘辛い煮付けが好まれる。

旬カレンダー

月	旬
1月	
2月	
3月	
4月	タイ
5月	アワビ
6月	アジ
	クジラ
7月	
8月	
9月	伊勢エビ
10月	
	金目鯛
11月	
	ヤリイカ
12月	

イチゴ狩り（1月～2月）

タケノコ掘り

ビワ狩り

ドラゴンフルーツ狩り

ブルーベリー狩り

ミカン狩り

ビワ狩り

南房総市富浦地区

房州びれ

4月下旬～6月中旬

南房総のビワ栽培は250年以上の歴史があり，毎年皇室へ献上される逸品。高級ブランドの「房州びわ」は大粒で果肉が厚くジューシー。初夏にはビワ狩りを楽しむ観光客が増える。

びわソフトクリーム

淡いビワの色で果肉入りもある。さっぱりとした甘みが爽やか。

びわゼリー

果肉入りや果肉添え，ゼリー寄せなど，各店舗が工夫を凝らしている。

❺道の駅とみうら 枇杷倶楽部 ☎0470-33-4611

太平洋
東京湾
浦賀水道
平砂浦
千葉県
東京湾アクアライン
東京国際空港
成田国際空港
富津市
君津市
鋸南町
鴨川市
南房総市
館山市
食堂ばんや
6
鋸南保田I.C
マザー牧場
有料道路の休憩施設と一体になったハイウェイオアシス。富山の特産品を販売する物産店や港で水揚げされたばかりの魚介が食べられる岩井富浦漁協直営のレストラン「網納屋」が人気
道の駅富楽里 とみやま
The Fish
近海でとれた魚の干物や海産物など南房総最大級の品揃えのみやげ市場やオーシャンビューのレストラン，回転寿司，浜焼きと旬の海鮮を味わえる複合型観光施設
岩井の黒アワビ 3
富浦のタイ 4
5
道の駅とみうら 枇杷倶楽部
千葉県内の特産品も数多く取り揃え，特産の房州びわを使ったオリジナルスイーツの他に「びわカレー」が人気。2～3月には菜の花畑が広がる
ふれあい市場 8
洲埼灯台
9 いすみ鉄道
鴨川シーワールド
7 潮騒市場
1 和田浦のクジラ漁
海に面した広場と地元の新鮮な海産物をたっぷり楽しめる千倉黒潮物産センターがある。レストランやカフェテリア，ギャラリー，雑貨屋とレジャーに最適
道の駅ちくら・潮風王国
白浜の海女漁 2
野島埼灯台
浜のいそっぴ
伊勢エビの炭火焼きがメインの協同組合直営店。相浜漁港を望みながら漁港沖で獲れた魚介を安価で堪能できる
房総フラワーライン
おもな道の駅

～漁港・市場で鮮魚三昧～

水揚げ直後の鮮魚を見たり買ったり食べたりと，海の幸を思う存分味わいつくそう。

鮮度抜群の人気メニュー「漁師のまかない丼」

保田漁協直営

6 食堂ばんや 鋸南町

東京湾に面しており，地元に伝わる漁師料理はもちろん，定置網漁見学や遊覧船もあり，1日中楽しめる。 ☎0470-55-4844

観光市場

7 潮騒市場 鴨川市

食事処では水揚げされたばかりの地魚が回転寿司や刺身，炭火焼きなどで味わえるほか，干物などの加工品，房総の地酒や特産品も手に入る。

☎0120-14-2213

館山船形漁業協同組合直営

8 ふれあい市場 館山市

東京湾の船形漁港から直送される魚介類が販売され，手作りの干物も購入できる。

☎0470-27-4811

グルメ列車

レストラン・キハ

地元食材を使った和食やイタリアンなどの季節メニューと沿線の風景を，レトロな元国鉄車両やムーミン列車で楽しめるグルメ列車。土休日のほか，平日の臨時運行もある。

和食やイタリアンのランチ（予約制）は沿線で活躍する料理人が腕を振るう。

スイーツ＆ワイン列車，和菓子列車は予約なしで気軽に利用できる。

9 いすみ鉄道☎0470-82-2161

東京

東京西部は，武蔵野の面影を色濃く残し，豊かな自然が育む農産物や食文化がある。一方，伊豆・小笠原の島嶼部では，独自の食文化が育まれている。

食と旅の風景 深大寺門前町のそば店（調布市）

1 TOKYO－X

青梅市

三つの品種をかけ合わせ，改良して生まれた東京のブランド豚。赤身と脂肪のバランスがよく，ビタミンが豊富に含まれているのが特徴だ。青梅周辺で昔から食べられてきた武蔵野うどんとの相性も抜群。

▲TOKYO-X
肉うどん

3 八王子ラーメン

八王子市

醤油味のスープ，表面に浮かぶたっぷりの油，そして薬味の刻みタマネギが八王子ラーメンの基本だ。タマネギの食感を残しながら辛みを抑える工夫は，各店秘伝のものだという。近年は町おこしで取り上げられることも多く，味のバリエーションも広がっている。

2 水ワサビ

奥多摩町

奥多摩は，江戸時代からワサビ作りが盛んで，将軍家へも献上されていた。清らかな水にはミネラルが多く含まれ，夏でも水温が上がらないため美味しいワサビが育つ。粘り気と強い香りが特徴だ。薬味としてだけでなく，葉は天ぷら，茎はおひたしなどさまざまな食し方で楽しめる。

④深大寺そば

調布市

古くから深大寺に伝わるそば。周辺の武蔵野台地は米作りに適さなかったため，農民はそばを作って寺に納め，それを参拝客にふるまったのが始まりだ。そばの実は大きく甘みがあり，その美味しさは江戸でも評判になった。

ご当地アナウンサー 自慢の一品

TBS **出水 麻衣** アナウンサー

由緒ある深大寺そばから派生した『そば饅頭』［調布市］

緑豊かな森林と湧き水に恵まれた深大寺は，多くの参拝客でにぎわう憩いの場。祖父母が近所に住んでいたこともあり，私も家族で足繁く通った思い出の場所です。深大寺の名物といえば，東京の名湧水57選の湧き水を利用した『深大寺そば』！ですが，私のお気に入りは，そばの二番粉などを使った『そば饅頭』です。ふっくらしっとりそば香る皮に，上品な甘さの口どけが良いこしあんを包んだ逸品。蒸かしたての熱々を頬張る…至福の笑みがこぼれます。なじみの店では，いつもおまけに一つ蒸かしたてを下さって，よく祖母と半分こにして食べたなぁ。味わうたびに亡き祖父母との温かい思い出を懐かしんでいます。
皆さんもぜひ，食べてみてください！

▲深大寺門前の老舗「梅月」の『元祖そばまんじゅう』は，一番粉にこだわった白い生地が特徴だ。
梅月（調布市）
☎042-482-1424

オミヤゲ Select

⑦最中

レイシというキノコを象った最中は，1日で1万個売れる人気商品だ。

小ざさ（武蔵野市）
☎0422-22-7230

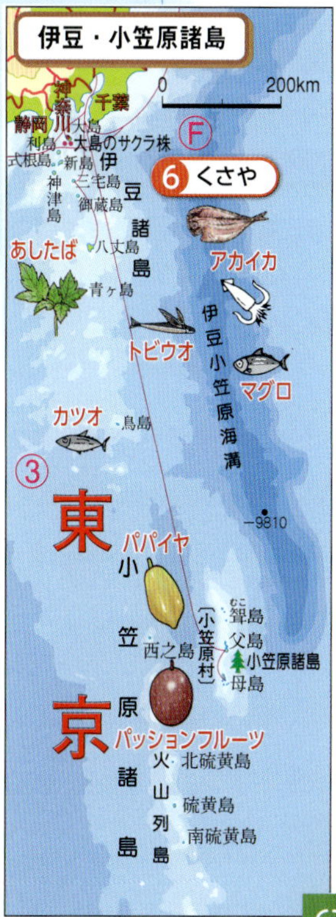

⑤東京うど

立川市

江戸時代に栽培が始まったウドは，現在も多く生産されており，東京を代表する野菜の一つだ。群馬県などで養成したウドの株を，室《むろ》と呼ばれる地下の穴蔵に移植し発芽させる。色が白く香りや歯触りが良いため，幅広く料理に使われている。

⑥くさや

八丈町

八丈島に伝わる伝統的な発酵食で，近海でとれたムロアジを，塩分の強い発酵液に一昼夜漬け，干して作られる。もともとは保存食として作られた。タンパク質やカルシウムなどが多く含まれ，独特の強い臭いがするため，「くさや」と呼ばれるようになったといわれている。

東京・23区

東京とくにその都心部は，ファッションや流行を生み出す文化情報の発信地であり，世界各国，日本全国の料理を味わえる。その一方，江戸の粋を伝える伝統の食文化も健在だ。

食と旅の風景 東京スカイツリーと屋形船（隅田川）

❸ 神田藪そば

千代田区

寿司や天ぷらと同様，そばは江戸のファストフードだった。江戸そばといえば，藪，更科，砂場が御三家で，いずれかの系統に属する店が多い。それぞれに特徴があるが，神田藪そばは，明治時代から続く藪そばの老舗であり，つゆが辛口でそばが緑がかっている。

かんだやぶそば（千代田区）
☎03-3251-0287

❶ 江戸前寿司

東京都区部

寿司の原型は手間のかかる馴れ寿司であるが，握り寿司は新鮮な材料を使って素早く作るもので，江戸時代に食酢の量産が可能になって生まれたものだという。元来は立ち食いで食すものだったが，都市の食文化の発展とともに洗練された食となった。

❷ もんじゃ焼き

中央区

ゆるい生地で鉄板に文字を書くように流して焼いたことから名づいた「文字焼き」が「もんじゃ焼き」になったといわれる。現在は，キャベツや切りイカなどさまざまな具を入れるが，ソース入りの生地であることと焼いても固まらないことは，昔から変わらない。

オミヤゲ Select

7 とらやの小形羊羹

室町時代後期, 京都にて創業した「とらや」の小形羊羹。5種類の味を楽しめる。

とらや 銀座店（中央区）

☎03-3571-3679

4 ちゃんこ鍋

墨田区

ちゃんこ鍋は, 明治の末頃, 名横綱常陸山を擁した出羽海部屋で, 大勢の力士が効率良く食べられる食事形式として始まり定着した。魚も肉も使うが, 肉の場合は縁起をかつぎ, 2本脚で立つ鶏の肉が好まれる。

5 佃煮

中央区

雑魚を甘辛く煮しめる佃煮は, 徳川家康によって江戸に招かれた, 大阪・佃村の漁師の保存食が起源。江戸市民や全国から集まる参勤交代の地方武士に歓迎され, 広まったといわれる。

6 深川飯

江東区

アサリとネギを味噌で煮込み, 熱い飯にかけて食べる丼飯。また, 駅弁などに多いが, 炊き込み飯とする場合もある。深川はかつての漁師町で, 漁の合間に手間をかけずに作られた。

江戸から続く下町文化を味わう浅草

徳川家康が江戸を開府してから参拝客で大いに賑わうようになった浅草寺。門前には水茶屋，玩具や菓子，みやげ物などの屋台が並び，元禄・享保の頃には仲見世も生まれ，浅草は江戸文化の中心地として栄えた。明治維新後は活動写真に大正オペラ，昭和のレビューなどいちはやく世界の文化を発信。日本有数の一大歓楽地へと発展し，庶民を魅了し続けた。そして，文化のみならず食にも新しい波が押し寄せた。

江戸前の天ぷら

近海の小魚に卵入りの衣を付け，ゴマ油で揚げる屋台料理だったが，明治に入ると店舗で出され，どんぶり飯の上にのせられた天丼が誕生した。

1 雷門三定（浅草）03-3841-3400

庶民の味どじょう鍋

浅草田圃でとれるドジョウは江戸の常用食材。生きたドジョウを酒に酔わせ，丸鍋で煮込んでネギと七味で食べる“どじょう鍋”はご飯や酒によく合う。

2 駒形どぜう（浅草）03-3842-4001

文明開化の牛鍋（すき焼き）

幕末の外国人居留地に端を発した肉食文化を明治政府が「和魂洋才」と推奨。肉の臭みを割下で消す牛鍋は文明開化の象徴として流行した。

3 今半本店（浅草）03-3841-1411

東京の象徴だった「凌雲閣」

©都立中央図書館所蔵資料

明治維新後，浅草では和洋折衷が進む。浅草寺や仲見世，ウナギに天ぷら，祭りや市などの江戸文化を残しつつ，パノラマ館や活動写真，牛鍋屋，洋食屋などの洋風文化も普及していった。特に，日本家屋の街中にできた高さ52mレンガ造りの凌雲閣は「浅草十二階」と親しまれ，関東大震災で倒壊するまで浅草のシンボルだった。

江戸時代からの和スイーツ

あわぜんざい

浅草周辺では粟餅の代わりとしてキビ餅が多く使われ，箸休めにシソの実が添えられる。 ❹梅園（浅草）☎03-3841-7580

雷おこし

江戸時代後期，浅草寺境内で「家をおこし、名をおこす」の縁起物として売り出され，今も浅草の人気みやげとなっている。

❺常盤堂雷おこし本舗（浅草）☎03-3876-5656

長命寺の桜もち

塩漬けの桜の葉で餅を包み，長命寺門前で花見客に売ったところ喜ばれたという。 ❻長命寺 桜もち（向島）☎03-3622-3266

言問団子

小豆あんと白あん，味噌あんの3色団子。名の由来は平安時代の歌人・在原業平の詠んだ「名にしおはば　いざ言問わん都鳥　我が思ふ人はありやなしやと」という和歌より名付けられた。野口雨情の詩や竹久夢二の日記にも登場する老舗だ。

❼向島 言問団子（向島）☎03-3622-0081

日本初の本格バー

“バー”と名のったのは「神谷バー」が日本初。明治期，新しいものは何でも“電気”と呼ぶ風潮があり，「デンキブラン」の名称につながる。

❽神谷バー（浅草）☎03-3841-5400

ブランデーベースのカクテル「デンキブラン」

登録有形文化財になった神谷ビル本館

❾一駅乗れば東京スカイツリー®へ

2012年5月開業。高さ634mは自立式電波塔として世界1位。450mと350mから東京を一望できる。東京観光の流れを一変させ，下町のランドマーク的存在となっている。

◆東京スカイツリータウン®

東京ソラマチ，水族館，プラネタリウム，郵政博物館，駅など，スカイツリーと周辺施設からなる平成の下町観光スポット。

◆東京ソラマチ®

ファッション，グルメ，カルチャーなどの複合商業施設。東京みやげも勢ぞろい。

東京の夜景を楽しむ

天空LOUNGE TOP of TREE
（東京ソラマチ イーストヤード31階）
☎03-5809-7377

スカイツリーの展望台は夜も入場可能。ソラマチレストランでは，光輝く夜景を楽しみながら食事ができる。

大正モダンを食す

日比谷・銀座・日本橋

明治から大正にかけて，東京では欧米から入ってきた食文化の影響を受けた料理が次々と誕生。流行に敏感なモボやモガは，新しい味を求めて銀座や日比谷を闊歩した。また日本橋には江戸時代からの味も受け継がれ，老舗の味として今も愛され続けている。

歴史を語る深い味わい

洋食の老舗

❶ 日比谷松本楼のビーフカレー

1903(明治36)年の創業当時から提供しているカレーは，ハイカラ好きのモボやモガに愛された一品。毎年9月25日には10円で振る舞うチャリティーセールを実施している。

▶当時まだ珍しかった洋風建築の店は若者の憧れだった。革命家・孫文とも関係が深く，今も1階には夫人の宋慶齢のピアノが展示されている

日比谷松本楼
☎ 03-3503-1451

❷ 銀座 煉瓦亭のポークカツレツ

創業1895(明治28)年，東京でいち早く洋食を提供した老舗で生まれた料理は，フランス料理「コートレット」をアレンジしたもの。仔牛肉の代わりに豚肉を使い，ウスターソースで味わう。

銀座 煉瓦亭
☎ 03-3561-3882

❸ 資生堂パーラーのミートクロケット

▲昭和初期のメニューの表紙には資生堂のシンボル「花椿」があしらわれている

1902(明治35)年，前身となるソーダファウンテンが銀座8丁目の資生堂薬局内に誕生。3代目総料理長が1931(昭和6)年に考案したミートクロケットは，カリッと仕上げた衣の中に，なめらかなベシャメルソースをまとった仔牛肉と角切りハムが入っている。

資生堂パーラー 銀座本店 ☎ 03-5537-6241

❹ 銀之塔のビーフシチュー

肉と野菜を長時間煮込んで作るシチュー。1955(昭和30)年の創業時から変わらぬ製法で作るビーフシチューは，洋食でありながらご飯にも合うコクのある味わいが特徴。

銀之塔 ☎ 03-3541-6395

日比谷・銀座・日本橋

ここも訪ねたい 和食の名店

9 人形町 今半

03-3666-7006

創業1895(明治28)年。産地にこだわらず質のよさで選ぶ黒毛和牛は，熱を加えることで脂肪が溶け出し，やわらかな食感と旨味を生み出す。落ち着いた数寄屋造の店も風情がある。

10 木挽町 砂場

03-3541-7631

江戸時代創業の蕎麦処・砂場の流れをくむ老舗で，1903(明治36)年から現在地に店を構える。気取らない雰囲気とボリューム感あるメニューにはリピーターも多い。

世代を超えて愛される 老舗のスイーツ

5 銀座空也の最中

1884(明治17)年に上野で創業した店が，銀座に店を構えたのは1949(昭和24)年。北海道十勝産の小豆を丁寧に炊きこんだあんを詰めた小ぶりの最中は，夏目漱石も好物にしていた。

銀座 空也 03-3571-3304

6 千疋屋総本店のフルーツパフェ

天保年間に日本橋で創業し，幕末には外国産の果物の輸入を開始した，日本初の果物専門店。フルーツをふんだんに盛り込んだパフェは，季節限定メニューも人気が高い。

千疋屋総本店
03-3241-1630(日本橋本店)

7 銀座文明堂のカステラ

銀座文明堂 0120-400-002

1900(明治33)年に長崎で創業し，1939(昭和14)年に銀座本店をオープン。卵にこだわり，濃厚で深い味わいの「天下文明カステラ」は，選ばれた職人しか焼くことのできない最高峰の逸品だ。

▲昭和50年代の銀座5丁目店

8 銀座木村家のあんぱん

1874(明治7)年に誕生したあんぱんは，酒種酵母で発酵させたパン生地にあんを詰めた，まさに和と洋の歴史的コラボ。中央に桜の塩漬けをあしらった桜あんぱんは，明治天皇にも献上された。

◀歌舞伎の正月興行で木村家を宣伝するチンドン屋を描いた錦絵

銀座木村家
03-3561-0091

神奈川

横浜は幕末の開港以来，外国の食文化を受け入れ中華街も発展した。三浦半島や湘南の海産物，内陸部の畜産や粉食文化など多様な食が伝わっている。

食と旅の風景 湘南しらすの天日干し（湘南地域）

❶ 大山豆腐料理

伊勢原市

丹沢山地にある大山は，雨乞いの神として信仰を集めた。関東一円では大山講が盛んに組まれ，参道に栄えた宿坊では，丹沢山系の良質な水を使った豆腐料理が名物となった。

お食事処 もとだき（伊勢原市）
☎0463-95-2240

❷ しらす丼

藤沢市，茅ヶ崎市ほか

相模湾でとれる「湘南しらす」をどんぶり飯にのせたシンプルな料理。シラスの旬は黒潮にのって湾内に入ってくる春と，湾内で育った稚魚がとれる秋。江の島や片瀬海岸の専門店では，朝とれた新鮮な生シラスを使った丼を提供している。

❸ かまぼこ

小田原市

小田原は，海の幸が豊富で良質な水にも恵まれていたことから，かまぼこ作りが盛んになった。また，箱根の宿では鮮魚より持ちの良いかまぼこが多く供されたので，参勤交代の大名家中にも知られる名産品となった。

鈴廣かまぼこ（小田原市）☎0465-22-3191

大船軒（鎌倉市）

❹厚木シロコロ・ホルモン

厚木市

厚木には食肉センターがあり，新鮮なホルモンが手に入りやすく，豚のホルモン焼肉が自然に広まったという。厚木のシロコロは，伝統的にボイルしない生の大腸を使うこと，割かずに管状のままで焼くところに特徴がある。

❻けんちん汁

鎌倉市

野菜と豆腐，こんにゃくなどをゴマ油で炒め，醤油や味噌で味付けする汁物で，江戸時代に中国から伝わった精進料理「普《ふ》茶《ちゃ》料理」の一つだとする説が有力だが，建長寺発祥の「建長汁」だという説もある。

オミヤゲ Select

❼ビーカープリン

レストランのデザートが人気のお土産となった。ビーカー入りの焼きプリン。

マーロウ秋谷本店（横須賀市）
☎046-884-4383

❺鯵の押寿し

鎌倉市

相模湾でよくとれる小型のアジを使った押し寿司は，東海道線の駅弁として有名になった。酢でしめたアジのさっぱりとした味は，鎌倉ゆかりの文化人にも愛好された。

ご当地アナウンサー　自慢の一品

tvkテレビ神奈川
長澤 彩子 アナウンサー

『ヨコスカネイビーバーガー』は日米友好の象徴［横須賀市］

1940年代に米軍からアメリカの文化が広がり，日本でのハンバーガー発祥の地の一つと言われている横須賀市。友好の象徴として，2008年にアメリカ海軍横須賀基地から伝統的な調理法が提供され誕生したのが「ヨコスカネイビーバーガー」です。

ビーフ100％のパテをオリジナルのバンズで挟んだハンバーガーの重さは，なんと170グラム以上！つなぎを一切使用しないパテは，まるでステーキを食べているような満足感を味わえます。本場アメリカ人をもうならせるヨコスカネイビーバーガー。横須賀の海風を感じながら堪能したい一品です。

異国の文化が育んだ 横浜の食

幕末から明治，大正時代にかけて，アジアや欧米各国の窓口として発展してきた横浜。異国の人々は，独自の食文化を横浜にもたらした。近年は食をテーマにしたミュージアムも人気を集め，新たな魅力を発信している。

西洋料理

幕末に開港した横浜港は，アメリカ合衆国のシアトルやサンフランシスコなどとの航路があり，多くのアメリカ人が訪れていた。また，神戸経由で訪れるヨーロッパ人も多く，生糸の貿易港としても栄えた。港周辺には外国人が暮らすエリア（居留地）が設けられ，彼らがもたらした食文化が花開いた。

横濱元町 霧笛楼

明治時代の元町周辺を舞台に描いた大佛次郎の小説『霧笛』が名前の由来。クラシカルな雰囲気の中で，本格フレンチを味わえる。

❶ 仏蘭西料亭 横濱元町 霧笛楼
045-681-2926

隣接するカフェでは上品な味わいのスイーツを提供

ホテルニューグランド

1927（昭和２）年に開業したホテルニューグランドは，欧米スタイルの設備と日本の丁寧なサービスに加え，海外から料理長を招聘し客人をもてなした。シーフードドリア，スパゲッティナポリタン，プリン・ア・ラ・モードは，このホテルで誕生したメニューとして知られる。

戦後は米軍最高司令官の宿舎となり，マッカーサー元帥が宿泊した本館3階の客室は「マッカーサーズスイート」として現在も残されている。横浜市の歴史的建造物に指定。

❷ ホテルニューグランド
045-681-1841

※2016年9月30日まで工事のため休館。レストランは10月4日から営業予定。

横浜中華街

幕末に中国大陸から移住してきた人たちが形成した一大コミュニティ。600以上ある店舗のうち約３分の１が中国料理店だ。いつも多くの人が行き交い賑やかだが，とくに春節（旧正月）の期間は，店頭や通りが華やかに飾られ，大いに盛り上がる。また，飲食店では特別料理も提供される。

パンダまん・ブタ角煮まん

中華街を散策する楽しみの一つが食べ歩き。「老維新《ろういしん》」の看板商品であるパンダまんは，定番のチョコカスタード入りのほか，抹茶や激辛味，豚の角煮入りなど，多彩なラインナップが自慢だ。

❸ 老維新 045-681-6811

60年以上変わらぬおいしさ 崎陽軒《きようけん》のシウマイ弁当

崎陽軒（❹）のシウマイは1928（昭和3）年に販売が始まり，戦後は赤い服を着たシウマイ娘が駅のホームで売り歩く姿が話題を集めた。干し帆立貝柱の風味を生かしたシウマイは冷めてもおいしいと評判で，シウマイ弁当は，現在１日約２万食を売り上げる人気商品となっている。

1954（昭和29）年発売当時の掛け紙には横浜港が描かれている

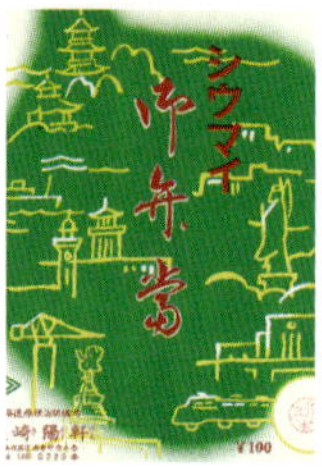

1960（昭和35）年に登場した２代目掛け紙には三渓《さんけい》園《えん》などが描かれている

写真提供：横浜中華街発展会共同組合

伊勢佐木町

牛鍋

牛や豚を食べる習慣がなかった江戸時代の日本。明治時代に入ると，諸外国からもたらされた新たな食文化が広まっていった。横浜が発祥とされる牛鍋もその一つで，1893(明治26)年創業の老舗「じゃのめや」では，上質な黒毛和牛を使い，創業時から変わらぬ味を提供している。

❺ じゃのめや ✆ 045-251-0832

サンマーメン

野菜炒めにとろみをつけた塩味のあんを醤油ラーメンにのせたもので，漢字では「生馬(嗎)麺」と書く。伊勢佐木町にある「玉泉亭」や横浜中華街の「聘珍樓《へいちんろう》」が発祥とされれるが，今や神奈川県のご当地ラーメンとして多くの店で提供されている。

❻ 玉泉亭 ✆ 045-251-5630

横浜のおいしいミュージアム

❼ カップヌードルミュージアム

(安藤百福発明記念館) ✆ 045-345-0918

チキンラーメンを発明した創業者・安藤百福の足跡やインスタントラーメンの歴史を紹介するほか，体験工房で世界で一つだけのオリジナル「カップヌードル」を作ることができる。

※マイカップヌードルファクトリーの利用には，整理券または利用券が必要です。

❽ 新横浜ラーメン博物館

✆ 045-471-0503

1994(平成6)年のオープン以来，「ラー博」の愛称で親しまれている。昭和33年の町並みをイメージした館内には，全国から人気ラーメン店が集結し，横浜にいながらにしてご当地ラーメンを味わえる。

「支那そばや」の醤油らぁ麺

❾ ベビースターランド

✆ 045-640-0081(横浜博覧館)

「横浜博覧館」2階にあり，ベビースターラーメンの製造工程を見学できる。できたてのベビースターを味わえるほか，「あんかけベビースター」や「ベビースターまん」など，中華街ならではの味も。

山梨

甲府盆地は水はけの良い扇状地が多く,日照時間が長い気候とあいまって,果樹栽培が盛ん。また,豊富な名水があり,小麦料理が多いことでも知られる。

食と旅の風景 勝沼ぶどう郷のぶどう畑と富士山(甲州市)

❶ 甲州ワイン

甲州市

山梨県のブドウ栽培は,800年以上の歴史がある。ワイナリーは約80社もあり,特産の原種ブドウ「甲州種」からつくられる甲州ワインは,すっきりとした飲み口で,とくに白が和食によく合うとされる。

甲州市勝沼 ぶどうの丘(甲州市)
☎0553-44-2111

オミヤゲ Select

❻ 信玄餅

きな粉餅に黒蜜をかけて食べる。
武田信玄の陣中食が起源ともいう。
金精軒《きんせいけん》 台ヶ原店(北杜市)
☎0551-35-2246

❷ ほうとう

全県

小麦粉でつくる平打ち麺と野菜を味噌仕立ての出汁で煮込む。カボチャを入れることが多く,カボチャの甘みと味噌が相性よく溶けあって旨い。「ほうとう」の名は,うどんや餅を意味する中国の「餺飥《はくたく》」から来たといわれる。地域によっては,「のしいれ」「のしこみ」とも呼ぶ。

❸ 煮貝

甲府市

江戸時代に,駿河の海でとれたアワビを,保存のため醤油で煮しめ,木樽に詰めて甲府に運んだところ,馬の背で揺られるうちに程良く味が染み込んだ。これが今に続く甲府の名物,煮貝誕生のきっかけだという。

みな与(甲府市)
☎055-235-3515

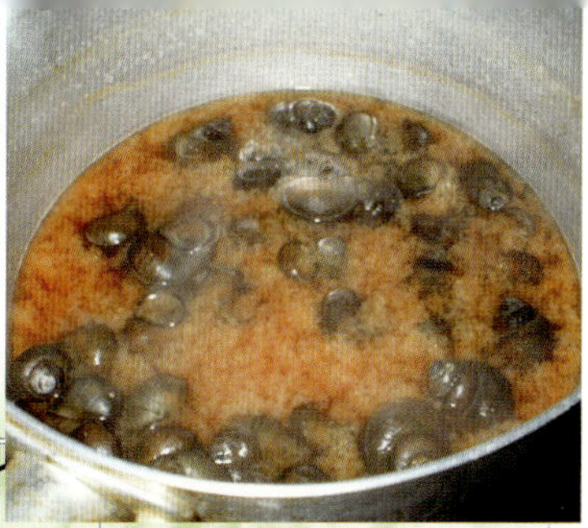

④つぼ汁

韮崎市

「つぼ」とはタニシの方言で,県北部でよく食べられる。煮付けや和え物にもするが,味噌汁に入れるとよい出汁がとれる。かつては見合いの席に欠かせない料理だった。

⑤せいだのたまじ

上野原市

かつてジャガイモをつくらせて飢饉を救った名代官がいた。その名,中井清太夫《せいだゆう》にちなんで,この地方ではジャガイモを「せいだ」と呼ぶ。「たまじ」は小玉のジャガイモのことで,皮付きのまま味噌で煮る。

ご当地アナウンサー 自慢の一品

©YBS

YBS山梨放送
三浦 実夏 アナウンサー

富士北麓の機織り文化が生んだ『吉田のうどん』[富士吉田市]

硬くて太い吉田のうどん。一度食べたらやみつきになる富士吉田市のソウルフードです。織物産業が盛んだったこの地域では,機織りに勤しむ女性に代わり男性が力強くうどんを打ったことで硬く太くなったと言われています。現在富士吉田市内だけでも60近い店舗がありますが,驚くのはその店構え。のれんもない,一見普通の民家に入ると客が肩を寄せ合い無心でうどんをすすっています。茹でたキャベツと馬肉がのっており,"旨しょっぱい"つゆもクセになるはず。各店舗オリジナルの辛味「すりだね」を入れるのもおすすめです!ぜひ,食べにこうし!

フルーツ王国・山梨

ブドウやモモの収穫量日本一を誇る山梨県。日照時間が長く，昼夜の温度差が激しい甲府盆地は，果物の栽培に適しており，フルーツ狩りを楽しめる観光農園も多い。良質なワインを造るワイナリーも点在しているので，お気に入りの銘柄を探してみては。

▲甲州市勝沼ぶどうの丘

❶ 甲州市勝沼ぶどうの丘

☎ 0553-44-2111

周囲をブドウ畑に囲まれた小高い丘に立つ複合施設で，地下のワインカーヴ(貯蔵庫)には，地元甲州産をはじめ約200銘柄，2万本のワインが並ぶ。試飲は時間制限がないので，好みのワインをじっくり探すことができる。レストランや入浴施設，ホテルもある。

▲JRから譲渡されたトンネルを利用したワインカーヴもある

▶試飲用の容器タートヴァン。器の凸凹でワインの色味をチェックする

▲ブドウ狩りを楽しむ家族

ワイナリー巡りに便利 ワインタクシー

ワイナリー巡りには車が便利だが，ドライバーは試飲できないのが悩みの種。そんな時に便利なのがワインタクシーだ。土・日・祝日に運行されており，石和温泉駅を起点に四つのワイナリーを巡ることができる。予約は「富士の国やまなし観光ネット」からのみ。
http://www.yamanashi-kankou.jp/

問合せ ☎ 055-231-2230（やまなし観光推進機構）
※土・日・祝日は☎ 055-231-5500 石和温泉駅観光案内所へ。

❷ 理想園

☎ 0553-44-0242

ブドウとモモ狩りを楽しめる観光農園。ブドウはデラウェアや巨峰，ピオーネなど10種類以上栽培しており，7月下旬から11月上旬までさまざまな品種を楽しめる。7～8月に旬を迎えるモモは，もぎたてを味わえるほか，収穫して冷やしてあるものを食べることもできる。

モモは白鳳やあかつきなど7品種を栽培している(上)，時期によって収穫できる品種が異なるので、詳しくは問合せを(右)

ワインと楽しむ山梨グルメ

❸ 勝沼醸造直営　レストランテ 風《かぜ》

1本の木につける実を制限することで糖度を高めたブドウを使い，良質なワイン造りに取り組むワイナリー。レストランの名物は，やわらかくジューシーなローストビーフで，店を訪れる客の半分以上が注文する人気メニュー。ワインとの相性も抜群だ。

☎ 0553-44-0069(勝沼醸造)　☎ 0553-44-3325(レストランテ 風)

❹ ルミエールワイナリー直営 ワイナリーレストラン ゼルコバ

1885(明治18)年創業，国の登録有形文化財指定の石蔵発酵槽をもつ老舗ワイナリー。ブドウ畑に囲まれたレストランでは，地元の食材を使った彩り華やかな「ヤマナシ・フレンチ」を提供。

☎ 0553-47-0207(ルミエールワイナリー)
☎ 0553-47-4624(ワイナリーレストラン ゼルコバ)

❺ かつぬま朝市 ワインセミナー

かつぬま朝市　http://katsunumaasaichi.com/

毎月第１日曜に開催される「かつぬま朝市」で開かれるセミナー。主催者のシニアワインエキスパート篠原雪江氏と，地元ワイナリーのスタッフやソムリエが講師を務め，ワインを味わいながら知識を深めることができる。

❻ JAフルーツ山梨 フルーツ直売所 勝沼店

☎ 0553-44-2511

近隣でとれる新鮮なブドウやモモ，野菜を販売するほか，勝沼周辺のワイナリーで造られるワインの品揃えも充実。カフェスペースも併設されている。

❼ 笛吹川《ふえふきがわ》フルーツ公園

☎ 0553-23-4101

◀すももソフトクリーム

甲府盆地を一望できる高台にある広大な公園。園内にはブドウやモモの栽培や歴史に関する資料を展示する「くだもの館」がある。季節のフレッシュフルーツを使ったソフトクリームは絶品だ。夜景鑑賞スポットとしても知られる。

甲州八珍果《はっちんか》とは…

江戸時代に甲斐国(現在の山梨県)で食べられていた八つの果物の総称で，甲斐八珍果とも呼ばれる。八つの果物とは，ブドウ，ナシ，モモ，柿，栗，リンゴ，ザクロ，クルミ(ギンナンの場合もあり)で，当時果物は珍しいものだったことから「珍」の字が用いられている。1848(嘉永元)年に編纂された書物にブドウの記述があり，当時から栽培されていたことが伺える。

長野【北部】

長野県北部は，山々に囲まれた高冷地のため稲作に向かず，そばや，小麦を生かしたおやき，漬物などの保存食が多様に育まれた。

食と旅の風景 大糸線と満開のそばの花（白馬村）

❶ 戸隠そば

長野市

今日の一般的なそばきりという食べ方は，信州で始まったといわれる。信州そばの中でも名の知れた戸隠そばは，何束かに分けて丸ざるに盛る（ぼっち盛り），戸隠大根の薬味を使うなどの特徴がある。

❷ 野沢菜漬け

野沢温泉村など全県

野沢菜は8月後半に種をまき，11月前半に収穫する。根は残すので，5月には花が咲き，6月に採種する。歯応えの残る浅漬けもよいが，べっ甲色になった本漬けのまろやかな味わいも捨てがたい。野沢温泉では，漬ける前の野沢菜を外湯の温泉でよく洗ってから桶に漬けていく。シーズンにはその様子が見られることもある。

❸ ワサビ

安曇野市

ワサビは日本原産。畑ワサビもあるが，ワサビ田で育てる水ワサビの方が地下茎が大きくなる。湧水に恵まれた安曇野市はワサビの名産地であり，国内最大級のワサビ田で観光名所でもある大王わさび農場がある。

大王わさび農場（安曇野市）
☎0263-82-2118

オミヤゲ Select

6 まるごとりんごパイ

蜜漬けの長野県産りんごを丸ごと1個使い，中心にはカステラを入れた贅沢なパイ。

千曲製菓有限会社（長野市）

☎0120-852401

4 笹寿司

飯山市

飯山でとれるクマ笹の葉の上に，酢飯を盛り，錦糸玉子，紅ショウガ，クルミ，ゼンマイ，シイタケなどをのせたもの。北信州では，謙信寿司ともいい，上杉謙信が戦の際に携帯食としたと伝えられている。

5 佐久鯉

佐久市

信州では昔からコイの養殖が盛んで，鯉こく，あらい，うま煮などさまざまな鯉料理がある。千曲川の清冽な水で育てられる佐久鯉は，川魚特有の臭みがなく身が引き締まっていて大変おいしい。ブランド鯉として高い。

ご当地アナウンサー 自慢の一品

SBC信越放送

中澤 佳子アナウンサー

信州産の新品種の魚が堪能できる『信州サーモン丼』［安曇野市］

海のないここ信州で特に注目を集めている食材，それが「信州サーモン」です。美しい銀色の鱗を身に纏った信州サーモンは，肉質のよいニジマスと，病気に強いブラウントラウトを交配させて誕生した，栄養価も高い信州独自の新品種の魚です。この魚を食すなら，『信州サーモン丼』がおすすめ。「と…とろける～！」食べるたびに出てくる感想です。トロリとろける舌触りに加えて，なめらかな肉質，爽やかな甘みが，これまたご飯にと～っても合うのです！安曇野市を中心に提供するお店が広がっていますが，各店舗で味付けやつけ合わせなども違うので，食べ比べも楽しめます。ぜひ，食べに来るずら！

長野【南部】

中山道が通り，東海地方との交流が盛んだった長野県南部。比較的温かい伊那地方では稲作が行われ，五平餅などの名物を生んだ。ハチの子などの昆虫も伝統食の一つだ。

食と旅の風景 寒天づくり（諏訪地方）

❶信州味噌

諏訪市

辛口の米味噌の代表的な存在の信州味噌。昭和初期の不況により，諏訪地方の製糸工場は次々と廃業したが，従業員向けに自家製造していた味噌を一般向けに増産し，全国に普及した。近年，地元のワカサギや川エビを使い，信州味噌のたれをかけた信州みそ天丼が人気となっている。

❷すんき漬け

木曽町

木曽地方の伝統的な漬物で，塩を全く使わず，すんき菜（カブナ）だけを漬け込む乳酸発酵漬物であることが珍しい。山国であるため，昔は塩が非常に貴重品だったことから生まれたと考えられている。

オミヤゲSelect

❻蜂の子

クロスズメバチの幼虫などを佃煮にしたもので，栄養価の高い高級珍味。

原田商店（諏訪市）

☎0266-58-2525

❸高原レタス

川上村

川上村はレタス栽培の盛んな佐久地方でも，圧倒的なシェアを誇る日本一のレタス産地だ。標高1,100m以上の冷涼な気候条件が，レタスの抑制栽培に向いていたのだが，朝鮮戦争時の米軍特需で生産が一気に拡大した。

❹ローメン

伊那市

太い茶色の深蒸し麺にマトンとキャベツを入れた料理で，スープ風と焼きそば風の2種類がある。1950年代に伊那市の中華料理店の主人が考案したという。当時，伊那市周辺では羊毛を目的とした牧羊が盛んだったため，マトンを使うようになったという。

❺五平餅

駒ヶ根市

米が貴重であった木曽地方や伊那地方で，ハレの日の食べ物とされていた。ご飯をつぶして杉や竹の板串に付け，甘辛い味噌だれを塗って香ばしく焼く。たれには，ゴマやクルミを入れることもある。地域によって，わらじ型，団子型など形の違いがある。

長寿日本一！
長野県の健康食

厚生労働省の「都道府県別生命表（2010年）」によると，長野県は男女ともに平均寿命第1位である。伝統的には，漬物や味の濃い味噌汁など，塩分過多のメニューが多く，脳卒中での死亡率が全国最悪となった頃もあったが，1980年代から県を挙げて進めた減塩運動の成果が表れたといわれている。しかし，実は長野県民の塩分摂取量は，全国平均よりまだ高いのである。そこで専門家は，やはり全国第1位である県民の平均野菜摂取量に注目している。野菜に含まれるカリウムは塩分排出作用が高く，繊維質は肥満防止に役立つなどの効能があるからだ。健康食の秘密は，まだまだ謎が多いのである。

長野県長寿食堂（長野市，地図P.83 B1）
長野の野菜などを使った“長寿食”にこだわった料理が提供される。JR長野駅構内にある。
☎026-223-5758

新潟

信濃川と阿賀野川が越後平野の肥沃な土地を育み，日本一の米どころとなった。日本海沿岸や佐渡島では，豊富な魚介類に恵まれ，多彩な食文化が育った。

食と旅の風景 魚沼産コシヒカリの田んぼ（魚沼市）

オミヤゲ Select

6 笹団子

あんの入ったヨモギ団子を笹で包んだ和菓子。上杉謙信が考案したとも伝わる。

田中屋本店（新潟市）
025-276-4062

1 のっぺ

全県

サトイモを小さく切ったニンジンやゴボウ，シイタケ，銀杏などと薄い醤油味の出汁で煮る。新潟を代表する味覚で，サケやイクラを入れることもある。正月や冠婚葬祭など人が集まる場に欠かせない。夏は冷やして，冬は温かくして，一年中食べられている家庭の味だ。

2 へぎそば

魚沼地方

へぎ（木の薄板）の箱に一口分ずつ丸く盛って供される魚沼地方発祥のそば。名産の織物の糊付けに使われる海藻のフノリをつなぎに入れるため，コシが強く独特の喉越しがある。薬味には，辛子を使うのが本来の食べ方だ。

③ 鮭の酒《さか》びたし

村上市

乾燥させたサケを日本酒にひたして食べる珍味。冬から約半年もの間，日陰干しでじっくりと乾燥させることで旨味が凝縮する。村上市内では秋になるとサケの遡上が始まり，漁が行われている光景がよく見られる。

味匠 喜っ川（村上市）
☎0254-53-2213

④ 煮菜《にな》

長岡市

菜っ葉を使った煮物料理で，「体菜《たいな》」という長岡野菜の塩漬けを使うのが特徴だ。秋に漬けた体菜の味が落ちてくる，冬の終わりから春にかけてよく作られる。打ち豆や油揚げ，酒粕を入れて作ることもある。

酒楽の里あさひ山（長岡市）☎0258-92-6070

⑤ 笹寿司

上越市

ワラビ，キャラブキ，タケノコ，錦糸玉子，でんぶ，紅ショウガなどの具をのせた寿司飯をクマ笹の葉で包んだもの。長野県北部の笹寿司も同じような形だが，これは上杉謙信の軍勢が戦場で笹の葉を器がわりに使ったことが，新潟・長野の両地方に伝わったものといわれている。

ご当地アナウンサー 自慢の一品

BSN新潟放送
近藤 丈靖 アナウンサー

ラーメン王国新潟県の『5大ラーメン』［全県］

米どころの新潟はラーメンもとにかく美味い！新潟はラーメン王国でもあるのです！新潟市のあっさり醤油と濃厚味噌，長岡の生姜醤油，三条のカレーラーメンなどユニークなラーメンの中でも異彩を放つのは，職人の街，燕三条発祥の「背脂ラーメン」。降り積もった新潟の雪を思わせる大量の背脂が，初めて食べる人の度肝を抜きます。タマネギの甘さとトッピングの岩ノリの爽やかさが効果的で，こってりだけど，どんどん飲めるスープ，そして，コシのある太麺。くせになる醤油ラーメンです！新潟に来んだば，ぜって食べてみなせ！

酒麺亭潤（燕市）
☎0256-47-0388

静岡

温暖な気候で，農産物では茶やワサビの生産が日本一だ。駿河湾ではサクラエビやカツオなどがとれ，浜名湖ではウナギの養殖が盛ん。山海の幸が揃う県だ。

食と旅の風景 茶畑と富士山（富士市）

❷浜松餃子

浜松市

浜松は，市内に餃子専門店が約80店舗もある餃子の町だ。浜松市内で作られたキャベツ，タマネギ，豚肉などの素材が入った餃子は，フライパンに丸く並べて焼かれる。真ん中にモヤシがのっているのも特徴だ。

❶ウナギ料理

浜松市

ウナギ養殖発祥の地である浜松市。養殖が盛んな浜名湖は，温暖な気候であることと，きれいな地下水があることから，美味しいウナギが育つ。夏の食べ物という印象が強いが，ウナギ冬眠前の秋が旬だ。

うなぎ藤田（浜松市）
☎053-438-1515

③富士宮やきそば

富士宮市

B-1グランプリに輝いたことで，広く知られるようになった富士宮やきそば。大きな特徴は麺の強いコシだ。ラードをしぼり，油であげた「肉かす」と地元の高原キャベツを入れ，イワシの削り粉をかけて食べる。

ご当地アナウンサー 自慢の一品

SBS静岡放送 **柳澤 亜弓** アナウンサー

静岡おでんの象徴！『黒はんぺん』［静岡市］

静岡県民にはんぺんの色を尋ねたら，間違いなく「黒！」と即答します。駿河湾に面した静岡市清水区では，豊漁祈願の祭りのときなどに奉納する白いかまぼこが盛んに作られていました。その残りの材料で作られたのが黒はんぺんで，これがおいしい！と人気になったのが起源だとか。黒色の正体は，イワシとサバ。骨ごとすりつぶして練られているので，栄養も満点，魚を丸ごと味わえます。

牛すじのお出汁がきいた静岡おでんの具材としてはもちろん，フライや，焼いて生姜醤油につけるシンプルな食べ方もおすすめです。おやつから酒の肴まで，広く静岡県民に愛されている食材です。

みんな，食べに来るら～？

オミヤゲSelect

⑥お茶羊羹

茶葉を粉末にしてようかんに練り込んだ，茶どころ静岡ならではのお菓子。

菓子処三浦（島田市）

☎0547-53-2073

④鰹節

焼津市

焼津は古くからカツオ漁が盛んで，水揚げ量は日本一だ。カツオを原料にした鰹節も有名で「焼津鰹節」として全国に出荷されている。身をおろし，いぶして，形になるまでおよそ4カ月程かかる。

⑤桜エビのかき揚げ

静岡市

サクラエビは駿河湾のみで水揚げされる希少なエビで，日中は深海に生息している。カルシウムをはじめ栄養価が高く，さまざまな料理に使われるが，野菜とともにカラッと揚げるかき揚げが代表的な料理だ。

伊豆半島 ぐるり食の旅

相模灘と駿河湾に囲まれた伊豆半島。鮮度抜群の魚介は，刺身や寿司で味わうのはもちろん，干物や煮付けなど，素材の持ち味を生かした調理法で味わえる。ワサビやイノシシなど，滋味《じみ》あふれる土地の味も楽しみたい。

旬の海の幸

❶ にし与
📞 055-951-6041

海鮮丼

大小約50の漁港がある静岡県で，焼津港に次ぐ水揚げ高がある沼津港。漁港に隣接する市場には，鮮度抜群の魚介を使った海鮮丼や寿司を味わえる店も多い。近年は，日本の湾の中で最も深い駿河湾ならではの深海魚を使ったメニューも登場し，注目を集めている。

金目鯛の煮付け

伊豆を代表する海の幸の一つで，下田や稲取近海産が有名。肉厚のキンメダイを醤油で甘辛く煮付けたものは，たれにキンメダイの脂がとけ込み，ご飯がすすむ。

金目鯛の寿司

身が締まったキンメダイは，握りのほか，昆布〆にしたり軽く炙ったりと，さまざまなバリエーションで楽しめる。

伊勢エビ

全国でも有数の水揚げ高を誇る南伊豆町の伊勢エビは，その姿，味わいともに伊豆を代表する海の味覚だ。高級食材として知られるが，地元では比較的リーズナブルに楽しめるのも魅力。

アワビ・サザエ

伊豆半島東岸から南端の下田にかけてよくとれる。アワビは刺身やステーキで，サザエは磯の香り豊かな壺焼きがおすすめだ。

タカアシガニ

深海に生息し，体長3m以上にもなる大きなカニは，戸田《へだ》をはじめ，西伊豆の名物。蒸し上げて食べることが多く，カニみそも濃厚で味わい深い。

❷ お食事処かにや 戸田本店 📞 0558-94-2235

旨さの秘密は海風と天日干し 干物

伊豆半島の海沿いの町では，アジやイカ，キンメダイなどの干物を販売する店が多い。ほどよい塩味とふっくらジューシーな焼き上がりは，昔ながらの天日干しがポイント。天然塩を使い，海風にさらすことで旨みが凝縮される。

写真提供：静岡県観光協会

伊豆の魚介を使った郷土食

まご茶漬け

伊豆半島沿岸部で親しまれている郷土料理で，地元で水揚げされる魚をご飯にのせ，出汁をかけて味わう。熱海にある「まご茶亭」では，マグロとキンメダイで楽しめる。

③まご茶亭 ☎0557-81-3063

網代イカメンチ

東伊豆の網代地区で昔から食べられている家庭料理。すり身にしたアジやイカに野菜を混ぜて丸めたものを，揚げたり焼いたりしてある。

さんま寿司

甘酢漬けにしたサンマの押し寿司は，下田市白浜地区に伝わる郷土料理。旬を迎える10～12月には「さんま寿司祭り」も開催される。

④味覚の温泉宿 みどり荘
☎0558-22-3767

桜葉スイーツ

食品の保存や香りづけに用いられる桜葉は，松崎町が生産量全国1位。桜葉餅のほか，桜葉ようかんやアイスクリームも人気だ。

魚介だけじゃない伊豆名物

ワサビ

全国2位のワサビ生産量を誇る静岡県。なかでも伊豆半島中部の天城山麓周辺は，年間を通して水温が一定した湧水が豊富なことから，ワサビの栽培が盛んだ。食べる直前におろしたワサビをご飯にのせて味わう「わさび丼」は，さわやかな香りを楽しめる。

⑤わさび園かどや
☎0558-35-7290

しし鍋

イズシカ丼

昔から，天城山周辺では，イノシシを野菜や豆腐と煮込んだ鍋料理が有名。近年は鹿肉を使ったご当地グルメも登場している。

⑥イズシカ丼は，土肥金山の食事処で提供
☎0558-98-0800

愛知

年間を通じて比較的温暖で，古くから農業や養鶏が盛んな愛知県。伊勢湾や三河湾は，魚介類の宝庫。豆味噌をはじめ，酢，みりんなど発酵食品も豊富だ。

❶ 味噌煮込みうどん

名古屋市

コシが強く噛みごたえのあるうどんを色の濃い豆味噌（八丁味噌）で煮込む。土鍋で調理され，熱々のまま供される。明治時代に織物産業が盛んだった一宮でうどん店が興り，名古屋周辺に広まったという。

食と旅の風景　八丁味噌の味噌蔵（岡崎市）

カクキュー 八丁味噌（岡崎市）☎0564-21-1355

Ⓐ
0
20km
岐阜
①
②
木曽川
犬山城
犬山
守口大根
扶桑
江南
大口
尾張
小牧
一宮
真清田神社
尾西
江戸時代から続く大粒のギンナン
ギンナン
濃尾平野
稲沢
国府宮神社
北名古屋
岩倉
名古屋飛行場
春日井
ういろう
治郎丸ホウレンソウ
キリンビール名古屋工場
アサヒビール名古屋工場
あま
清須
愛知縮面かぼちゃ
津島
津島神社
名古屋
愛西
義侠
かりもり
野崎2号白菜
熱田神宮
3 守口漬
弥富
もろこ寿司
4 イナまんじゅう
かしわ鍋
醸し人九平次
三重
飛島
藤前干潟
コカ・コーラ東海工場
6 ゆかり
東海
大府
知多
えびせんべい
愛知早生フキ
名古屋めし ▶P.94-95
天むす
ひつまぶし
きしめん
味噌カツ
手羽先の唐揚げ
知多半島
伊勢湾
常滑《とこなめ》
中部国際空港（セントレア）
半田
國盛 酒の文化館
カブトビール
醸造の町半田の「カブトビール」が復興。
南知多
師崎《もろざき》
知多湾
トラフグ
神島

◀ひきずり
「ひきずり」とは名古屋弁で「すき焼き」のこと。鍋で肉を引きずるように焼くことから名づいたという。

水徳（春日井市）☎0568-31-2043

❷ 名古屋コーチン

名古屋市・春日井市 他

明治時代に，旧尾張藩士によってつくられたブランド鶏で，日本三大地鶏に数えられる。弾力のある肉はよくしまってコクがあり，名物「ひきずり」や親子丼，たたき，鍋など，多彩な料理に使われる人気の品種だ。

❹ イナまんじゅう

蟹江町

木曽川下流の三角州の川には，汽水魚のボラが多くいた。イナはボラの幼魚で，腹に豆味噌やギンナン，シイタケ，ユズなどを詰めて焼く。「まんじゅう」とは，腹から出る黒い味噌があんのように見えるためという。祝いの料理。

❸ 守《もり》口《ぐち》漬

名古屋市，扶桑町

豊臣秀吉が命名したという「守口漬」に使われていた細根大根は，現在の大阪府守口市で作られていたが，その後絶滅した。明治になって，愛知県の実業家が岐阜産の細根大根を用いた独自の漬物を売り出し，これが現在の「守口漬」となった。

▶世界一長い守口大根
木曽川下流域に堆積した均質な砂の層によって，守口大根がまっすぐに育つ。

オミヤゲ Select

6 ゆかり

三河湾の海の幸をいかした菓子を作っている老舗菓子舗のえびせんべい。

坂角《ばんかく》総本舗本店(東海市)

☎0562-33-5111

ご当地アナウンサー 自慢の一品

CBCテレビ

沢 朋宏 アナウンサー

きく宗(豊橋市) ☎0532-52-5473

三河を代表する食の融合 『菜飯田楽《なめしでんがく》』[豊橋市]

愛知県豊橋市の名物郷土料理『菜飯田楽』。発祥は江戸時代,東海道34番目の宿場町である吉田宿(現・豊橋市)の名物料理として,多くの旅人に愛されました。西三河の名物・八丁味噌を塗って香ばしく焼き上げた豆腐の田楽と,東三河の名産品・大根の青菜を混ぜ込んだ菜飯は最高のコンビ! 八丁味噌独特の濃厚な味わいも,シャキシャキとした食感が特徴の菜飯を食べることで,口の中はすっきり!いくらでも食べられます。二百年以上続く伝統の味は,愛知・三河の名産品をギュッと詰め込んだ,自慢の一品。

いっぺん,食べてみりん!!

5 タコ料理

日間賀島

三河湾は,マダコ,ヤナギダコ,水ダコなど,様々なタコが水揚げされる。湾内に浮かぶ日間賀島《ひまか》は「タコの島」とも呼ばれ,多彩なタコ料理を楽しめる。雨水が浸透しやすい土壌の日間賀島は,栄養分が海へと流れやすく豊富なプランクトンが育まれている。それを食べた魚がタコの良質な餌となっている。

オーシャンビューホテル 晴快荘(日間賀島)
☎0569-68-2050

個性派揃いの名古屋めし

濃厚な豆味噌(八丁味噌)を使った味噌カツや変わり種の麺料理，ボリューム満点の喫茶店のモーニングなど，独自の食文化が発展した名古屋。ほかの地域では味わえないご当地グルメ「名古屋めし」を目当てに，名古屋を訪れる人も増えている。

豆味噌(八丁味噌)

大豆と塩，水だけで作られ，濃厚な味わいが特徴の豆味噌。なかでも岡崎市八帖町で作られる「八丁味噌」が有名で，岡崎が生誕地の徳川家康も手厚く保護したという。愛知県を中心とする東海地方では，味噌煮込みうどん(→P.92)や味噌カツなど豆味噌を使った郷土料理も多い。

通常のロースかつの倍の大きさで食べごたえある「わらじとんかつ」

味噌カツ

サクッと揚げたとんかつに，豆味噌をベースにしたたれをたっぷりとかけた名古屋めしの代表格。戦後間もない1947(昭和22)年に創業した「矢場とん」では，屋台で食べられていたどて焼きをヒントに初代社長が「みそかつ」を考案。地元で親しまれてきた豆味噌を使った一品は，瞬く間に人気メニューとなった。

❶ 矢場とん
☎ 052-252-8810(本店)

どて焼き

豆味噌を使い，卵や大根，こんにゃく，牛や豚のモツを煮込んだもので，どて煮，味噌おでんとも呼ばれる。現在は煮込んで作るスタイルが主流だが，戦後の屋台で鍋の内側に味噌を土手のように盛って焼いたことが名前の由来とされる。

ご飯もの

ひつまぶし

おひつに詰めたご飯の上に，短冊切りにしたウナギの蒲焼きをのせたもの。茶碗に取り分け1膳目はそのまま，2膳目はネギなどの薬味をのせて，3膳目は出汁をかけてお茶漬け風にと，いろいろな食べ方を楽しめる。名古屋からさほど遠くない西尾市周辺は古くからウナギの産地で，ウナギ料理を提供する店が多かった。

❷ あつた蓬莱軒 ☎ 052-671-8686(本店)

※「ひつまぶし」は明治時代創業の老舗「あつた蓬莱軒」の登録商標です。

「元祖めいふつ天むす千寿」の天むす

天むす

小エビの天ぷらを具に使った小ぶりのおにぎり。昭和30年代に三重県津市で考案され，名古屋へ伝わり定着した。独特なノリの巻き方は，ご成婚で「ミッチーブーム」を巻き起こした美智子皇后のストールの巻き方にあやかったものだとか。

❸ 元祖めいふつ天むす千寿
☎ 052-583-1064(近鉄名古屋駅構内店)

麺類

きしめん

江戸時代に名古屋近郊の刈谷市芋川で食べられていた平打ち「芋川うどん」が伝わったなど，ルーツは諸説ある。つゆは東海地方に多いたまり醤油にムロアジやソウダカツオなどからとった出汁を合わせたものだ。

❹ よしだ
☎ 052-452-2875(エスカ店)

台湾ラーメン

「台湾」とあるが，本場台湾にはない名古屋オリジナル。台湾料理の担《タン》仔麺《ツーメン》を参考に作ったまかない料理から生まれたもので，挽き肉をトウガラシやニンニクなどと炒めて煮込んだものをラーメンにトッピング。強烈な辛味にはファンが多い。

❺ 中国台湾料理 味仙《みせん》
☎ 052-733-7670(今池本店)

あんかけスパ

太さ2.2mmのスパゲティを使い，コショウを利かせたとろみのあるあんかけ風ミートソースを絡めて味わう。昭和30年代に「スパゲティハウスヨコイ」初代店主が考案したとされ，現在は名古屋を中心に喫茶店の定番メニューとなっている。

❻ スパゲッティハウスヨコイ
☎ 052-241-5571(住吉本店)

鉄板スパ

誕生はあんかけスパとほぼ同じ頃で，鉄板で提供するのは，食べている途中もアツアツを楽しんでもらいたいという，考案者の心遣いから。ケチャップ味のスパゲティに溶き卵を流し，熱でほどよく焼けたところを味わうのがおすすめ。

❼ 喫茶ユキ
☎ 052-935-1653

写真提供：名古屋観光コンベンションビューロー

つまみ・おかず系

手羽先の唐揚げ

素揚げした鶏の手羽先を甘辛いたれと絡め，コショウやゴマをふりかけてあり，手で骨を外しながら食べる。名古屋の居酒屋「風来坊」で鶏肉の発注ミスから誕生したとされる。手ごろな惣菜としても人気が高い。

8 風来坊 052-241-8016（栄店）

喫茶店のモーニング

ドリンク1杯の注文で，サンドイッチやサラダ，フルーツなどが付き，コストパフォーマンス抜群のモーニング。愛知県一宮市が発祥とされ，隣接する岐阜県でもモーニング文化が親しまれている。また，トーストした食パンに小倉あんをのせた小倉トーストは，大正時代に喫茶店の店主が考案したもので，和洋折衷のハイカラな感じが当時の若者に大人気だった。

バイキングスタイルのモーニング

9 シャポーブラン
0120-014-375

スガキヤラーメン

1946(昭和21)年に創業し，東海エリアを中心にチェーン展開するラーメン店。豚骨スープのラーメンは「名古屋のソウルフード」として地元で愛されている。袋やカップなど，インスタントもある。

定番みやげ

青柳小倉サンド

名古屋の喫茶店で人気の小倉トーストをヒントに誕生。軽い食感のクッキーで小倉あんとクリームをサンドしてある。

青柳ういろう

米粉に砂糖や黒糖，抹茶などを加えて蒸したもので，もっちりとした食感が特徴。室町時代に中国から伝来し，当時は薬のあとに食べられていた。1879(明治12)年創業の青柳総本家が昭和初期に名古屋駅で販売をはじめ，名古屋を代表するみやげとなった。

10 青柳総本家
052-793-0136

三重

伊勢湾や熊野灘では伊勢エビやアワビ，タイなどの魚介類のほか，ノリの養殖も盛ん。温暖な気候で米や野菜作りにも適した土地だ。

食と旅の風景 名物の幟はためくおかげ横丁（伊勢市）

❶豆腐の田楽

伊賀市

周囲を山に囲まれ，新鮮な魚介類が手に入りにくかった伊賀では，古くから貴重なタンパク源である豆腐作りが盛んだった。硬めに作った豆腐に味噌だれをつけてこんがりと焼き上げる豆腐田楽は，正月や祭りには欠かせない料理だ。

❷伊勢うどん

伊勢市

極太のやわらかい麺に，たまり醤油にみりんなどを加えた黒くて濃いたれを絡めて食べる独特のうどんで，伊勢神宮への参拝客に出したのが始まりだ。具はなく，きざんだネギと七味とうがらしをかける。

❸焼きハマグリ

桑名市

旧東海道の宿場町であった桑名は，ハマグリ漁が盛んで，「その手は桑名の焼きハマグリ」という言葉遊びになるほど広く知られていた。貝殻が大きく，身は肉厚でやわらかいのが特徴だ。

丁子屋（桑名市）✆0594-22-6868

❹四日市とんてき

四日市市

分厚く切った豚肉をニンニクやウスターソースとともにソテーした，豚肉のスタミナステーキ。四日市では戦後間もない頃から食べられていた。皿に盛られるキャベツの千切りもボリューム満点だ。

❺さんま寿司

熊野灘沿岸

熊野灘でとれるサンマは，晩秋から冬にかけて北海道や三陸沖から親潮にのり南下してくる間に，脂が落ちてさっぱりする。紀南地域の熊野には代官所があったため切腹を連想させる腹開きをさけ，背開きにしたものを酢につけ，酢飯の上にのせる。昔から祝いの席や祭りで振る舞われてきた郷土料理だ。

オミヤゲ Select

7 赤福

餅の上にあんをのせた、伊勢土産の定番。あんの形は五十鈴川の流れを表している。

赤福本店(伊勢市) ☎0596-22-7000

松阪まるよし(松阪市) ☎0598-51-2240

6 松阪牛《まつさかうし》

松阪市

日本を代表するブランド牛で、きめ細かいサシが入り、やわらかい肉質が特徴。ルーツは、江戸時代に兵庫県から入ってきた但馬牛で、すき焼き、ステーキ、しゃぶしゃぶ、焼肉など食べ方は多彩だ。地元では安く味わえるホルモン焼きが人気。

Ⓑ
Ⓒ
①
②
③
④
Ⓐ
136° 30′
35°
34° 30′
34°
136°
137°
滋
賀
岐
阜
愛
知
奈
良
三
重
和歌山
和歌山(飛地)
熊
野
灘
伊
勢
湾
桑名
四日市
鈴鹿
亀山
津
松阪
伊勢
鳥羽
志摩
伊賀
名張
尾鷲
熊野
紀宝
0 20km
1 豆腐の田楽
2 伊勢うどん
3 焼きハマグリ
4 四日市とんてき
5 さんま寿司
6 松阪牛
7 赤福
僧兵鍋
戦国時代，信長の伊勢攻めの際戦った三岳寺の僧兵をしのんでつくられた湯の山温泉の名物料理。
伊勢茶
ナバナ
ハマグリ
ノリ
上馬ビール
コイ
味の素東海工場
天遊琳
AGF鈴鹿工場
伊賀牛
養肝漬
伊賀忍者の携行食，藤堂高虎の陣中食といわれる。伊賀白瓜の芯を抜き，刻んだシソ，ショウガ，大根，キュウリなどを詰めた漬物。
かたやき
日本一かたいといわれるせんべい。忍者の携行食だったといわれ，木づちで割って食べる。
而今
いわし寿司
アマゴ
赤目四十八滝
カレー焼き
小女子
津ぎょうざ
ブラックカレー
たこめし
三重しめじ(ヒラタケ)
エスカルゴ
伊勢茶
ういろう
伊勢たくあん
的矢の岩ガキ料理
伊勢ひじき
アワビのステーキ
伊勢イモ
ぱんじゅう
浦村カキ
伊勢エビ
きんこ
アワビ
隼人イモ(サツマイモ)を煮て薄く切り，自然乾燥させた干しイモ。古くから海女さんのおやつとして親しまれてきた。
的矢カキ
海ぶどう
かつお茶漬け
醤油漬けにしたカツオの切り身をごはんにのせたお茶漬け。薬味にはショウガやノリが添えられる。
さめのたれ
サメの干し物。厚い切身に塩をふり，天日で干した「しおたれ」と，薄い切身をみりんにつけ，天日で干した「あじたれ」の2種類がある。
あのりふぐ
てこね寿司
タイ
火場焼き
新鮮な黒潮の幸を名物海賊焼きで豪快に食べる。
アユ
鹿さし
大内山牛乳
伊勢志摩 ▶P.98-99
とらまき
養殖タイ
渡利カキ
ひもの
つみれっ子
尾鷲で獲れたイワシの頭と内臓を取り除き，骨ごとすり身にしたカルシウムたっぷりのつみれ。
めはり寿司
さんま寿司
さえら鍋
夏ミカン
南紀ミカン
セミノール
さわやかな香りと甘くてやわらかい果肉をもつアメリカ生まれの柑橘類。
志摩半島
紀伊長島マンボウ
奥伊勢木つつ木館
パーク七里御浜
紀宝町ウミガメ公園

ご当地アナウンサー 自慢の一品

MTV三重テレビ

平田 雅輝 アナウンサー

伊勢神宮への初詣にいただく『てこね寿司』［伊勢志摩地方］

伊勢志摩地域を代表する郷土料理「てこね寿司」。伊勢志摩の漁師が，忙しい漁の合間にその場で釣ったカツオを醤油につけて手でご飯と混ぜ合わせて作ったのが始まりで，元々は大漁を祝うハレの食事だったと言われています。私は初詣で伊勢神宮を参拝する時に「てこね寿司」を食べ，毎年，決意を新たにしています。「てこね寿司」発祥の志摩地方ではカツオだけにこだわった店が多くありますが，伊勢神宮がある伊勢市などでは一般の人でも食べやすいようにマグロを使っている店もあります。2016年伊勢志摩サミットの開催地＝三重県伊勢志摩。三重にお越しの際は，伊勢志摩のソウルフード「てこね寿司」で世界のイセシマを満喫して下さい。

伊勢志摩で海の恵みを味わう

三重県中部，複雑な海岸線をもつ志摩半島は，伊勢エビやカキなど海の幸の宝庫。海女がとった新鮮魚介を豪快に網焼きで，あるいはホテル伝統のレシピで丁寧に仕上げたディナーでと，楽しみ方は多彩だ。お伊勢参りでは参道グルメも見逃せない。

伊勢志摩の海の幸

海女小屋

素潜りでアワビやサザエをとる海女たちが，冷えた身体を温め休憩をする小屋を利用し，サザエや貝を炭火で焼いて味わうことができる。現役海女たちの話も興味深い。

❶ 相差かまど ☎ 0599-33-6411（相差観光協会）

大アサリ

伊勢湾（❷）でとれるアサリは大粒で身もずっしり。網焼きにして醤油で味わう。

的矢《まとや》カキ

鳥羽市南部の的矢湾（❸）で養殖される三重県のブランド産品。生食はもちろん，焼いてもフライでもおいしい。

伊勢エビ

古くから朝廷や幕府に献上され，長寿の象徴として祝いの席には欠かせない。プリプリ食感と上品な甘みが特徴。

あのりふぐ

伊勢湾でとれる天然トラフグで，主に安乗漁港（❹）に水揚げされることが名前の由来。刺身や鍋で味わう。

サザエ

三重県はサザエの漁獲量が国内２位。刺身や壺焼きで磯の味わいを楽しめる。

海産物を買うなら
❺ 伊勢志摩みやげセンター王将 鳥羽店
☎ 0599-26-3100

アワビ

伊勢エビと並ぶ高級食材で，献上品や祝いの品，伊勢神宮の祭祀の供え物として用いられてきた。

とばーがー

パテに鳥羽産の食材を使い，気軽に味わえるハンバーガースタイルで提供。市内16の店舗で販売しており，伊勢エビやアワビなど店ごとに工夫を凝らし，オリジナリティあふれる味を提供している。

鳥羽の幸 潮騒バーガー
❻ 鳥羽国際ホテル ☎ 0599-25-3121

シェル・レーヌ

生地にあこや貝から作るパールシェルカルシウムを混ぜ込み，貝がらを器にして焼き上げてある。バターの風味豊かな一品は，真珠養殖が盛んな伊勢志摩ならでは。

❼ ブランカ シェルレーヌ工房
☎ 0596-65-7120

❽ 志摩観光ホテル

2016年5月に開催された伊勢志摩サミットでは，各国首脳をもてなした伊勢志摩を代表するホテル。フランス料理レストラン「ラ・メール ザ クラシック」では，伊勢志摩が誇る海の幸を伝統レシピで提供。多くのゲストに愛されている。

伊勢海老クリームスープ
伊勢エビを殻ごと使い，旨みを最大限に引き出したスープは，まろやかな口当たりと濃厚な風味が特徴。

鮑ステーキ
3時間かけて仕込み，香ばしく焼き上げた肉厚のアワビはかみしめるほどに旨みが広がる。

志摩観光ホテル ザ クラシック ☎ 0599-43-1211

お伊勢さんの旨い町

1993(平成５)年に行われた伊勢神宮の式年遷宮を記念して登場した「おかげ横丁」

⑨ おはらい町・おかげ横丁

「おかげ参り(詣で)」と呼ばれ，江戸時代には500万もの人が全国から訪れた伊勢神宮。五十鈴川沿いに続く約800mの通り沿いには，当時の様子を伝える江戸から明治時代の建物が移築・再現されており，茶屋やみやげ物店として人気を集めている。伊勢うどんや赤福など，ここから全国に広まった食も多い。

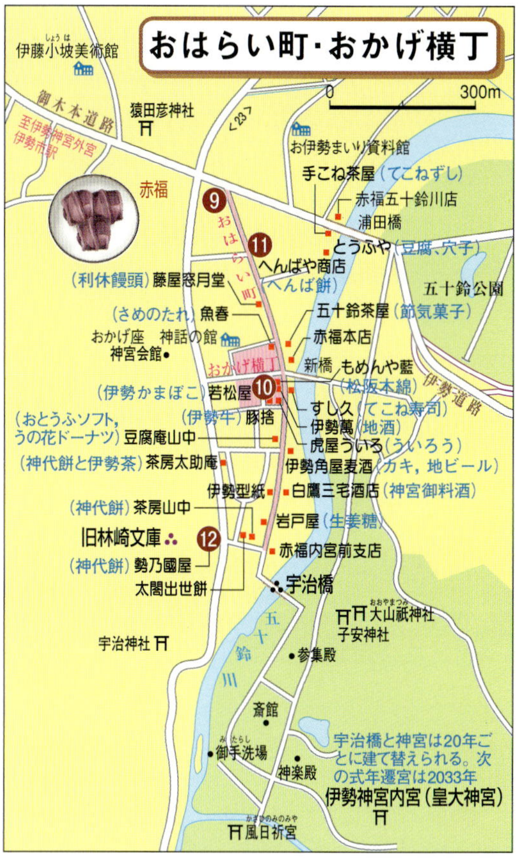

伊勢茶

三重県は作付面積，生産量とも全国３位のお茶どころ。伊勢茶とは県内各地で栽培されているお茶の総称で，旨み成分のテアニンが多く含まれている。

伊勢ひりょうず

「ひりょうず」とは，がんもどきのこと。豆腐生地にウズラの卵や伊勢ひじきなど９種類の具を入れ，米油でじっくり揚げてある。伊勢志摩サミット参加国ゆかりの食材を使った「Gu７《グーセブン》ひりょうず」も評判。

⑩ 若松屋 ☎ 0596-23-8833(おかげ横丁)

旅人を癒やす茶屋の餅
餅街道

全国から多くの参拝者が訪れ，お伊勢参りがブームになった江戸時代，伊勢神宮をめざす旅人は，道中にある茶屋に立ち寄りお茶と餅で休憩した。街道沿いには当時から続く老舗の茶屋もあり，昔ながらの製法で作る餅菓子で人々をもてなしている。

⑪ へんば餅
(へんばや商店
おはらい町店)
☎ 0596-25-0150

⑫ 神代餅(勢乃國屋)
☎ 0596-23-5555

志摩半島

岐阜

深い山々が連なる飛彈地方と木曽三川の流れる濃尾平野が広がる美濃地方からなる。高地と低地では自然環境が大きく異なり，多様な食文化を育んだ。

食と旅の風景 飛彈高山の朝市（高山市）

❶ みたらし団子

高山市

地元では「みだらし」と呼ぶことが多い。みたらし団子の発祥地といわれる京都では，砂糖醤油の甘いあんが一般的だが，高山のみたらし団子は甘くなく，たまり醤油を付けて香ばしく焼き上げるのが特徴だ。三町伝統的建造物群保存地区や高山陣屋などの観光スポット周辺にも，みたらし団子を売る店が多く集まっている。

オミヤゲ Select

❺ みょうがぼち

ソラマメのあんが入った小麦粉の団子をミョウガの葉でくるんだもの。

菓匠庵とよだや栄店（北方町） ☎058-324-0557

❷ 鶏ちゃん焼き

下呂市

戦後，ジンギスカンを元に生まれたといわれる料理で，鶏肉と野菜をたれに漬け込んで焼く。鍋に紙をしいて焼くのが特徴だ。居酒屋などのメニューとして広まったが，飛騨地方南部や奥美濃地方では一般的な家庭料理にもなっている。

③ 朴葉味噌《ほおば》

高山市

乾燥したホオの葉を炭火にかけ，上に載せた飛彈味噌，シイタケやネギの細切り，削り節などを焼いて食べる料理である。近年は飛彈牛を入れた豪華版も食されるが，素朴な焼き味噌というのが本来の姿だ。

④ 栗きんとん

中津川市

中津川市は和菓子の里であり，栗の名産地でもある。例年9月頃から店頭に並ぶ，中津川の栗きんとんは，栗の実をあんでくるむ一般的なものとは異なり，裏ごしした栗に砂糖を混ぜ，栗型に成形したものだ。

ご当地パーソナリティ 自慢の一品

ぎふチャン（岐阜放送）
オカダ ミノル パーソナリティ

自然条件を生かした羽島の郷土料理
『蓮根蒲焼き丼』［羽島市］

木曽と長良の大河に挟まれた羽島市。清流の恵み豊かな湿田も多く，古くからレンコン栽培が盛んな地域だ。肉厚で柔らかく，シャキシャキした歯応えが堪らない。そこに目を付けた市の提案で，平成6年から地元の飲食店が，特産のレンコン料理を開発。それが，レンコンのすり身を焼き海苔の上に敷き，揚げてたれを塗った蒲焼き丼だ。モッチリとした歯応えは，ウナギの柔肌にも劣らぬ。他には蓮根カツ丼，蓮根ハンバーグや蓮根の寿司も。今や羽島のソウルフードの魂菜《こんさい》(根菜)を使った『蓮根蒲焼き丼』を，食べに来てちょ！いつでもまわし(準備)したるでよ！

竹扇（羽島市）
☎058-393-0228

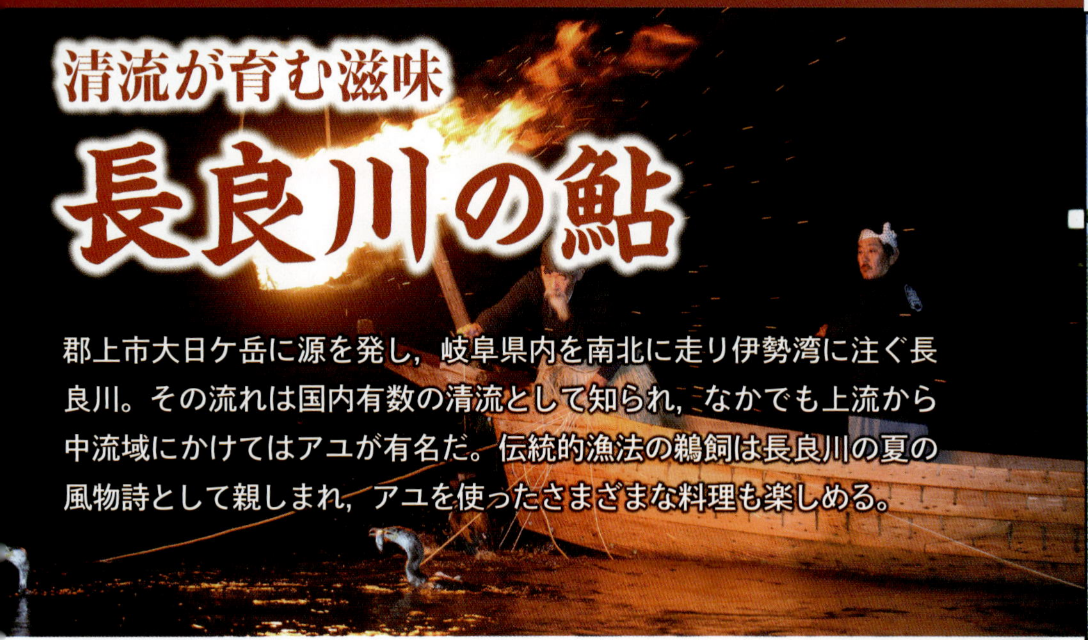

清流が育む滋味
長良川の鮎

郡上市大日ケ岳に源を発し，岐阜県内を南北に走り伊勢湾に注ぐ長良川。その流れは国内有数の清流として知られ，なかでも上流から中流域にかけてはアユが有名だ。伝統的漁法の鵜飼は長良川の夏の風物詩として親しまれ，アユを使ったさまざまな料理も楽しめる。

長良川（岐阜市）
伊勢湾
愛知
一宮市
新木曽川大橋
岐南IC
東海道本線
高山本線
156
金華山
328
岐阜競輪場
岐阜城資料館
長良川薪能
毎年8月下旬に開催される文化行事。長良川の川岸に舞台を設け，狂言や能を上演する。金華山をバックに行われる薪能は，厳かで幻想的だ。

❶長良川の鵜飼

1300年の歴史をもつ長良川の鵜飼。鵜匠《うしょう》と呼ばれる人物が舟の上から10～12羽の鵜を巧みに操り，舳先に取り付けられたかがり火に集まってくるアユを鵜が素早く飲み込み捕まえる伝統的な漁法だ。織田信長や徳川家康ら戦国武将は，鵜飼鑑賞や鮎料理を楽しみ，長良川のアユは尾張藩を通して幕府へ献上された。現在，岐阜県では岐阜市と関市で鵜飼が行われており，毎年5月11日～10月15日（中秋の名月と荒天時を除く）の漁期には，多くの人々が鑑賞に訪れる。

多彩な鮎料理を楽しむ

川底のコケや藻を食べて育つアユは，独特の香りをもち「香魚」という別名をもつ。伝統的な料理から現代風にアレンジしたものまで，アユを使った料理はバラエティ豊富だ。

塩焼き

炭火でふっくらと焼き上げる塩焼きは，シンプルな調理法だけに，アユ本来のおいしさを実感できる。

❷鵜匠の家 すぎ山
058-231-0161

鮎ごはん

土鍋で炊き上げる鮎ごはんは，天然アユならではの上品な香りとほのかな醤油の風味がよく合う。ほどよく締まった身は骨までやわらかくなるので，丸ごと味わえる。

ぞうすい

漁を終えた鵜匠が夜食に食べていたもので，塩と醤油であっさりと仕上げた雑炊に香ばしく焼いたアユを入れて味わう。鵜匠が営む「鵜の庵 鵜」では，鵜飼の道具や鵜を見学することもでき，興味深い。

❸鵜の庵 鵜 058-232-2839

馴れ寿司

日本では古くから伝わる調理法で，新鮮なアユを塩とご飯で長期間漬け込み発酵させた馴れ寿司は，徳川家康も好物だったという。

❹長良川うかいミュージアム（岐阜市長良川鵜飼伝承館）

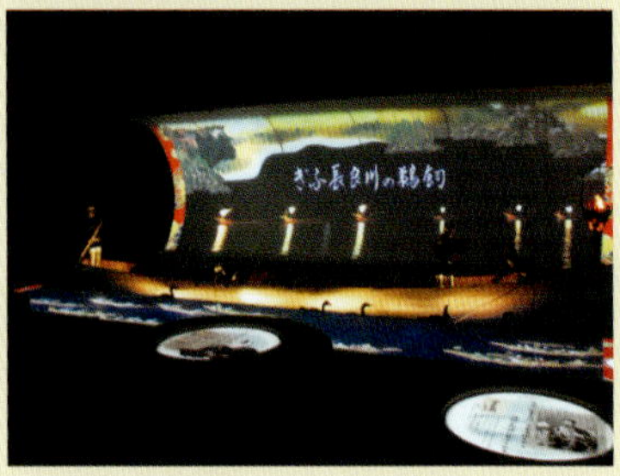
ぎふ長良川の鵜飼

長良川の鵜飼について，その歴史や漁法，鵜匠の装束や道具などを紹介するほか，鵜の生態展示や金華山と長良川を一望できるスペースなどが設けられている。鵜飼が行われない期間も開館している（通年開館）。

写真提供：岐阜市，岐阜市教育委員会

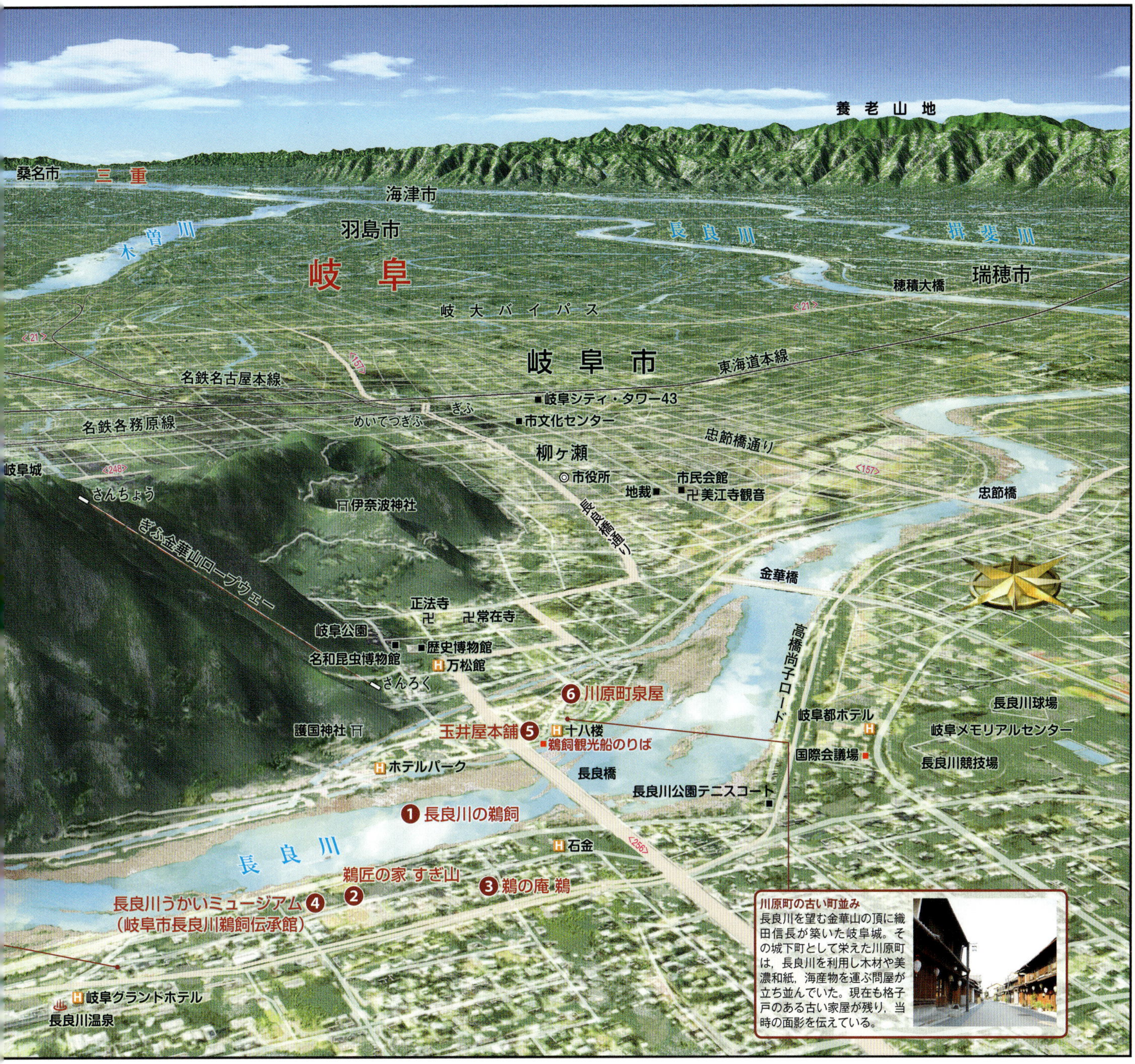

みやげにアユを

清流に泳ぐアユをイメージした和菓子や風味豊かな珍味など，さまざまなアユを楽しめる。

登り鮎

創業100余年の老舗が作る登り鮎は，きりっと引き締まった姿が特徴。こんがり焼き上げたカステラ生地でやわらかな求《ぎゅう》肥《ひ》を包み，焼き印でアユの顔をあしらってある。

5 玉井屋本舗 ☎ 058-262-0276

鮎のうるか

「うるか」とは塩辛のことで，アユの内臓や白子(精巣)，真子(卵巣)を熟成させたもの。「渋うるか」とも呼ばれる。

6 川原町泉屋
☎ 058-263-6788

こんな鮎料理も

鮎ピザ

古い町並みが残る川原町にある食事処「川原町泉屋」では，天然アユから作る魚醤や鮎ちょびソースなど，オリジナル調味料を使った鮎ピザを提供。鮎料理の新たな味を提案している。

長良川の清流と鮎料理を愉しむ

美濃観光ヤナ ☎ 0575-35-2767 (地図P.100B2)

岐阜市内から車で30分とアクセスも便利な「美濃観光ヤナ」では，定番の塩焼きから刺身，フライ，〆《しめ》の雑炊まで，鮎料理を満喫できる「鮎のフルコース」を提供。広々とした店内で，ゆっくり味わえる。5～10月営業。

▲鮮度抜群のアユは身が締まり，食べごたえ満点

◀近くにある小倉公園の展望台からは長良川を一望できる

富山

雄大な立山連峰を望み，幾多の河川が流れ込む富山湾は，ブリやホタルイカなど魚介類の宝庫。山間部では，保存食や雪むろなどの知恵が育まれた。

食と旅の風景 神秘的な色で発光するホタルイカ（富山湾）

❶ホタルイカ料理

富山湾沿岸

富山の春の風物詩として知られるホタルイカは，身が大きく独特の歯触りと甘みがある。刺身，丸ごと茹でる釜揚げ，網焼き，酢みそ和え，寿司など食べ方もさまざまだ。産卵のためにやってくるが，大群で押し寄せるのは富山湾ならではの現象。急に水深が深くなる海底地形のためといわれている。

❷利賀そば

南砺市利賀村

つなぎを使わない平打ちのそば。利賀村は古くからそば栽培が盛んで，冬になると近隣の人たちをもてなす「そば会」と呼ばれる習慣があった。毎年2月に行われる「そば祭り」はそば会が発展したもの。

❸鱒寿司

富山市

富山を代表する名物で，塩や酢で味付けをした鱒の切り身を酢飯にのせ，笹で包んでつくる押し寿司の一種だ。もともとは将軍家に献上していた鱒寿司だが，現在では人気の駅弁として知られており，県内で40程の業者が鱒寿司を販売している。

源（富山市）☎076-429-3100

オミヤゲ Select

⑦ 反魂旦《はんごんたん》

越中富山の売薬「反魂丹」にあやかった菓子。薬玉を模した小ぶりなサイズの焼まんじゅう。

菓匠 美都家(高岡市) ☎0766-22-2864

④ 氷見の寒ブリ

氷見市

冬の日本海の荒波にもまれ，氷見漁港に水揚げされたブリは「氷見の寒ブリ」として有名だ。その歴史は古く400年以上前から高価な贈答品として扱われていた。ブリ大根やブリしゃぶ，アラ煮にしても美味しい。湾の西側に能登半島があるため，回遊魚が湾内に入り込みやすいという。

⑤ 細工かまぼこ

全県

富山では，祝いの席でかまぼこは欠かせない食品で，特に結婚式などには細工したかまぼこを贈る風習がある。タイなどをかたどった色鮮やかなかまぼこは実に華やかで，芸術品とも言える一品だ。

梅かま(富山市) ☎076-479-0303

ご当地アナウンサー 自慢の一品

KNB北日本放送
小林 淳子 アナウンサー

富山が誇る，希少性の高い『シロエビ料理』[富山湾]

シロエビは富山湾特有の「あいがめ」と呼ばれる険しい海底谷付近に生息していて，専業で漁が成り立つのは世界でも富山湾だけ。体調は8ｃｍほどで，半透明の薄紅色から“富山湾の宝石”という異名も。きっときと(富山弁で新鮮なという意味)のシロエビの殻をとり，お刺身，お寿司，昆布締めで頂くと大変，美味！酒の肴なら，唐揚げや石焼き，数百匹のシロエビを使ったすり身団子もおすすめ。その他にも，シロエビかき揚げ丼やシロエビバーガーに，カマボコ，せんべいなど加工品も多数。地元では昔からシロエビでそうめんのダシをとっていて，独特の味わいを楽しんでいます。ぜひいっぺん，食べにこられ～！

⑥ 五箇山《ごかやま》豆腐

南砺市上平

五箇山地域の新鮮な水を使って作った豆腐は，縄でしばっても形がくずれないほどかたく，「寝るときに枕にした」とのいい伝えも残る。大豆の栄養素が凝縮されており，刺身のほかステーキや煮物も絶品だ。

北前船が育んだ

富山の昆布文化

江戸時代，さまざまな品を積み込み，各地を回った北前船。寄港地があった富山には，北海道でとれる海産物が多く流通し，人の往来や信仰上の教えなども相まって，昆布を食べる習慣が広まった。北前船による「昆布ロード」は，富山をはじめ，各地に特徴ある食文化をもたらした。

昆布〆《じめ》　海が荒れて漁に出られない冬場，昆布に魚をはさみ雪の中で保存したことが始まりとされる。魚はザス(クロカジキ)やタイ，ヒラメなどを使うことが多い。また春先には山菜も昆布〆で楽しむ。

昆布巻　富山ではとてもポピュラーな料理で，昆布とともに北前船で北海道から運ばれてきたニシンやサケが多く使われている。

昆布ロードの中継地・富山

蝦夷地《えぞち》(北海道)と大坂(大阪)を結ぶ北前船のルートの中間にあった富山は，行きも帰りも荷物を積めたため，大きな利益(倍倍)を得ることができ「バイ船」とも呼ばれていた。北前船が盛んに往来していた江戸時代末期から明治時代にかけて，神通川河口近くの東岩瀬や伏木には北前船の港があり，廻船問屋が集まっていた。現在も森家をはじめとする旧廻船問屋の邸宅が点在し，当時の様子を伝えている。また明治時代以降，北海道へ出稼ぎに行った人たちが，実家へ昆布を送ったことも，富山に昆布文化が根付くきっかけとなった。

❶ 北前船廻船問屋 森家
℡ 076-437-8960

1878(明治11)年ごろに造られた町家造りの家屋は，京都から棟梁を呼び寄せて建てられた。内部の見学も可能で北前船の模型も展示されている。また，高岡市の伏木北前船資料館(❷)でも，北前船の歴史を紹介している。

日本一の昆布消費と“真宗王国”

富山県は昆布の産地である北海道よりも消費が多い“昆布県”で，1世帯あたりの昆布消費量は全国平均の2倍にものぼる。この富山県民の昆布好きは，篤く信仰されている浄土真宗の影響が大きい。人々は蓮如《れんにょ》上人の教えを守り，魚や肉を使わなくても旨みがよく出る昆布を多用したためと考えられている。

昆布のおもな消費地

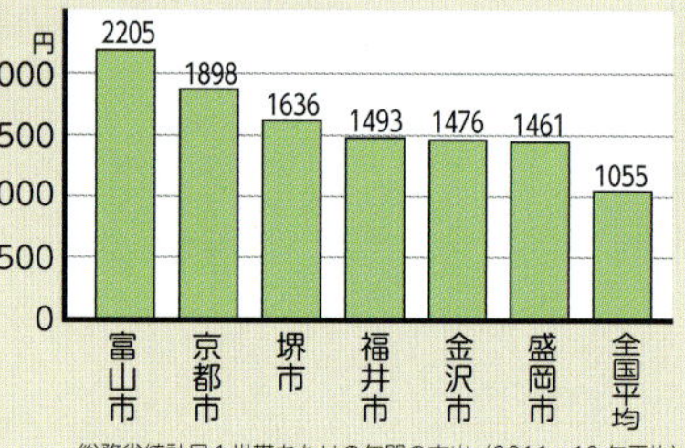
円
2000
1500
1000
500
0
2205
1898
1636
1493
1476
1461
1055
富山市
京都市
堺市
福井市
金沢市
盛岡市
全国平均

総務省統計局1世帯あたりの年間の支出（2011～13年平均）

昆布巻かまぼこ　富山でかまぼこと言えば，昆布で巻いたものが定番。富山藩主へ献上するために作られたとも伝わる。

タケノコと昆布の味噌煮

タケノコの産地として知られる高岡市西田《さいだ》地区(❸)では，昆布を入れたタケノコの味噌煮をよく食べる。西田地区にある国泰寺でタケノコを使った料理を参拝者へふるまったことがきっかけと伝わる。

富山県食育推進会議「とやまの家庭料理」メニュー集より
http://www.pref.toyama.jp/sections/1600/syokuiku

富山の食卓に欠かせない羅臼昆布

富山では，真昆布，利尻昆布，日高昆布など，さまざまな昆布が売られている。料理に合わせて使い分ける人も多く，数ある昆布のなかでも羅臼昆布は特に人気が高い。その理由は，かつて富山の人々が開拓のため北海道羅臼町へ多く移り住んだことが挙げられる。

写真提供：富山市役所生涯学習課，高岡食のブランド推進実行委員会

長野
飛騨山脈
御嶽山 3067
乗鞍岳 3026
信濃
岐阜
飛騨
高山
高山本線
6 高岡昆布とうふ
麦粉に上新粉を加えた生地で昆布を加えた白あんをはさみ，蒸しあげてある。しっとりとした口当たりとほのかな塩味が絶妙。
（えぶち菓子舗）
両白山地
白山 2702
福井
越前
大野
勝山
永平寺
えちぜん鉄道
白川郷合掌集落
東海北陸自動車道
五箇山合掌集落
加賀
山中
山代
粟津
小松空港
小松
北陸本線
白山
金沢
かなざわ
宮越《みやこし》
昆布おにぎり
南砺
砺波
城端線
くりから
つばた
河北潟
富山
立山
3015（大汝山）
八尾
富山空港
富山地方鉄道
針ノ木峠
越中
富山
とやま
射水
しんたかおか
小矢部
かほく
石川
とろろ昆布
富山では，とろろ昆布が家庭料理として日常的に食されている
白馬岳 2932
朝日岳 2418
宇奈月
くろべうなづきおんせん
北陸新幹線
滑川
水橋
常願寺川
東岩瀬
神通川
昆布巻かまぼこ
新湊
放生津
庄川
伏木
高岡
氷見線
氷見
能越自動車道
氷見牛昆布巻
魚だけでなく，肉も昆布で〆る。肉と昆布の旨みが凝縮された絶品
七尾線
羽咋
のと里山海道
魚津
黒部
生地
黒部川
あいの風とやま鉄道
越後
新潟
ひすい
北陸自動車道
いちぶり
親不知
糸魚川
えちごトキめき鉄道
富山湾
七尾
わくらおんせん
七尾
和倉
能登島大橋
のと鉄道
福浦《ふくら》
観音崎
能登島
七尾湾
穴水
能登半島
能登空港
輪島塗り
総持寺祖院
門前
九十九《つくも》湾
小木
能登
輪島
輪島
白米千枚田
大根寿司
珠洲
北海道から運ばれたニシンと地元の大根などを麹で漬け込んだもの。北前船がもたらした石川県の郷土料理
曽々木海岸
珠洲岬
禄剛崎
日本海
江差・箱館・松前へ
伏木 北前船のおもな航路と寄港地

日本海側から望む富山

4 散村の合間に田んぼが広がる砺波平野

富山の"米"と昆布の融合

耕地面積に対する田んぼの割合（水田率）が全国1位で，年間を通して雨や雪が多い富山県。県内では豊かな水資源を生かした米作りが盛んで，栽培される銘柄の80%をコシヒカリが占めている。おいしい米と昆布は，富山県を代表する県民食なのだ。

昆布餅

細かく刻んだ昆布を混ぜ込んだ餅も富山でよく食べられている。ほどよい塩味が特徴で，焼いた時の磯の香りが食欲をそそる。

昆布おにぎり

ノリの代わりにとろろ昆布で包んだおにぎりは，富山ならでは。肉厚の昆布の内側を使ったものを白昆布，厚みがなく外側の部分も使ったものを黒昆布と呼ぶ。ほどよい塩気のある昆布は，農作業の合間に食べるのにも適している。

富山の薬売りと北前船

薬売りの中には，薬の販売で得た利益で北前船をあつらえて廻船問屋に転身する者もいた。彼らは薬に使う材料（薬種）などと一緒に昆布を北前船で運び，昆布を食べる文化が各地へ広まっていった。また，薩摩藩（現在の鹿児島県）は，富山の薬売りから仕入れた昆布を琉球や中国（清）へ売ることで，困窮していた財政を立て直そうと試みたという。

薬種商として財をなした金岡家は地域の発展にも貢献した

ジャコウジカの角など日本で手に入らない薬種は，清との交易でもたらされた

5 薬種商の館 金岡邸 ☎ 076-433-1684

石川

金沢を中心とする加賀地方は華やかな加賀料理や和菓子が有名。能登は豊富な海の幸を利用した魚醤や馴れ寿司などの発酵文化が育った。

食と旅の風景 輪島朝市のにぎわい（輪島市）

❶いしるの貝焼き

能登地方

「いしる」とは，イワシやイカ，キスを原料にした能登地方に伝わる魚醤のこと。能登の「いしる」は，外浦ではイワシ，内浦ではイカを原料に作られることが多い。ホタテ貝の貝殻を鍋代わりにして，甘エビやハチメなどの魚介類や野菜，いしるを入れて煮込む。独特の風味がある料理だ。

お宿たなか（輪島市） ☎0768-22-5155

能登食祭市場

能登半島ならではの魚介類が集まる市場。場内には，活気あふれる「能登生鮮市場」や能登の素材を使った店が並ぶ「能登海鮮グルメ館」がある。
☎0767-52-7071
（七尾市，地図P.109B2）

❷かぶら寿司

加賀地方

輪切りにして塩漬けにしたカブに，ブリの切り身をはさみ，昆布やニンジンなどとともに麹に漬けて，発酵させた馴れ寿司。古くからブリ漁が盛んな石川県ならではの郷土料理で，正月には欠かせない冬の味覚だ。

かねなかや次兵衛（小松市） ☎0120-244-225

❸鴨料理

加賀市

小さな網を投げ上げて空飛ぶ鴨をとる「坂網猟」は江戸時代から伝わる古式猟法で，貴重な天然鴨を使った鴨鍋などの料理は，冬の加賀の名物だ。加賀市周辺は湿地が多く，水鳥の飛来地としても有名である。

❹甘エビ

全県

日本海などに生息するホッコクアカエビを北陸地方では「甘エビ」と呼ぶ。甘エビは孵化後3歳でオスとして成熟し，5歳でメスに性転換する珍しい生態をもつ。刺身や唐揚げ，殻つきで煮る具足煮などで食される。

❺おだまき

宝達志水町

地元産コシヒカリの米粉で作った皮であんを包んだ餅菓子で，能登地方に伝わる郷土菓子。宿場町として栄えた旧志雄町は，能登と加賀を結ぶ要衝の地で，麻糸の集散地だった。その麻糸を束ねてひねった形を当時は「おだまき」と呼んでいたことが由来という。

御菓子司たにぐち（宝達志水町）
☎0767-29-2112

❻ あじのすす

能登地方

能登地方で小アジがとれた時に，保存食として作られてきた馴れ寿司。専用の桶に塩をふってアジを並べ，ご飯をのせて発酵させる。毎年7月に行われる「あばれ祭り」に合わせて仕込まれる郷土料理だ。

❼ 枯露柿《ころ》

能登地方

能登を代表する冬の味覚。能登の自生品種である「最勝柿《さいしょうがき》」など大玉の渋柿を使うとしっとりとして，濃厚な風味のある干し柿ができあがる。栄養価も高く，高価な贈答品として人気だ。干す際に日が柿に十分当たるよう，コロコロと位置を変えることからその名がついたとされる。

オミヤゲ Select

❽ 加賀志きし うちわ煎餅

うちわ型のせんべいにすり蜜を化粧引きして，花や景色を描いた和菓子。

加藤晧陽堂（金沢市）

076-231-3053

ご当地アナウンサー 自慢の一品

KTKテレビ金沢

金山 哲平 アナウンサー

金沢の夏の風物詩といえば

『ドジョウの蒲焼き』［金沢市］

「蒲焼き」と言えば「ウナギ」を思い浮かべる方が多いと思いますが，金沢では「ドジョウ」なんです。生きたままのドジョウをすばやく背開きにし，特製のたれをつけて炭焼きに。1本食べたらまた1本。香ばしさとほろ苦さが口の中に広がり，なんともクセになる，金沢の夏の風物詩です。このドジョウの蒲焼きを伝えたのはキリスト教徒だといわれています。明治初期，長崎から金沢に送られ軟禁されていたキリスト教徒が，生計を立てるためにドジョウをとって蒲焼きにしたのが始まりだとか。泉鏡花など金沢の文人たちも親しんだというドジョウの蒲焼き。ぜひ食べてみまっし！

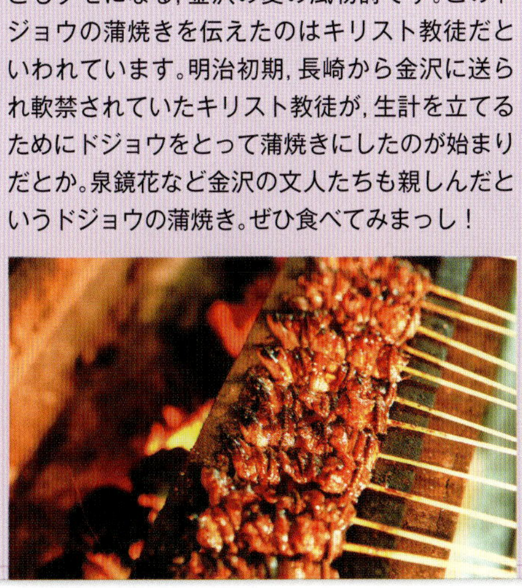

加賀百万石を彩る食
金沢

加賀藩の城下町として栄え，豊かな自然と海山の幸に恵まれた金沢。2015年には北陸新幹線も開業し，アクセスも便利になった金沢で，伝統が息づく食の数々を堪能しよう。

加賀料理

治部煮《じぶに》

鴨肉（または鶏肉）と季節の野菜，すだれ麩などを醤油や砂糖を加えた出汁で炊き合わせ，薬味にワサビを添えたもの。肉にまぶした小麦粉でとろみがつき，旨みが凝縮される。兵糧奉行の岡部治部右衛門が考案したから，煮る時に「じぶじぶ」と音がするからなど，由来は諸説ある。

江戸時代から栽培される伝統の加賀野菜

昭和20年以前から金沢市近郊で栽培されてきた野菜で，15品目をブランド野菜として認定している。やわらかな肉質の「加賀太きゅうり」，彩りがよくなめらかな食感の「打木赤皮甘栗《うつぎあかがわあまぐり》かぼちゃ」，独特のぬめりと赤紫の葉が料理に映える「金時草」など，いずれも加賀料理には欠かせないものばかりだ。

加賀
れんこん
さつまいも
金時草
打木赤皮甘栗
かぼちゃ
加賀太
きゅうり
加賀つるまめ
へた紫なす

鯛の唐蒸し

背開きにしたタイに卯の花（おから）などを詰めて蒸し上げ，大皿に盛り付けたもの。婚礼の席などハレの日に供される郷土料理。切腹をイメージさせる腹開きを避け，背開きにする点が武家社会を象徴している。長崎で蘭学修養していた加賀藩士が伝えたとされる。

和菓子

長生殿《ちょうせいでん》

1625（寛永２）年創業，加賀藩御用達の菓子司を務めてきた老舗。茶人・小堀遠州が命名したとされる落雁《らくがん》は，やさしい甘さと口どけのよさが特徴。

❶ 森八
☎ 076-262-6251

かいちん

天保年間（1830 ～ 44）創業。金沢の言葉で「おはじき」を意味するかいちんは，寒天を砂糖でコーティングした，かわいらしい和菓子。

❷ 石川屋本舗 ☎ 076-268-1120

柴舟《しばふね》

1917（大正6）年創業。その名のとおり柴を積んだ舟をかたどった菓子で，ショウガ風味の白砂糖をかけた煎餅は，舟に積もる雪を思わせる。

❸ 柴舟小出 ☎ 076-240-0010

きんつば

薄皮に包まれた大納言小豆は，大粒でふっくら艶やかに炊き上げてある。形が刀の鍔《つば》に似ていることが由来という。1934（昭和９）年創業。

❹ 中田屋 ☎ 076-252-4888

加賀五色生菓子

江戸時代からの伝統菓子で，祝い菓子として名高い。重箱に詰められた色鮮やかな生菓子は，それぞれ日・月・海・山・里を表している。

❺ 越山甘清堂
☎ 0120-548-414

じろあめ

1830（天保元）年の創業以来，変わらぬ製法で作られるあめは，米と大麦が主原料。穀物がもつ自然の甘みは，調味料として料理に使うのもおすすめ。

❻ あめの俵屋
☎ 076-252-2079

写真提供：金沢市，石川県観光連盟

歩いて楽しむ加賀百万石の味

❼ 近江町市場

金沢駅から徒歩15分，地元の人からは「おみちょ」と呼ばれ親しまれている市場。市民の台所として江戸時代から290年続く歴史を誇る。カニや鮮魚，加賀野菜など，金沢の名物がぎっしりと並ぶ。試食できる店もあるので，見て歩くだけでも楽しい。

旬の魚介が贅沢に盛り合わせされた「上ちらし近江町」。仕上げに金箔をあしらい金沢らしさを演出

井ノ弥(近江町市場内) ☎076-222-0818

❽ ひがし茶屋街

金沢市内に3カ所ある茶屋街の一つで，格子窓が美しい町家造りの家屋が通り沿いに立ち並ぶ。江戸時代の風情を伝えるエリアとして多くの観光客が訪れる。いくつかの町家はおしゃれなレストランやカフェなどに利用されている。

「加賀棒茶」の老舗・丸八製茶場が営む茶房では，季節のお茶もゆっくりと味わえる

茶房一笑(ひがし茶屋街内) ☎076-251-0108

❾ 兼六園

水戸の偕楽園，岡山の後楽園とともに日本三名園に数えられる回遊式庭園。江戸時代に歴代藩主が整備を進め，現在の姿になった。色とりどりの花が美しい春から新緑，秋の紅葉，雪吊りが風流な冬の雪景色など，見事な風景を楽しめる。

▶金沢の伝統工芸品である金箔を贅沢にトッピングした「金箔かがやきソフトクリーム」は，ゴージャス感満点のスイーツとして人気上昇中。

❿ 箔一 ☎076-260-0891(兼六園店)

福井

荒波の日本海で育つカニと，穏やかな若狭湾で揚がるカレイやグジなどが有名。永平寺の精進料理や北前船の寄港地として栄えた歴史を偲ばせる食もある。

食と旅の風景 越前かにまつり(越前町)

❶越前ガニ

福井県沿岸

越前ガニとは，福井県沖でとれるズワイガニのオスのこと。カニ鍋，焼きガニ，刺身などのカニ尽くしコースにもされる，冬の味覚の王者である。メスの「セイコ」は小さいが，卵や内子(みそ)が旨く，地元では好んで食べられている。

❷越前おろしそば

越前市

辛みの強い大根おろしが付きもので，冷たいつゆをかけて食べるのが一般的。昭和天皇は，福井行幸の際に，越前おろしそばを2杯食べ，皇居に戻ってからも，その味を懐かしんだという逸話がある。

❸小鯛の笹漬け

小浜市

小浜市独特の伝統料理で，レンコダイ(ハナオレダイ)の小鯛を三枚におろし，笹の葉を添えて，杉の小樽に詰めたものだ。そのまま食べても寿司ネタにしてもよいが，フライや天ぷらにしても旨い。

④ごま豆腐

永平寺町

曹洞宗の大本山永平寺がある永平寺町には，精進料理の店が並んでいる。ごま豆腐は代表的なもので，すり潰したごまを葛粉と混ぜてつくる。厳しい修行に励む僧侶たちの貴重なタンパク源である。

オミヤゲ Select

⑥羽二重餅

福井県特産の絹の羽二重のような柔らかさと光沢がある。

羽二重餅の古里本店
（永平寺町）
☎0776-61-2100

⑤報恩講料理

越前地区

北陸は浄土真宗の信仰が盛んで，親鸞聖人の命日の前後には，各地で聖人を偲ぶ報恩講が営まれる。そこで食される精進料理が報恩講料理で，すこ（里芋の茎の酢の物）や厚揚げの煮物のほか，土地の産物を手間暇かけて調理した品々が供される。

ご当地アナウンサー 自慢の一品

福井テレビ
坪田 真奈 アナウンサー

丼王国·福井を代表する『ソースかつ丼』［全県］

福井県民にとって，かつ丼といえば「ソースかつ丼」。福井出身の料理家·高畠氏が，修行先のドイツの肉料理シュニッツェルをウスターソースと合わせ，ご飯にのせて提供したことがきっかけで広がったといわれています。丼のふたを開けるとソースの香ばしい匂いが広がり，カツをひと口頬張ると，まさに至福の瞬間！福井が発祥のコシヒカリとの相性も抜群です。また，福井県は“福《ふく》井《どん》県《けん》”として，官民一体で県内のさまざまな丼をPRしています。ソースかつ丼はもちろんのこと，玉子で包んだご飯とカツが融合した「ボルガライス」や，根菜をたっぷり使った「ぼっかけ」などもおすすめです。ぜひ，食べにきねのぉ～！

若狭と京を結ぶ食のみち
鯖街道

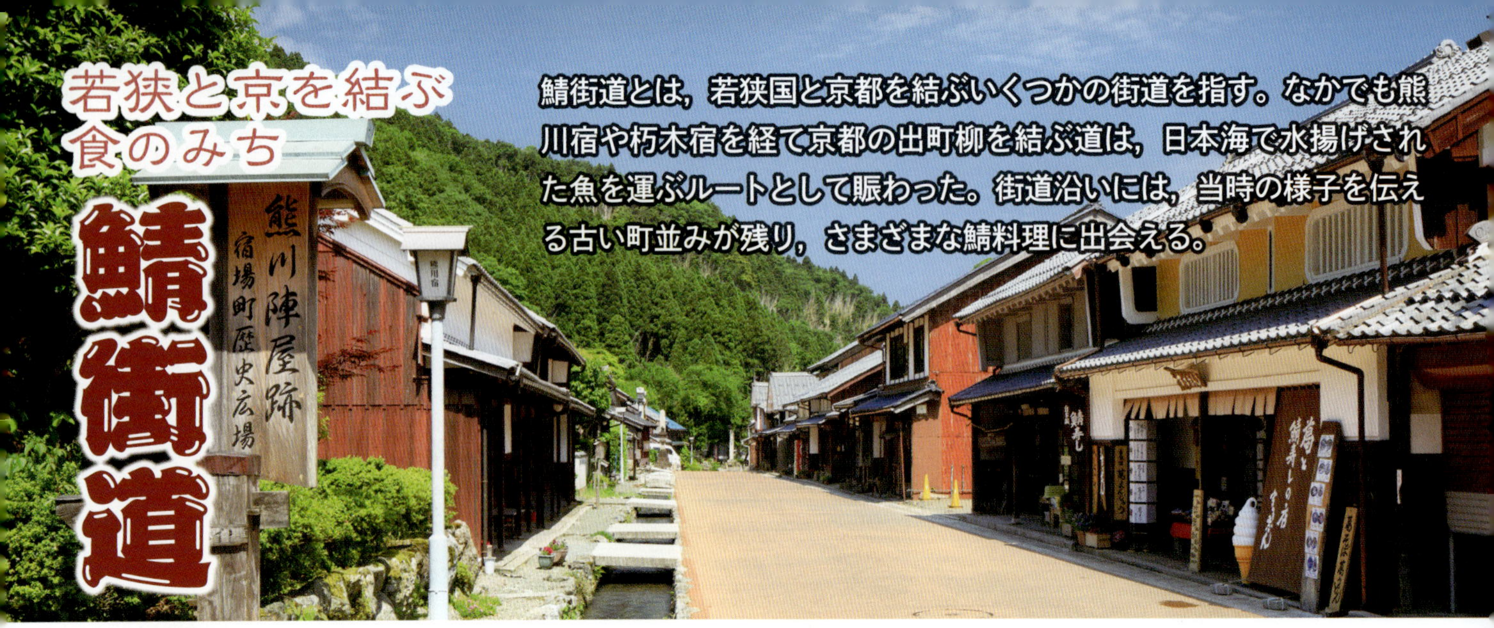

鯖街道とは，若狭国と京都を結ぶいくつかの街道を指す。なかでも熊川宿や朽木宿を経て京都の出町柳を結ぶ道は，日本海で水揚げされた魚を運ぶルートとして賑わった。街道沿いには，当時の様子を伝える古い町並みが残り，さまざまな鯖料理に出会える。

福井県小浜市 ①いづみ町

日本海側にある鯖街道の起点で，アーケードになった商店街の一角には，鯖街道の歴史を紹介する鯖街道資料館があり，「京は遠ても十八里」と刻まれたプレートも埋め込まれている。商店街には小浜名物の浜焼き鯖やへしこを売る店が並ぶ。

福井県若狭町 ②熊川宿

若狭街道の交通の要衝であったことから，1589(天正17)年に宿場町が置かれ，江戸時代初期から中期にかけてもっとも賑わった。1 kmほどの通り沿いには，古い建物や用水路が残っており，当時の様子を伝えている。国の重要伝統的建造物群保存地区に指定。

鯖街道資料館の看板

浜焼き鯖

サバは傷みやすいため，もっぱら火を通して保存した。内臓を取り出したサバに串を打ち，丸ごと焼き上げるもので，身がはじけないようにお腹に切れ目を入れてあるのが特徴。

へしこ

塩漬けしたサバを糠漬けにしたもの。サバを長期間保存するための調理法で，かつては各家庭で作られていた。地元の言葉でサバを漬け込むことを「へしこむ」ということが名前の由来。

へしこの刺身

へしこに付いている糠を落として薄くスライスしたもので，つけ合わせに大根やレモンを添えるとさっぱりと味わえる。酒のつまみにもご飯のおかずにも合う。

焼き鯖押し寿司

浜焼き鯖を使った押し寿司は，香ばしく焼けた皮とほどよく残った脂が酢飯とよく合う。サバとご飯の間にショウガや大葉をはさんだものは，さっぱりとした味わい。

へしこのお茶漬け

スライスしたへしこをご飯にのせ，お茶をかけて味わう。好みで刻みノリやワサビを添えてもよい。また軽く炙ってほぐした身を使っても，香ばしさが増しておいしい。

日本遺産

御食国《みけつくに》若狭と鯖街道

鯖街道基点のプレート

日本遺産とは，歴史や風土，文化を物語る「ストーリー」をもつ地域を文化庁が認定するもの。若狭が御食国として古くから都(朝廷)へ食材を運ぶ役割を担ってきたこと，北前船や鯖街道によって，人や文化が広まったことなどが評価され，2015年に認定された。鯖街道は，グジやカレイ，フグなども運ばれ，海のない京の都に新たな食文化をもたらした。

若狭グジ

若狭湾でとれるアカアマダイのこと。身がやわらかいため，運搬には細心の注意が必要とされた。塩焼きや昆布〆にして味わう。

若狭カレイ

笹ガレイとも呼ばれ，旬を迎える冬場は脂がのり旨みが増す。塩をまぶして天日で一夜干しして味わうほか，昆布〆にしてもおいしく味わえる。

写真提供：福井県観光連盟，びわこビジターズビューロー

滋賀県高島市
3 朽木宿

熊川宿と並ぶ宿場町で，かつて織田信長も宿泊した。この地を治めていた朽木氏が居(陣屋)を構えた場所は，明治維新で建物が取り壊されてしまったが，わずかに井戸や土塁残っている。朽木の中心である市場地区には古い商家や町家が点在している。朽木周辺では，サバの馴れ寿司が名物となっている。

一晩塩抜きしたへしこのお腹にご飯と糀を詰めて発酵させたもので，独特の香りと風味がある。そのまま食べるほか，焼くとまた違った味わいを楽しめる。

朽木陣屋跡は，現在史跡公園として整備されている

京都府京都市
4 出町柳

朽木宿からさらに南へ進み，大原を抜けると終点の出町柳。鯖街道を示すものは石碑のみと少々寂しいが，名物の鯖寿司を味わえば，「京は遠ても十八里」と謳われた鯖街道を行き交う行商人の気持ちがわかるかもしれない。

若狭を出る際に塩をまぶしたサバは，京に到着する頃にほどよい塩梅となる。このサバを使って作る押し寿司は，今や人気の京都みやげになっている。

滋賀

琵琶湖の魚介類を中心とした，独特の食文化が育まれてきた。湖魚をつかった発酵食品のほか，全国的に知られるブランド和牛，近江牛もある。

食と旅の風景　琵琶湖の小型定置網（えり）漁業

❶焼き鯖そうめん

長浜市

焼き鯖とそうめんを炊き合わせた，湖北地方に伝わる郷土料理。この地域では，農家に嫁いだ娘を案じて，農繁期に嫁ぎ先へ焼き鯖を送る風習がある。忙しい農作業の間でも気軽に食べられる料理であり，長浜では曳山祭りのごちそうでもあった。

❷セタシジミ

琵琶湖

琵琶湖だけに生息する固有種。ヤマトシジミなどに比べてコクがあり，特に冬から春の「寒シジミ」と呼ばれる時期は最も美味しい。今は高級品として知られるが，昭和40年代ぐらいまでは庶民の味で，ねぎぬたや佃煮，シジミ汁などにして食べられていた。

オミヤゲ Select

❻バームクーヘン

ふわふわの食感が人気のバームクーヘンは全国的にも有名だ。

クラブハリエ ラ コリーナ近江八幡
（近江八幡市）
☎0748-33-6666

❸近江牛

湖東地方

約400年の歴史を誇るブランド和牛。豊かな自然の中で育った近江牛のルーツは，農耕に使われていた但馬系の黒毛和種。霜降りの度合いが高く，肉の柔らかさが特徴だ。

4 鮒寿司

琵琶湖周辺

琵琶湖でとれたニゴロブナを塩漬けにして，ご飯と一緒にじっくりつけ込み乳酸発酵させる。チーズや納豆を思わせる独特の香りは通好みで，酒の肴やお茶漬けにしても美味しい。

◀樽にご飯とフナを詰める「飯漬け」

5 鴨鍋

湖北地方

湖北地方を代表する冬の味覚。11月頃にシベリアから飛来して，また帰っていく3月頃まで食べることができる。天然真鴨はあっさりしていてくさみがなく，豆腐やネギとの相性は抜群だ。

ご当地アナウンサー 自慢の一品

びわ湖放送
後藤 明日香 アナウンサー

トロにも匹敵する 希少な味『ビワマスの刺身』［琵琶湖］

滋賀が誇る日本最大の湖・琵琶湖は，実は食の宝庫。そのなかでも，私の一押しは，"琵琶湖の宝石"とも呼ばれる琵琶湖固有種の『ビワマスの刺身』。もともと北海道出身の私は，「お刺身は北海道に限る」と思っていたのですが，初めて食べたビワマスのおいしさに衝撃を受けました。トロにも負けないほど脂がのっていて，口の中に入れると上品な甘みが広がり，とろけていくのです！川魚ですが，全く臭みはなく，「これが川魚？」と思わせるほど。天然のビワマスは，漁獲量が少ないため，一般にはあまり流通しません。幻の味を刺身で味わうべく，ぜひ滋賀においでやす！

京都

長く都が置かれていた京都の中心部では，公家や僧侶などと関わりの深い料理が発展した。一方，北部の丹後や若狭では海の幸を生かした食文化が広がる。

食と旅の風景 宇治茶の郷 和束の茶畑（和束町）

❶ 賀茂なすの田楽

京都市

夏の京都を代表する野菜である「賀茂なす」は，地下水が豊富な上賀茂で古くから作られてきた。歯ごたえがよく，まるで果物のような瑞々しさが特徴。厚めに切ったなすを焼き，味噌をのせた田楽は定番料理の一つだ。家庭のほか，料亭などでも楽しめる。

❷ ばら寿司

丹後地方

祭りや祝い事などの席に欠かせない家庭料理。マツブタと呼ばれる浅い木箱に鮨飯を敷き，錦糸玉子やかまぼこ，シイタケなどを彩りよく散らす。具は作り手によりさまざまだが，サバを甘辛く炒り炊きにした「おぼろ」を入れるのが共通した特徴だ。

❸ カキ丼

舞鶴市

舞鶴湾で育つカキは，身がぷりっとしていて粒が大きいのが特徴で，さまざまな料理にして食べられる。中でも，舞鶴産のカキと，特産品であるかまぼこがたっぷりのったカキ丼は，冬の名物料理だ。

❹ 伏見の酒

京都市

伏見はかつて「伏水」とも書いたように，良質な伏流水に恵まれていた。この条件を生かした酒づくりはその後大きく成長し，江戸時代の初期には産地形成が進んだ。現在では日本を代表する酒どころとして知られている。

月桂冠大倉記念館 ☎075-623-2056

⑤京漬物

京都市

聖護院大根《しょうごいんだいこん》, 賀茂なす, 堀川ごぼうといった京都の伝統的な野菜を使った漬物。中でも「すぐき漬け」「千枚漬け」「しば漬け」は京の三大漬物とよばれる。市内には, 老舗の漬物専門店も多い。

⑥ハモ料理

京都市

海から遠い京都では, 生命力が強く, 長い輸送にも耐えるはもが貴重な鮮魚として珍重されてきた。夏になると, 湯煎した「ハモの落とし」や「ハモしゃぶ」, 吸い物, 刺身といったこだわりのメニューを楽しめる。

ご当地アナウンサー 自慢の一品

京都放送
海平《うみひら》 和《なごみ》アナウンサー

京都の『たぬき』は刻んだ揚げにあんかけ［府内全域］

週に1度は出前を頼むほど大好きな「たぬきうどん」。京都出身の私にとって,「たぬき」といえば, 刻んだ揚げにあんかけ, ショウガがのったものですが, これが京都独自のものと知ったのは最近のことです。大阪で「たぬき」といえばそばが, 東京では揚げ玉入りのものが出てくるそうですね。ショウガとあんで心も体もぽかぽか, 冷え込む京都の冬でもほっこりすること間違いなし。決して本音と建前を使い分ける腹黒い「たぬき」ではありません。京都にきはったら「たぬき」はどうどすか？

オミヤゲ Select

⑦金平糖

戦国時代にポルトガルより伝わってきた金平糖。一子相伝の技により, 1種類17日以上かけて手作りすることからお祝い事にも重宝されている。現在では約60種の味もあり, 幅広い世代に人気がある。

緑寿庵清水(京都市)
☎ 075-771-0755

季節を味わう
伝統の京料理

千年の都として栄えた京都には，北海道の昆布をはじめ，若狭や伊勢の海産物など，全国からさまざまな食材が集まり，独自の食文化が生まれた。懐石や精進料理，各家庭で親しまれるおばんざいまで，奥深い京料理を堪能しよう。

京料理

京懐石 平安時代の貴族社会で生まれた有職《ゆうそく》料理から続くもので，茶の湯の発展とともに洗練され，和食の原点として現代に至っている。素材の持ち味を生かす上品な味わい，美しい盛り付けや器へのこだわりには，季節や旬の素材を楽しむことを大切にする日本人ならではの感性が息づいている。

享保年間(1716 ～ 35年)に開いた茶屋が始まりとされる「京懐石 美濃吉」は京都屈指の老舗。本店「竹茂楼」では，竹林に囲まれた静かな佇まいの中でゆっくり料理を愉しめる。

❶ 京懐石 美濃吉 ☎ 075-771-4185(竹茂楼)

おばんざい 日常家庭で食べられている惣菜全般をさす。旬の素材を使って手作りするもので，煮物(炊いたん)や揚げ物，焼き物のほか，漬け物や佃煮も含まれる。作り方や味付けの異なる家庭の味は，京懐石などとは違う“もう一つの京料理”といえる。

丹波黒豆と大豆の炊いたんや鶏肉のはちみつ辛子和えなど，野菜中心のヘルシーなおばんざいが日替わりで登場。好きな小鉢を選べるセットが人気。

❷ 京菜味 のむら ☎ 075-257-7647

豆腐料理

❸ 順正 ☎ 075-761-2311

「順正」では物の湯豆腐をはじめ，田楽や炊き合わせなどが並ぶ

寺社が多い京都では，殺生を禁じる仏教の教えに基づき，精進料理が発達。なかでも貴重なたんぱく源である豆腐を使った料理は，精進料理から発展したもので，昆布出汁をはった鍋で豆腐を温めて味わう湯豆腐は，南禅寺が発祥と伝わる。

中国から製法が伝わったとされる湯葉

京スイーツ

茶席で使う菓子も，茶の湯文化の発展とともに広まった食文化の一つ。伝統の技が光る老舗の逸品から，チョコレートなど洋の素材を組み合わせた新感覚スイーツまで多彩だ。

くずきり

奈良県吉野産の上質な葛粉で作るくずきりは，コクのある黒糖でつるりと味わう。

❹ 鍵善良房
☎ 075-561-1818(四条本店)

抹茶スイーツ

茶の湯文化が花開いた京都には，良質な茶を産する宇治が近いこともあり，抹茶を使ったスイーツも多い。「茶寮 都路里」では，定番人気のパフェをはじめ，さまざまな形でお茶の魅力を提案している。

❺ 茶寮 都路里
☎ 075-561-2257(祇園本店)

川床料理 貴船

貴船 ひろや ☎075-741-2401

京都市街から少し離れた貴船は，気温が10度ほど低く，暑い夏も過ごしやすい地。貴船の川床は大正時代に始まったとされ，当初は川に足を浸して涼をとりながらお茶を楽しむ簡単なものだったが，次第にゆっくり料理を楽しむ空間へと発展した。貴船川沿いには，例年６月から９月にかけて川床が登場する。

料理旅館「貴船 ひろや」の川床料理。せせらぎを聴きながら夏の味覚・ハモなどを味わえる。

大阪

江戸時代から交通の要衝として栄えた大阪は，天下の台所，天下の賄い所と呼ばれ，食文化の発信地として重要な役割を果たしてきた。

食と旅の風景 にぎわう道頓堀（大阪市）

❶ 箱寿司

大阪市

その美しさから，「二寸六分の懐石」とよばれる箱寿司。すし飯にタイやアナゴ，ハモ，サバ，厚焼き玉子，エビなどをのせて，木型の箱で押してつくる。手間をかけて仕込むネタは，握ってからすぐ食べる江戸前と違い，時間が経っても美しく味わい深い。船場の旦那衆が観劇弁当や手土産にと重宝した。

❷ うどんすき

府内全域

毎朝2時間かけてひく出汁で四季折々の山海の幸と太打ちのうどんを煮込むのが特徴。具材から出た旨味をうどんに染み込ませる。“余すところなくいただく”という発想，出汁を食べる文化が大阪ならでは。

美々卯本店 ☎06-6231-5770

❸ 白味噌雑煮

府内全域

白味噌仕立ての汁に丸い餅が入った雑煮は，正月を中心に古くから食べられてきた。雑煮大根や金時人参，サトイモなどの具材も丸く切るのは，商人文化らしく角がなく円満に過ごせるようにとの願いが込められている。

❹ 泉州水なす

泉州地域

大阪府南部の泉州地域に伝わる伝統野菜。ほかのナスに比べて丸みがあり，やわらかい肉質と，水が滴り落ちるほどみずみずしく甘みがあるのが特徴で，生でも食べられるが漬物にするのが一般的だ。

❺ 船《せん》場《ば》汁《じる》

大阪市

商人の街である大阪市の船場地域発祥の料理。美味しい出汁のでる塩サバのアラと大根などの野菜を一緒に煮込む。一般には捨てられてしまう魚のアラもむだなく使う，大阪商人ならではの始末の良い一品だ。

❻ たこ焼き

府内全域

昔はチョボ焼きと呼ばれ，中にタコがなく，子どものお菓子として親しまれていた。昭和初期になると，豊富にとれた瀬戸内海のタコが入るようになった。中も外もトロリとやわらかいのが大阪のたこ焼きの特徴だ。

オミヤゲ Select

⑦もみじの天ぷら

箕面周辺の山で栽培したもみじの葉を揚げた名物。ほんのり甘い優しい味わいが人気だ。

久國紅仙堂（箕面市）
☎072-721-2747

ご当地アナウンサー 自慢の一品

朝日放送
柴田 博 アナウンサー

もともとは庶民の味
『はりはり鍋』［大阪市］

主に鯨肉と水菜だけのシンプルなクジラ料理。ヘルシーなクジラが主役に見えますが，どちらかというと水菜の食感が重要なアクセントとなります。水菜を鍋の湯にさっとくぐらせて，シャリシャリ（ハリハリ）とした歯触りを楽しむ。繰り返しと擬音語が好きな大阪人らしいネーミングです。カツオや昆布などで出汁をとった鍋に，薄切れにした脂身のついた鯨肉を入れて旨みを出します。それから水菜をびっくりするほどたっぷりと放り込みます。深みのある独特の味わいの鯨肉とさっぱりとした水菜が実にマッチ！もともとは庶民の素朴な味でしたが，最近は鯨肉の代わりに豚肉や鴨肉，油揚げを入れるお店も増えてきています。

めっちゃうまいねん！さあ，よばれてや！

鯨料理 徳家 ☎06-6211-4448

“人情”が調味料 食の都 大阪

カラフルな大型看板に圧倒される道頓堀，通天閣がそびえる新世界，韓国料理店が並ぶコリアンタウン・鶴橋など，個性豊かな大阪の街。安くておいしい庶民の味から高級料理まで，大阪人の人情が絶妙のスパイスとして効いている。

大阪の“粉もん”文化

小麦粉を使った料理を大阪では“粉もん”と呼ぶ。大正時代，水で溶いた小麦粉に刻んだネギを加えて鉄板で焼いたものを屋台で販売したのが始まりとされる。１枚１銭と格安で，仕上げにかけるソースがハイカラに見えたことから“一銭洋食”の名で庶民に親しまれた。小麦粉料理は戦後の米不足の時代も人々を支え，大阪の食文化として定着した。

お好み焼き ネギ焼き

お好み焼きは，たこ焼きと人気を二分する“粉もん”グルメ。ネギ焼きは，キャベツの代わりにたっぷりのネギを使い，牛スジとこんにゃくの煮込みを入れて焼いたもので，味付けに醤油を使うのが一般的。

❶お好み焼き 三平 ☎06-6214-0503

生地にヤマイモを加え，ふんわりとした食感。オリジナルブレンドのソースが味わい深い

ネギを山盛りにした，その名も「フジヤマ」。中にはトロトロに煮込んだ牛スジがたっぷり

きつねうどん

大阪生まれの麺グルメで，かけうどんに甘辛く煮付けた油揚げをのせてある。透き通った昆布出汁が特徴で，江戸時代に北前船によって運ばれた昆布を使った食文化の代表だ。大阪ではうどんの代わりにそばを使ったものを「たぬき」と呼ぶ。

❷道頓堀 今井本店
☎06-6211-0319

紅ショウガの天ぷら

スライスした紅ショウガに衣をつけて揚げたもので，大阪を中心に関西圏で親しまれている。おやつやビールのつまみにおすすめ。

関《かん》東《と》煮《だき》

大根やひろうす(がんもどき)，練り物などを大きな鍋で煮込んだ料理。関東地方のおでんが伝わったもの，中国の広東料理が変化したもの，味噌で煮込んだ田楽(おでん)と区別するためなど，ルーツは諸説ある。昆布出汁と薄口醤油を使う味付けは，北前船が運んだ昆布と京料理が大阪で融合した料理ともいえる。

❸たこ梅 北店 ☎06-6311-5095

串カツ 串揚げ

通天閣に近い新世界(❹)周辺に串カツ屋が多く集まる。１本から注文できる手軽さと，揚げたてアツアツを味わえる串カツは，牛肉や魚介，野菜と種類豊富なのも魅力だ。「ソースの二度づけ禁止」は，今や全国共通のルールとして浸透している。

焼肉 ホルモン

牛肉や豚肉を炭火で焼き，甘辛いたれで味わうのが定番で，小腸や心臓などの内臓(ホルモン)を専門に扱う店もある。コリアンタウンとして知られる鶴橋周辺(❺)には，韓国スタイルの焼肉店が多く，夕方になると，あたりは焼肉の香ばしい匂いに包まれる。

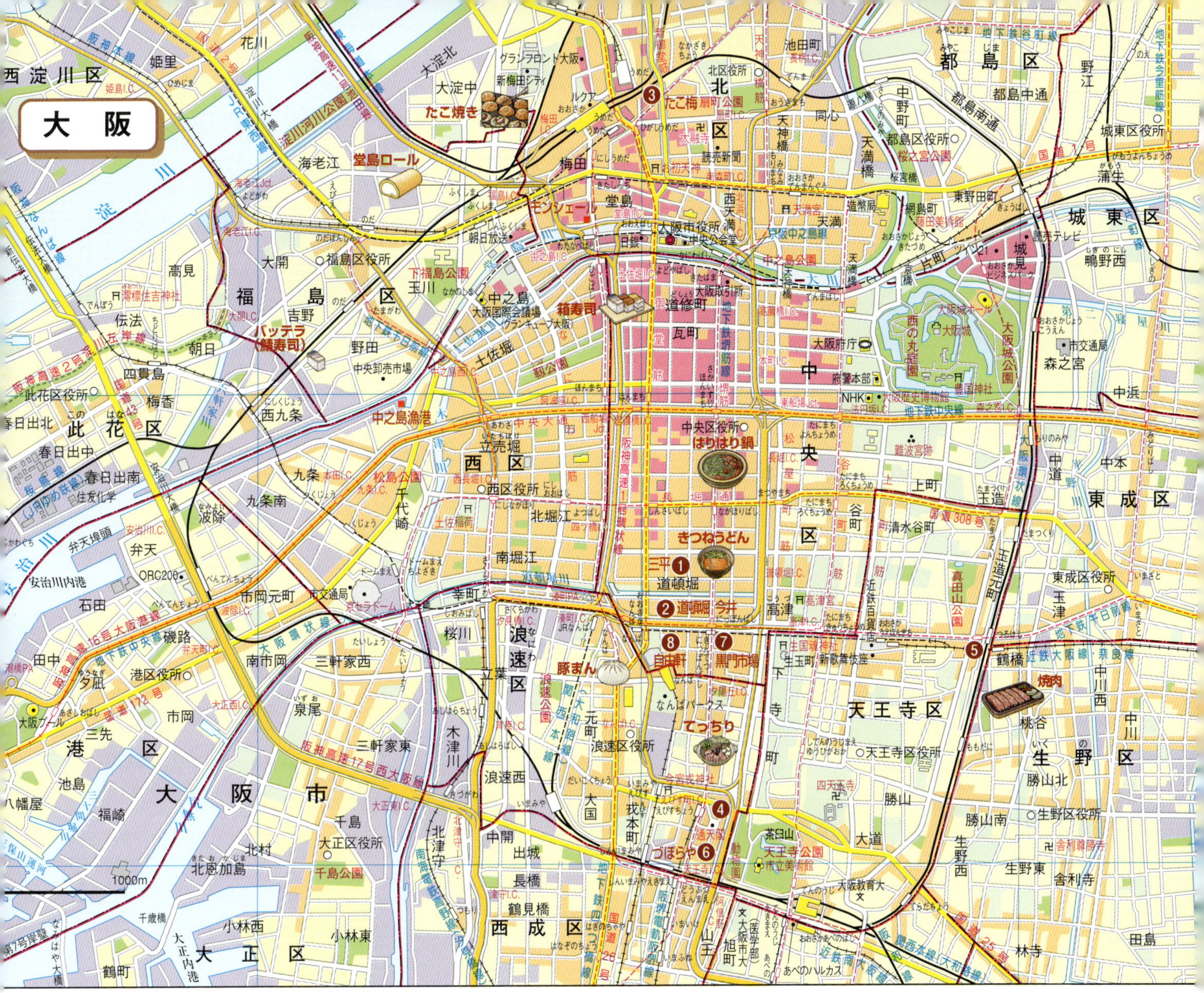

ちょっとリッチに フグ料理

大阪はフグの消費量が全国1位。毒に当たると死んでしまうことから「てっぽう」と呼ばれ，鍋物は「てっちり」，刺身は「てっさ」と呼ぶ。通天閣近くにあり，大きなフグの張りぼてが目印の「づぼらや(6)」が有名。

7 黒門市場

約600mの通り沿いに，約150の店が集まる“浪速の台所”。江戸時代末期に魚商人が商売をはじめ，明治時代半ばに市場となった。1945(昭和20)年の大阪空襲で焼失するが，翌年には営業を再開。以来地元に密着した商店街として賑わっている。

小説に登場した
8 自由軒のカレー

06-6631-5564(難波本店)

小説『夫婦善哉《めおとぜんざい》』で知られる織田作之助がしばしば訪れ，作品の中に「玉子入りのライスカレー」が描かれた自由軒。1910(明治43)年に大阪初の西洋料理店としてオープンした老舗で，カレーに生玉子をトッピングした日本で最初の店とされる。

小説の舞台となった法善寺横丁。石畳の路地の入口に織田作之助の石碑が立つ

発売当時と変わらないスタイルで提供される名物カレー

写真提供：(公財)大阪観光局

奈良

古都奈良には，長い歴史に裏打ちされた食文化がある。県南部の紀伊山地は深い山々に囲まれ，馴れ寿司やかきもちなどの保存食が豊富だ。

食と旅の風景 三輪そうめん天日干し（桜井市）

❶ 柿の葉寿司

吉野町

サバやサケなどの切り身を酢飯にのせて柿の葉で包み押して作る，吉野を代表する食の一つ。食べると柿の葉がほんのり香り，さっぱりとして美味しい。江戸時代より，夏祭りのご馳走として親しまれてきた歴史ある郷土料理だ。

❷ 三輪そうめん

桜井市

約1200年前に，日本最古の神社である三輪山の大《おお》神《みわ》神《じん》社《じゃ》でつくられたと伝わる。コシのある独特の食感が特徴で，この地域では，夏は冷やして，冬はあたためて一年中食べられている。

❸ 鹿肉の大和煮

全県

海のない奈良の山間部では，昔から狩猟が盛んで，鹿肉が日常的に食べられてきた。鹿肉は刺身としても好まれるが，砂糖や醤油，ショウガなどで味付けをして保存性も高い大和煮は，みやげとしても人気だ。

❹ 飛鳥鍋

明日香村

飛鳥時代，唐からきた僧侶が，ヤギの乳を使って鍋料理をつくったのがはじまりとされる。現在では，鶏ガラベースの出汁に，牛乳と白味噌を入れたスープで鶏肉や豆腐を煮込む料理として知られている。

❺ 奈良漬

全県

全国的にも有名な奈良漬は，およそ1300年前から食べられていた記録が残っている。江戸時代になると白ウリのほか，ナスやスイカなどの野菜も漬けられ，奈良を訪れる旅人らによって広まっていった。

ご当地アナウンサー 自慢の一品

奈良テレビ放送
川添 伊代 アナウンサー

古くから親しまれてきた
自家野菜『下北春まな』［下北山村］

奈良県南部・下北山村でしか栽培できないとされる下北春まな。9月に種をまき，2月頃，収穫の時期を迎えます。古くから自家野菜として栽培され，漬物や鍋の具として親しまれてきました。塩漬けした下北春まなでご飯を包み込んだ「めはり寿司」は，明治時代からこの地方の山仕事のご馳走として親しまれてきたそうです。丸みを帯びた肉厚な葉はしゃきしゃきとした歯触り。ビタミンやミネラルが豊富な下北春まなは，今では，うどんやパスタ，チョコレートやソフトクリーム，ロールケーキでもいただけます。ぜひ，食べに来《き》ぃや！

オミヤゲSelect

9 葛餅

吉野地方に自生する葛の根から採ったデンプン100%の本葛でつくる葛餅。

吉田屋 ✆0747-52-2532

6 串こんにゃく

黒滝村

道の駅の一角にある加工所「黒滝《くろたき》蒟蒻《こんにゃく》よもぎの里」の名物，串こんにゃく。村の特産品である良質なこんにゃくを，醤油やみりんなどでしっかりと味付けをしたもので，昔ながらの優しい味わいが人気だ。

黒滝蒟蒻よもぎの里
✆0747-62-2188

7 茶粥

大和地方

茶粥は古代から奈良の人々の常食だった。今でも「大和の朝は茶粥で明ける」という言葉があり，茶粥を出す飲食店は数多くある。ほうじ茶で炊いたさらさらとした食感が特徴だ。

8 柿なます

全県

赤い柿の実は，秋の大和路を彩る風物詩だ。大根とニンジンのなますに干し柿を刻んで入れる柿なますは，柿の甘みが加わり味に深みが増す。正月飾りの干し柿をおせちの紅白なますに入れることも多いという。

和歌山

温暖で降水量が多く，ミカンや柿，梅などの果樹王国。また，黒潮がもたらす海の幸や伝統的製法でつくられた調味料などが多彩な食文化を育んだ。

食と旅の風景　紀州田辺梅林（田辺市）

❶ クジラ料理

太地町

古式捕鯨発祥の地である太地町では，古くからクジラ料理が盛んだ。鯨肉は，戦後，重要なタンパク源として広く食べられてきたが，低カロリー，低脂肪であるため，健康志向の高まりで再び注目を集めている。

クジラの竜田揚げ

❷ クエ鍋

日高町

体長が1m以上にもなるクエは，野趣あふれる見た目からは想像できないほど，上品で深みのある味わいが特徴だ。脂がのった白身は淡白で，鍋料理にぴったり。冬の味覚として親しまれている。クエを御輿に見立てる奇祭クエ祭も有名。

❸ 和歌山ラーメン

和歌山市

地元では「中華そば」と呼ばれ，あっさりとした醤油系と白く濁った豚骨醤油系の2種類が基本。テーブルに置かれた「早ずし」（サバの押し寿司）やゆで玉子は自由に食べることができ，会計時に自己申告する。

4 マグロ

那智勝浦町

勝浦漁港は，延縄《はえなわ》漁法による生鮮マグロの水揚げ量が日本一だ。漁港周辺には多くのマグロ料理店があり，刺身はもちろん，マグロ丼やカブト焼き，ステーキ，マグロのヒレやワタを使った珍しい料理などが楽しめる。また，白浜町の近畿大学水産研究所で養殖される「近大マグロ」も有名だ。

5 めはり寿司

熊野地方

食べる時に，目を見張るぐらい口を大きく開けなくてはならないことから名づけられた。俵型のご飯を高菜の葉で包んだシンプルな寿司で，もともとは山仕事へ行く時の弁当として用いられていた。

オミヤゲSelect

6 なでしこのお酒「てまり」みかん梅酒

糖度11度以上の有田みかん100%果汁を加えた濃厚な梅酒。梅は和歌山県産の南高梅を使用。

中野BC株式会社（海南市）
☎0120-050-609

ご当地アナウンサー 自慢の一品

和歌山放送
中川 智美 アナウンサー

僧侶が手がけたやさしい味『高野山料理』[高野町]

標高およそ900mの山上に広がる霊場・高野山。弘法大師・空海が開いて1200年を迎えた祈りの聖地は，世界遺産にも登録され，歴史や自然を求める女性たちにも人気となっています。そんな山内も明治期までは女人禁制で，食事は僧侶たちが手がけました。僧侶の振舞料理から受け継がれた高野山料理は，肉や魚はもちろん，ネギなど香りのつよい野菜も使わず，一般に考えられている精進料理とも違います。丁寧に作られたゴマ豆腐の味のやさしいこと！調理の方法や味付け，季節感を大切にしているだけに，それぞれの意味を知ってゆっくりと味わいたいですね。きっと心が癒されますから。まあいっぺん，おいなぁよ(来てね)。

兵庫

北は日本海，南は瀬戸内海と紀伊水道を経て太平洋に接し，地域によって気候風土が異なるため，海や山，川の幸を存分に楽しめる。

食と旅の風景　明石海峡大橋と漁船（明石海峡）

❶ 明石焼
明石市

地元では「玉子焼」と呼ばれ，約150年の歴史を持つ名物料理。卵と小麦粉，タコを使い銅板の上で焼き上げ，出汁につけて食べる。市内には約70店舗が軒を連ね，食べ歩きも楽しい。

❷ 灘の酒
神戸市

神戸市の東灘区，灘区，西宮市にまたがるエリアは「灘五郷」と呼ばれる日本有数の酒どころ。歴史は古く，高級な酒米で知られる山田錦や名水百選「宮水」があることもあり，酒造りの街として発展した。

3 ぼたん鍋

篠山市

猪肉をつかった「ぼたん鍋」は篠山市の冬を代表する味覚だ。味噌仕立てで煮込む猪肉は淡白で，煮込むほどに柔らかくなる。昔から家族などが集まった時につくられる，家庭の味でもある。

4 姫路おでん

姫路市

おでんの上からショウガ醤油をたっぷりかけて食べるのが特徴的。あっさりとした味わいは，素材の旨味を引き出し，ショウガを使っていることでヘルシーな料理としても注目されている。

オミヤゲ Select

5 玉椿

希少な白小豆を包んだ伝統の和菓子。上品な甘みが魅力的だ。

伊勢屋本店（姫路市）

☎079-292-0830

ご当地アナウンサー 自慢の一品

サンテレビジョン

榎木 麻衣 アナウンサー

伝統ある家庭料理

『イカナゴのくぎ煮』［瀬戸内地域］

阪神・播磨・淡路地域の春の風物詩。2月下旬～3月初めにイカナゴの新子《しんこ》漁が解禁されると，各家庭からイカナゴを炊く幸せな香りが漂います。イカナゴのくぎ煮発祥の地とされる神戸では千年以上前からイカナゴ漁が行われ，平安時代には交易の要所となって貴重な砂糖が出回り，イカナゴを甘辛く炊く「くぎ煮」が始まったといわれています。くぎ煮に適したイカナゴのサイズは大きすぎず小さすぎず。漁のタイミングによって毎年，出来栄えも変わります。出来上がりが釘のように見えるので「くぎ煮」とよばれるのだとか。各家庭のこだわり，伝統の味が詰まった一品。ご飯のお供に，お酒のアテに，どんな場面でも春を演出します。ぜひ食べに来てな！

外国人がもたらした食文化 神戸

2017年に開港150年を迎える神戸は，国際都市として近代日本の発展に大きく貢献してきた。ヨーロッパや中国からやってきた外国人がもたらした食文化は，神戸で大きく花開き，日本人に広く愛される味となっている。

1927（昭和２）年にオープンした大丸神戸店（❶）。１階に設けられているアーケードは旧居留地の雰囲気と調和している。

神戸生まれの洋菓子

神戸港に近い元町や三宮に造られた外国人居留地を中心に，外国の食文化が広まったのは，第一次世界大戦やロシア革命など，世界情勢が大きく変動した大正時代後期。戦争捕虜として日本に連行されたカール・ユーハイムは1919（大正８）年に日本で初めてバウムクーヘンを販売し，ドイツ出身のパン職人ハインリヒ・フロインドリーブはベーカリーショップを開業。また，ロシア革命を逃れ日本にやって来たマカロフ・ゴンチャロフは，1923（大正12）年に北野町に製菓工場を設立した。こうして神戸に新しい食文化や習慣が広まるきっかけとなった。

❷ ゴンチャロフのウイスキーボンボン

創業の祖マカロフ・ゴンチャロフは，チョコレートにウイスキーを詰めた「ウイスキーボンボン」の開発などを日本で初めて手がけたとされ，現在はバレンタインシーズンに販売されている。風味豊かなチョコレートは，人気商品コルベイユにも生かされている。

ゴンチャロフ製菓
078-881-1188

❸ モロゾフのチョコレート

創業当時に発行された商品カタログ

1931（昭和6）年に神戸にチョコレートショップを開業したモロゾフは，翌年日本で初めてバレンタインチョコレートを販売。今や一大イベントとなっているバレンタインデーにチョコレートを贈る習慣は，ここから始まった。

モロゾフ（お客様サービスセンター）
078-822-5533

❹ ユーハイムのバウムクーヘン

木の棒の周りに生地を層状に焼き付けていくバウムクーヘン。美しく均等に焼き上げるには熟練の技が必要とされる。発売当時は「ピラミッドケーキ」と呼ばれていたが，昭和30年代にバウムクーヘンという名前が広まった。

ユーハイム 本店 078-333-6868

創業者カール・ユーハイムと日本でオープンした洋菓子店

❺ フロインドリーブの焼き菓子とパン

フレッシュバターなど厳選素材を使い風味豊かに焼き上げたクッキー，ずっしりと食べごたえのあるドイツパンなどにはファンも多い。パイ生地をハート型に焼き上げた「大ミミ」をはじめ，焼き菓子はみやげにもおすすめ。

▶建物は建築家ヴォーリズ設計の礼拝堂を利用したもので国の有形文化財

フロインドリーブ 生田店 078-231-6051

神戸ビーフ

古くから兵庫県但馬地方で飼育され，肉質・食味ともに良質な但馬牛は，日本を代表する黒毛和牛。神戸港開港当時，日本を訪れた欧米人が，但馬牛を素牛にもつ三田牛を食べ，そのおいしさを高く評価したことから需要が高まり「KOBE BEEF」として広まった。兵庫県内の登録農家で肥育された生後28～60カ月の和牛であり，厳しい肉質基準をクリアした神戸ビーフは，松阪牛と並ぶ高級ブランド肉として人気を集めている。

創業1871（明治4）年の「大井肉店」は，確かな目で選んだ上質な神戸ビーフを扱う老舗の精肉店。併設するレストランでは，熟練料理人が目の前で焼き上げるステーキをはじめ，すき焼きやしゃぶしゃぶなどで神戸ビーフを堪能できる。

❻ 大井肉店 ☎ 078-351-1011

❼ 南京町（中華街）

神戸港の開港とともに誕生した南京町は，横浜中華街，長崎新地中華街と並ぶ日本三大中華街の一つ。おしゃれな洋館が立つ旧居留地や北野地区とともに，国際色豊かな神戸を象徴するエリアだ。春節祭や中秋節などには，大勢の観光客が訪れ賑わう。

豚まん

神戸っ子に親しまれている「三宮一貫楼」の豚まんは，国産豚肉とタマネギで作る，甘くてジューシーなあんが自慢。創業時からの製法と味を守り続けている。

❽ 三宮一貫楼
☎ 0120-099-366

鳥取

北は日本海に接し，松葉ガニやハタハタといった海の幸を中心に，豊富な郷土料理を楽しめる。鳥取砂丘では砂地に適したラッキョウや梨の栽培も盛んだ。

食と旅の風景　鳥取砂丘とラッキョウの花（鳥取市）

オミヤゲSelect

7 因幡の白うさぎ

赤い目をした白うさぎの形が可愛らしい鳥取県を代表するお菓子。

寿製菓米子支店
0859-24-5815

1 牛骨ラーメン

県中西部

鳥取は江戸時代から和牛の産地。全国的にもめずらしい牛骨スープのラーメンは，50年以上地元で親しまれてきた味。透き通ったスープは，牛脂独特の甘みと醤油の味が絶妙にからみ合い，あっさりしているのが特徴だ。

2 カニ料理

県内全域

全国一のカニの水揚げ量を誇る鳥取県では，さまざまなカニ料理が食べられている。山陰地方では，ズワイガニの成長した雄を「松葉ガニ」と呼び，ゆでガニのほか，カニすき，雑炊などに使う高級カニとして人気がある。

◀カニ味噌を混ぜ込んだ「とろ蟹まん」

❸ハタハタ寿司

鳥取市

鳥取でとれるハタハタは，産卵期ではないため卵がないかわりに，しっかりと脂がのっているのが特徴。ハタハタ寿司のシャリはご飯ではなく，塩や酢で味付けした「おから」で，もともとは地元の祭りで出されるごちそうであった。

❹二十世紀梨

県内全域

鳥取県を代表する果物である「二十世紀梨」は，果汁が多く，シャキシャキとしてみずみずしい食感が人気だ。シャーベットやゼリー，ワインなど梨をつかった加工品も充実している。

❺いただき

弓ヶ浜半島

油揚げの中に，米，ゴボウ，ニンジンなどを入れて，出汁で炊く料理で，運動会などのイベントでよく作られる。変わった名称は，その形が「大山」に似ていることから「頂（いただき）」になったとも。

❻いぎす

県中部

海草の一種である「イギス」を水で溶かして固めた伝統的な料理で，冠婚葬祭や精進料理には欠かせない一品だ。生姜醤油や酢味噌をつけて食べると，独特の食感で，口の中に磯の香りが広がる。

ご当地アナウンサー 自慢の一品

山陰放送

桑本 みつよし アナウンサー

そのまま食べても美味しい『とうふちくわ』［県東部］

ちくわといえば魚のすり身をつかうもの。ところが，とうふちくわは，木綿豆腐と魚とを混ぜて蒸し上げるという独特の製法。魚が貴重な品だった江戸時代，鳥取藩初代藩主の池田光仲公が魚の代わりに豆腐を食べるようにおふれを出したのが始まりとも言われています。繊細かつ淡泊な味わいで，そのままちぎりながら食べるもよし。醤油やワサビをつけて食べるもよし。近年，ネギ入りやカレー味など，いろいろと新しい味が登場したり，B１グランプリに参加するなど地域おこしにも一役買ったり。ごっついうまいけぇー。いっぺん食べてみんさいな。

島根

日本海や汽水湖である宍道湖でとれる豊富な魚介類を中心に，バラエティーに富んだ味覚を楽しめる。長い歴史が育んだ独特な加工品も多い。

食と旅の風景 宍道湖のシジミ漁（松江市）

❶ ぜんざい

出雲市

出雲はぜんざい発祥の地。「神在《じんざい》もち」がなまって「ぜんざい」になったともいわれ，旧暦の10月に行われる「神在祭《かみありさい》」で振る舞われていた。汁がさらさらで多く，小豆の粒がしっかりしているのが特徴だ。

オミヤゲ Select

❻ 源氏巻

あんを風味豊かな生地で包んだ津和野の名物。店によりあんの種類もさまざまだ。

和菓子処三松堂 ☎0120-174-006

❷ ワニの刺身

県南部

島根県をはじめ，山陰や中国地方の山間地域では，サメのことをワニと呼んだ。輸送技術が発達していなかった昔から，刺身で食べることができる貴重な魚だった。刺身のほか，揚げ物にしても美味しい。

3 シジミ汁
ぼてぼて茶
菜の花を入れ煮出した番茶を泡立て，ご飯や高野豆腐，黒豆，漬物などを入れたもの。
きめが細かく，鮮やかな磯の香りをもつ十六島海苔と餅を基本にした吸い物仕立ての雑煮。
アカアマダイ
スズキの奉書焼き
和菓子
ウップルイノリ
十六島海苔雑煮
出雲そば
島根半島
松江
▶P.138-139
ビアへるん
李白
ヤマトシジミ
スズキ
モロゲエビ
宍道湖
中海
美保湾
薬用人参
安来
島根ワイナリー
板わかめ
出西ショウガ
あすっこ
1 ぜんざい
4 ドジョウ料理
王禄
イチジク
津田かぶ
仁多米
へか焼き
魚のすき焼き。
出雲
島根
鳥取

③シジミ汁

松江市

宍道湖《しんじこ》でとれるヤマトシジミをつかった名産品。ヤマトシジミは，宍道湖に生息する多彩な魚介類を代表する，宍道湖七珍《しんじこしっちん》の一つでもある。宍道湖は淡水に海水が混ざっている汽水湖のため，魚の種類が豊富。

鉄鍋どじょう汁
天ぷら
煮物
チンジャオロース
刺身
茶碗蒸し

④ドジョウ料理

安来市

ドジョウすくいの踊りで有名な民謡「安来節」で知られる安来市は，全国屈指のドジョウの養殖地。カルシウムやビタミン，ミネラルなどが多く含まれ，栄養価の高い「ドジョウ」は，古くから市民に親しまれてきた。鍋や汁物のほか，甘露煮やから揚げにしても美味。

⑤アゴ野焼

県内全域

山陰地方ではトビウオのことを「アゴ」という。産卵のため，夏に日本海を北上するアゴをすり身にして，地酒やみりんなどを加え，練り物にして焼く。ご飯のおかずにはもちろん，酒との相性も抜群だ。

ご当地アナウンサー 自慢の一品

山陰放送
森谷 佳奈 アナウンサー

三段の漆器に盛られた香り高い『出雲そば』[出雲市]

島根県でそばといえば黒いのがあたりまえ。これは殻つきのそばの実を使って製粉しているためで，香り高いそばの風味を楽しむことができます。なかでも「出雲そば」は割子でいただくのが主流。三段の漆器にそれぞれ盛られたそばに，直接そばつゆと薬味をかけます。一段食べ終わったら残ったつゆを次の段に移して食べていくので，味に深みが出ているような気がします。また由来は，外でもそばを食べられるように重箱に入れて持ち歩いていたということだそうです。まっちょーけん，食べに来てごしない！

宍道湖七珍と茶の湯文化 松江

島根県東北部，宍道湖《しんじこ》を望む松江は，松江城を中心に栄えた城下町。歴史を感じる静かな町並みは，のんびり散策するのにぴったり。宍道湖でとれる魚介を味わえる「宍道湖七珍《しっちん》」や，茶人としても知られる藩主・松平治郷ゆかりの和菓子など，独自に育まれてきた食文化が息づいている。

▲宍道湖に浮かぶ 嫁ヶ島(2)

ぐるっと松江堀川めぐり(3)

松江城の周囲に巡らされたお堀を，風流な和船で周遊する。16の橋をくぐり，武家屋敷や松江城などを水上から眺めながら，約50分の船の旅を楽しめる。

宍道湖七珍とは…

淡水と海水が混ざり合う汽水湖である宍道湖(1)には，多様な生き物が生息する。豊かな恵みは松江の食文化にも影響を与えており，土地ならではの味を生み出している。「宍道湖七珍」は宍道湖でとれる代表的な7種類の魚介をさす。

シジミ

島根県はシジミの水揚げ量が全国1位。宍道湖のシジミは身が大きいのが特徴だ。シジミ汁で味わうのが定番。

ウナギ

漁獲量は減少気味だが，天然ものは身が締まっていて味がよい。素焼きしたものにたれを付けながら焼き上げる。

モロゲエビ

クルマエビの仲間で，地元ではホンジョウエビとも呼ぶ。殻が薄いので塩焼きやから揚げにして丸ごと味わう。

アマサギ

ワカサギの別名。宍道湖はアマサギが生息する南限で，冬場の産卵期が旬。南蛮漬けや醤油のつけ焼きで味わう。

コイ

細く切った身に塩ゆでした腹子(卵)をまぶし，煎り酒というつけ汁で味わう「コイの糸造り」が有名。

シラウオ

松江は江戸時代から産地として知られる。天ぷらやすまし汁で味わうほか，鮮度のよいものは酢味噌和えもおすすめ。

スズキ

『古事記』にも登場する魚で，丸ごと奉書《ほうしょ》紙に包んで蒸し焼きにする「奉書焼き」は藩主・松平治郷の好物だった。

ぼてぼて茶

出雲地方を中心に伝わる郷土食。乾燥させた菜の花を入れて番茶を煮出し，茶筅《ちゃせん》で泡立てたところに，ご飯や高野豆腐，黒豆，漬物などを入れて味わう。お茶を泡立てる音が名前の由来。

松江の名物みやげ

ラフカディオ珈琲

松江はラフカディオ・ハーン(小泉八雲)が暮らした町。彼の著書に記されていたレシピをもとに，豆をブレンド・焙煎したコーヒー。

(4) 中村茶舗
☎ 0120-012-455

アゴ野焼 日本海近海でとれるアゴ(トビウオ)のすり身を使ったちくわ。通常のちくわよりも太めで，しっかりした歯ごたえが特徴。酒のつまみにぴったり。

写真提供：島根県観光連盟、松江観光協会

国宝 松江城（5） 1611（慶長16）年の築城当時から現存する天守は全国でも貴重なもので，2015（平成27）年に国宝に指定された。別名「千鳥城」と呼ばれ，黒塗りの外壁が美しい。最上階からは市街を一望できる。

不昧公好みの和菓子

藩主でありながら，優れた茶人でもあった松平治郷が好んだ和菓子は「不昧《ふまい》公好み」といわれ，現代にも受け継がれている。

松平治郷（不昧）
松江藩７代藩主として財政再建などにあたる傍ら，「不昧」の号で茶人としても名を残した。

明々庵《めいめいあん》（6）
松平治郷もしばしば訪れ，茶の湯を楽しんだ庵。母屋に掲げられた「明々庵」の額は，治郷の揮毫《きごう》による。

菜種の里
クチナシを使い，鮮やかな黄色に仕上げた落雁《らくがん》は，菜の花畑に舞う蝶をイメージしている。

若草
求肥《ぎゅうひ》にそぼろをまぶしたもので，やわらかな緑色が，こんもりと生い茂る春の若草山を表現している。

山川
不昧公がとくに好んだ和菓子で，紅白一対の落雁は，紅葉に染まる山と清流が流れる川を表したものとされる。

7 三英堂 ☎ 0852-21-3403

注目のご当地グルメ 「おでん＋うどん」
松江おどん

松江はおでん屋が多く，１人当たりの消費も多い「おでん好きの町」。松江おどんとは，アゴ（トビウオ）からとった出汁で煮込んだおでんに，シジミやアゴ野焼といった地元の特産品を１品以上入れ，これにうどんを投入して煮込んだものだ。市内の六つの飲食店で提供している。

☎ 0852-32-0505
（松江商工会議所青年部事業局）

岡山

瀬戸内海の多彩な魚料理のほか，“晴れの国”と称されるほど日照時間が長く，温暖な気候でフルーツの栽培も盛んだ。北部の蒜山はジャージー牛の一大産地として知られる。

食と旅の風景　蒜山高原とジャージー牛（真庭市蒜山）

❸ たまごかけごはん

美咲町

西日本最大級の養鶏場がある美咲町。近年，産みたての新鮮な卵をご飯にかけて食べるシンプルな料理はブームにもなった。米のほか，ご飯にかけるたれの材料も地元産にこだわった一品だ。

❶ 鯛めん

浅口市

茹でたそうめんの上に，瀬戸内海でとれたタイを姿煮にして盛りつけた郷土料理。浅口市鴨方町は日本有数の手延べそうめんの産地で，古くから，結婚式などの宴席で振る舞われてきた。

❷ タコ料理

倉敷市

倉敷市の下津井地域で水揚げされるタコは「下津井だこ」と呼ばれ，全国的に有名だ。低カロリーで，疲労回復にも効果があるとされ，刺身のほか，から揚げや煮物，タコ飯などにして食べられる。下津井のタコ漁は11月頃がハイシーズン。港ではタコを干す風景が見られる。

④ひるぜん焼そば

真庭市蒜山

ニンニクやタマネギ，リンゴなどで作る濃厚な味噌だれに，鶏肉と特産品のキャベツを混ぜた焼そば。蒜山地域では古くから，各家庭で味噌だれをつくる習慣があり，さまざまな料理に使われてきた。

⑤ばら寿司

全県

アナゴやエビ，サワラなど瀬戸内海でとれる魚介類と旬の野菜を混ぜ込んだ，岡山を代表する寿司。彩りもあざやかで「まつり寿司」とも呼ばれ，祝い事など特別な日には欠かせない料理だ。

⑥ままかり寿司

岡山市

ニシン科の小魚，サッパを酢づけにしてにぎったもので，あまりの美味しさに，まま（ご飯）がなくなり，隣の家からを借りてきたことに由来している。岡山駅の駅弁としても有名だ。

オミヤゲ Select

⑦マスカット吉備だんご

岡山の桃太郎伝説のきびだんごと特産品であるマスカットが見事に融合したお菓子。

岡山夢菓匠敷島堂　邑久総本店（瀬戸内市）
☎0869-22-0059

ご当地アナウンサー 自慢の一品

RSK山陽放送
奥富 亮子 アナウンサー

もち米の産地で生まれた絶品！
『牛もち丼』[新庄村]

県北西部・新庄村特産のもち米の最高品種「ヒメノモチ」100％で作った「ひめのもち」は，きめの細かさ，コシの強さ，甘みの三拍子が揃っています。それを牛丼のご飯の代わりに使ったのが，絶品の『牛もち丼』です。少し甘めの出汁の中に，たっぷりの牛肉と大ぶりの餅が3個も入っています。なめらかで，びっくりするほど伸びがあり，とにかく美味しいんです！ また，村内には，「ひめのもち」にハマグリや野菜などを加えた醤油ベースの『新庄ひめっ子雑煮』を提供する店もあります。

“水源の森百選”に認定の毛無山ブナ林から流れる天然水で作る杵つき餅「ひめのもち」。いっぺん，食べてみられえ！

海と太陽の恵みを求めて

瀬戸内グルメ

本州，四国，九州にまたがる瀬戸内海。大小700以上の島が浮かぶ海域は，複雑な海流が豊かな漁場をつくり出している。また，雨が少なく温暖な気候はフルーツの栽培に適しており，柑橘類を中心に生産が盛んだ。

海流が育む 海の幸

❶ 鯛めし（愛媛県）

潮の流れが速い来島海峡周辺は，身が締まった魚がとれる瀬戸内屈指の好漁場。この地方名物の「鯛めし」は，土鍋で炊いたご飯の上に，焼いたマダイを丸ごと豪快にのせたものだ。

❷ 小イワシ料理（広島県）

カキやアナゴと並ぶ広島県を代表する海の幸。水洗いして臭みを落とすと，タイのような風味になる。刺身や天ぷら，酢の物などで味わう。

❸ 魚飯《ぎょはん》（広島県）

竹原市の郷土料理で，マダイやメバルなど白身魚を焼いて身をほぐし，玉子などと一緒にご飯にのせて出汁をかけて味わう。かつて塩田で働いていた人が食べていた。

❹ たこめし（広島県，岡山県）

広島県三原市や岡山県倉敷市下津井はマダコやイイダコ漁が盛んで，長い足を広げてぶら下げた干しタコが風に揺れる光景は，冬の風物詩となっている。名物の「たこめし」は，漁師町で親しまれてきた郷土料理。

❺ カキオコ（岡山県）

カキの生産量全国２位を誇る岡山県。なかでも養殖が盛んな備前市日生《ひなせ》のカキが有名だ。お好み焼きの具にカキを入れた「カキオコ」は，日生のご当地グルメとして人気を集めている。

※「カキオコ」は備前東商工会の登録商標です。

❻ シャコ料理（岡山県）

笠岡市の名物で，郷土料理の「ばら寿司」にも使われる。湯がいたシャコの殻を外して醤油やポン酢で味わうほか，天ぷらや酢の物などもおいしい。

ちりめんじゃこ（瀬戸内海）

しらす干しとも呼ばれ，カタクチイワシやウルメイワシなど，イワシの仲間の小魚を茹でて乾燥させたもの。縮れた様子が絹織物のちりめんに似ていることが名前の由来。

太陽の恵みが詰まったフルーツ

❼ 大長《おおちょう》みかん（広島県）

段々畑の景色も美しい大崎下島。特産の大長みかんは，果汁たっぷりで甘みが強い。10～12月にかけては，みかん狩りも楽しめる。

ジャムやフルーツソースはみやげにおすすめ。

❽ レモン（広島県）

国産レモンの約６割が広島県産で，なかでも尾道市の生口《いくち》島瀬戸田地区は一大産地。近年は「瀬戸田レモン」の愛称でスイーツなどに広く利用されている。

❾ マスカット（岡山県）

岡山県はマスカットの生産が全国第１位。香りがよく，すっきりとした甘さで上品な味わいを楽しめる。

❿ ブルーベリー（広島県）

目によいとされるアントシアニンが豊富なブルーベリーは，爽やかな酸味が魅力。大崎上島では，７～９月にかけて摘み取り体験もできる。

☎ 0846-65-3123
（大崎上島町役場地域経営課）

⓫ オリーブ（香川県）

小豆島は国内シェア90％以上を誇る“オリーブの島”。オレイン酸が豊富でヘルシーなオリーブは，純度の高いエクストラバージンオイルをはじめ，ジャムや漬け物などにも加工される。

瀬戸内の海と気候がつくる
⓬ 伯方の塩

年間の晴天日が250日という瀬戸内地方は，古くから天日による塩づくりが盛んな地。伯方塩業は，この気候を生かし，輸入塩と日本の海水を原料に，おいしい塩づくりに取り組んでいる。

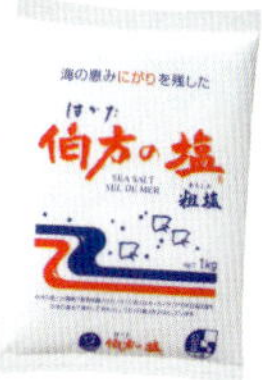

写真提供：広島県，岡山県観光連盟，かがわ県産品振興機構，伯方塩業

⓭ うどん県・香川を支える「いりこ」

いりことは，カタクチイワシを干したもので，香川県のご当地グルメ・讃岐うどんの出汁にかかせない存在。県内では伊吹島産が有名だ。

広島

小さな島々の点在する瀬戸内海は，カキやアナゴなどの豊かな海の幸をもたらしている。お好み焼きや尾道ラーメンなど全国的に有名な食も多い。

食と旅の風景　カキの養殖場（瀬戸内海）

❶ カキ料理

全県

広島はカキの生産量で日本一を誇る。瀬戸内は波が穏やかで，養殖いかだが設置しやすい。また，中国山地から流れる栄養分が，豊富なプランクトンを育んでいる。肉厚で濃厚な味わいが特徴で，「海のミルク」と呼ばれるほど，ミネラルやビタミンなどの栄養素が多い。

❷ あなご飯《めし》

廿日市市宮島町

宮島沖の大野瀬戸でとれる新鮮なアナゴを使った宮島の名物。アナゴのアラからとった出汁で炊いたご飯にアナゴの蒲焼きをのせて食べる。冷めると味がよくしみて旨味が増すので，弁当としても人気だ。

❸ 水軍鍋

尾道市因島

昔，村上水軍が出陣前に必勝祈願で食べたとされる。「八方の敵を喰う」という意味でタコが入っているのが特徴。また，タイやエビなどの魚介類のほか，ニンジンやゴボウ，サトイモといった野菜も一緒に煮込む。麦飯を使った〆の雑炊も美味しい。

❹尾道ラーメン

尾道市

澄んだ鶏ガラの醤油スープは，瀬戸内の魚を出汁に加えるため独特の風味がある。豚の背脂のミンチが浮いているのが特徴で，さっぱりとした中にもインパクトがあり，平打ち麺との相性も抜群だ。

オミヤゲ Select

❻もみじまんじゅう

宮島を代表する銘菓。紅葉は広島県の県花・県木に指定されている。

藤い屋宮島本店（廿日市市）

0829-44-2221

ご当地アナウンサー 自慢の一品

広島テレビ放送

西名 みずほ アナウンサー

©広島テレビ放送

お店でも家庭でも食べられる『お好み焼き』［全県］

広島のお好み焼きといえば麺が入ってボリューム満点。しかし，戦後は米軍配給の小麦粉を使い，地元のネギやキャベツをのせたシンプルなものでした。それが発展して，豚肉や卵，中華麺やうどんを入れる今の形になりました。広島市内中心部には戦後の名残でお好み焼き店の集まったビルもあります。広島県人はそれぞれにひいきの店があり，家庭でもホットプレートで作ります。お好みソースの香ばしい匂いは幼いころから記憶に染みついて，どの家庭でも常備されているもの。イカ天を入れると風味が増します。魚介やチーズ，キムチ，とろろ昆布など，どれもソースと相性抜群です。ぜひ食べにきんさい！

❺肉じゃが

呉市

軍港のあった呉に伝わる海軍料理で，東郷平八郎がイギリスで食べたビーフシチューがもとになっているという。牛肉，タマネギ，ジャガイモ，糸こんにゃくを使い，ニンジンや青み野菜を入れないのが特徴だ。

山口

北は日本海，南は瀬戸内海に面し，絶好の漁場に恵まれた一大水産県だ。いち早くフグ食を解禁するなど，日本の開国を支えた長州らしさが食文化にも表れている。

食と旅の風景 棚田と仙崎イカの漁火（長門市）

❶ 仙崎イカ

長門市

長門市は日本有数の「ケンサキイカ」の漁獲量を誇るが，中でも一杯ずつ丁寧に釣られ，仙崎市場に水揚げされたものだけを仙崎イカと呼ぶ。身が柔らかくその美しい姿は「イカの女王」とも言われる。

オミヤゲ Select

❼ 外郎《ういろう》

室町時代から伝わる伝統の味で，米粉ではなくワラビ粉を使うのが特徴だ。

御堀堂本店（山口市）
☎083-922-1248

❸ 瓦そば

下関市

西南の役の際に，薩摩の兵士が瓦を使って野菜などを焼いたことがはじまりといわれる。よく熱した瓦に，茶そばや牛肉，錦糸玉子などをのせて焼き，そばつゆにつけて食べる。鉄板などを使って家庭でも食べられる。

瓦そば たかせ ☎083-772-2680

ご当地アナウンサー 自慢の一品

山口朝日放送
伊藤 明日香 アナウンサー

地元の鶏を使った長門の新名物『ながとりめん』［長門市］

夕方になると，長門市駅前にはどこからともなくやきとりの良い香りが。養鶏が盛んな長門は，やきとりの街として有名で，「長州黒かしわ」という県内初の地鶏などもあります。そんなやきとりの街で4年前に誕生したのが“ながとりめん”。コクのある鶏ガラスープにシコシコの太麺，甘辛く煮た鶏肉のチャーシューと煮玉子の相性は抜群！開発したのは，ラーメン職人ではなく市の職員というから驚き。小ぶりなサイズなので，やきとりを堪能したあとの〆にも丁度よい量です。長門にお越しの際は，やきとりとともに『ながとりめん』もぜひ食べてみんさい！

2 やきとり

長門市

長門市は人口1万人あたりのやきとり屋の数が日本一。鶏や豚を使った串焼きだが，ガーリックパウダーをかけて食べるのが長門流。長ネギではなくタマネギを使い，ちぎったキャベツが添えられるのも特徴だ。

4 茶粥

岩国市・柳井市

米をほうじ茶で炊き上げる江戸時代から伝わる料理で，地元では主食として食べられてきた。当時，岩国をおさめた吉川氏が米の節約のために推奨したとされ，現在では消化のよい健康食として親しまれている。

5 下関ウニ・北浦ウニ

下関市・北浦地方

ウニをアルコール漬けにして瓶詰めにした加工品は，下関が発祥。明治時代にあやまってウニに蒸留酒のジンがこぼれてしまったことがはじまりで，ご飯にのせて食べるのはもちろん，酒のつまみにも最適だ。日本有数の美しい海で育ったウニは，小粒だが濃厚な味わい。生ウニも楽しめる。

6 岩国寿司

岩国市

3段から5段に重ねられた贅沢な押し寿司で，その華やかさから「殿様寿司」とも。大きいもので60cmにもなる寿司枠に，寿司飯と錦糸玉子，シイタケ，レンコンなどを交互に重ね，踏み固めてつくる。

関門海峡 二つの港町の食文化
下関・門司

本州と九州を分かつ関門海峡をはさんで隣り合う下関と門司。山口県下関市は全国のフグの水揚げの約８割を誇る”フグの街”。一方，福岡県北九州市門司では，国際貿易港だった名残を食文化に見ることができる。

下関

日本近海に約50種生息するフグのうち，国内で食用として許可されているものは22種類。なかでも響灘や周防灘でとれる天然もののトラフグが高級魚として知られている。下関は海外でとれるフグも集まる，まさに“フグの街”なのだ。

薄造り
フグの身を薄くそぎ切りし，有田焼や伊万里焼などの大皿に盛り付けたもの。鶴や亀を模したものもある。

ふくちり鍋
昆布出汁のスープにフグの切り身や野菜，キノコなどを入れ，もみじおろしを入れたポン酢で味わう。

白子焼
白子（精巣）を塩焼きした珍味。外は香ばしく，中はとろりとした食感で酒のおともに最適。

唐揚げ
フグ独特のやわらかな身を楽しめるポピュラーな一品。塩やポン酢でさっぱり味わうのが定番。

ひれ酒
天日干ししたヒレを軽く炙り熱燗に入れて味わうと，酒の香り・味わいともに深いものとなる。

雑炊
コース料理では〆《しめ》に味わうことが多い。フグの旨みがとけ出した鍋にご飯を入れ，ひと煮立ちさせたもの。

下関の“ふく”

下関では，フグを「ふく」と呼ぶ。これは「不遇」を避けて「福」に通じると考えたもので，フグを大切にする人々の心意気が感じられる。内臓に毒をもつフグは，豊臣秀吉が武士に対してフグ食を禁じて以来，食べることができなかったが，明治時代半ばに伊藤博文がフグの調理を許可した。水揚げ高日本一は下関の南風泊《はえどまり》港（❶）で，ここから全国へフグが出荷されている。

フグの調理は専門の免許を取得した調理師だけが行うことができる。

南風泊港で開かれるフグのせりは，袋のなかで指を握って値段交渉を行う独特の方法で行われる。

❷ 春帆楼《しゅんぱんろう》と日清講和記念館

☎ 083-223-7181

初代内閣総理大臣を務めた伊藤博文は，毒があるため食用を禁じられていたフグを老舗料亭・春帆楼で食べ，そのおいしさに魅了され同店をフグ料理公許第一号店とした。春帆楼は，1895（明治28）年に締結された日清講和条約の舞台でもあり，当時の調度品は日清講和記念館に展示されている。

❸ 唐戸市場 ☎ 083-231-0001

1924（大正13）年に開設された歴史ある市場で，フグをはじめとする近海でとれる魚介や野菜の直売，みやげ物なども販売。金・土・日・祝日には，食のイベント「馬関街《ばかんがい》」を開催。

写真提供：下関市

まだある！ 下関の魚介

アンコウ

下関港はアンコウの水揚げ高が全国1位。コラーゲンが豊富な身やコクのある肝は鍋物におすすめ。

特牛《こっとい》イカ

関門海峡の西，響灘でとれるケンサキイカの県産ブランド。甘みがあり，プリッとした歯ごたえを楽しめる。

ウニ

下関市内の貝塚では，縄文時代とされるウニの化石が発掘されており，古くからこの地域でウニが食べられていたと考えられる。

門司

門司港レトロ地区

関門海峡をはさんで下関市の対岸に位置する北九州市門司は，1889(明治22)年に開港すると，国際貿易港として海外の文化がいち早く入って来た街。門司港駅周辺は，明治から大正にかけて建てられたおしゃれな洋館が残る「レトロ地区」として整備され，当時もたらされたハイカラな食文化が，名物として人気を集めている。

ちゃんらー

和風出汁のスープにちゃんぽん麺を入れ，炒めたモヤシやキャベツ，豚肉をのせたもの。「二代目清美食堂」で人気のご当地グルメ。

④二代目清美食堂
☎ 093-342-9386

ハイカラグルメ

⑤門司港地ビール工房 ☎ 093-321-6885

門司港焼きカレー

カレーライスの上にとろけるチーズや卵をのせ，オーブンで焼き上げたもので，西洋料理をヒントに誕生した門司生まれのハイカラグルメ。門司港レトロ地区周辺では，「門司港地ビール工房」をはじめ，20数店舗で提供しているほか，家庭料理としても親しまれている。

ハヤシライス

薄切りにした牛肉とタマネギを炒め，ドミグラスソースで煮込んだもの。濃厚なソースは西洋料理がルーツとされる。「早いライス」や「ハッシュドビーフ」が変化したなど語源や発祥の地は諸説あり，門司もその一つに数えられている。

地ビール

「門司港地ビール工房」では，ドイツ産麦芽を使って醸造した地ビールを味わえる。

香川

降水量が少なく日照時間の長い香川県は，小麦がよく育ち，うどん食文化が栄えた。瀬戸内海の恵みを生かした魚料理やため池でとれる川魚を利用した料理も豊富だ。

食と旅の風景 讃岐富士と小麦畑

❶讃岐うどん

全県

上質な小麦に加え，沿岸部の製塩業による塩，出汁に欠かせないいりこが身近であった香川県は，うどん作りに適していた。人口1万人当たりのうどん店の数は全国1位で，出汁をかけたシンプルな「かけうどん」や濃いめのたれをかけて混ぜる「ぶっかけうどん」など味や食べ方は多彩だ。コシの強さが最大の特徴。

瀬戸内グルメ ▶P.142-143

❷いりこ飯

全県

瀬戸内海，特に香川県西部の燧灘《ひうちなだ》はいりこ（カタクチイワシ）の名産地。干したいりこを使った炊き込みご飯は，さっぱりとしていて，家庭のほか，学校給食でも親しまれている，県民にとって馴染みの味だ。

▼伊吹いりこ
燧灘の真ん中に浮かぶ伊吹島は，鮮度が勝負といわれるいりこの加工に便が良く，伊吹いりこは品質の良さで知られる。

❸あん餅雑煮

高松市・坂出市

正月に食べられる定番の家庭料理。白味噌仕立ての雑煮には，あんが入った丸餅のほか，輪切りの大根やニンジンも入る。甘味のものが少なかった時代に，正月に振る舞われるあん餅雑煮は貴重であった。

オミヤゲ Select

6 おいり

西讃岐に伝わる嫁入り菓子で，現在も引き出物などに欠かせない一品だ。

寶月堂《ほうげつどう》本店（丸亀市）
0877-23-0300

4 オリーブハマチ

瀬戸内海沿岸

香川県はハマチ養殖発祥の地だ。オリーブハマチは，小豆島特産のオリーブの葉を一定期間あたえて育てたハマチのことで，さっぱりとした味わいが特徴。刺身のほか，塩焼きや照焼きにしても美味しい。

▶オリーブハマチ
オリーブ色に輝くラインが特徴的。

ご当地アナウンサー 自慢の一品

RNC西日本放送
岸 たけし アナウンサー

うどんに匹敵する香川のソウルフード『骨付鳥』［丸亀市］

「うどん県。それだけじゃない香川県」の一押しグルメ。鳥の骨付きモモ肉を塩や胡椒，ニンニクの効いたスパイスで味付けします。オーブンなどでじっくり焼き上げるので，皮はパリッと身はジューシーに仕上がります。もともとは丸亀市発祥のソウルフードも，今や県内各地で食べられるようになりました。メニューは，抜群の歯ごたえで噛めば噛むほど楽しめる深い味わいの「おや」と，ふっくら柔らかく女性にも人気の「ひな（わか）」の2種類。銀皿に残ったコラーゲンたっぷりの肉汁を，おにぎりやキャベツに付けて頂くのも美味！ビールのお供にも最高の一品です。
待っとるけん，食べにきまいよ！

5 てっぱい

全県

フナの酢味噌和えのこと。降水量が少なく大きな河川のない香川県では，昔からため池によるフナなど淡水性の魚の養殖が盛んだった。香川らしい郷土食だが，現在ではサバやコノシロが使われることが多い。語源は「鉄砲和え」が変化したという説が一般的とされている。

愛媛

瀬戸内海と宇和海に面し，タイをはじめとする海の幸が豊富だ。丘陵部では，ミカンやポンカンなど柑橘類の栽培が盛んで，日本一の生産量を誇る。

❸ 法楽焼《ほうらくやき》

今治市

素焼きのほうろくの上に，来島海峡でとれたタイを中心に，車エビ，ハマグリ，サザエなどの魚介類をのせて豪快に焼き上げる。昔，来島水軍が戦勝祝いに食べたのがはじまりとされ，海賊料理とも呼ばれる。

食と旅の風景 宇和島湾のタイ養殖（宇和島湾）

❶ 鯛そうめん

南予地域

煮付けたタイが丸ごとそうめんにのった大皿料理で，宇和島市など南予地域に伝わる。披露宴や結婚式など祝い事で振舞われ，タイの身をほぐして，そうめんと一緒につゆをかけて食べる。宇和海には，黒潮の一部が流れ込み，タイの生産に適した環境を生んでいる。

❷ じゃこ天

宇和島市

ホタルジャコや小アジなど，宇和海でとれる新鮮な小魚を骨ごと包丁でたたき，すり身にして油で揚げたもの。宇和島では魚のすり身の揚げ物を「雑魚《ざこ》天」といい，そこから「じゃこ天」の名が生まれた。

オミヤゲSelect

⑦一六タルト

江戸時代にポルトガルから伝わった伝統のお菓子。さわやかなユズの風味が特徴。

一六本舗勝山本店（松山市）

☎089-941-0016

④今治やきとり

今治市

肉を串に刺さずに鉄板で焼き，プレスと呼ばれる重しでおさえつけて仕上げるのが特徴だ。串焼きよりも早く食べることができるため，せっかちな今治の人に受け入れられたという。カリッとした食感の皮が定番。

⑤いもたき

大洲市

約300年前から伝わる行事「お籠《こ》もり」の際に食べられてきた鍋料理。農民が河原にサトイモを持ち寄ったのがはじまりで，サトイモのほか，油揚げ，こんにゃく，鶏肉などを入れて煮込んだもの。

⑥ふくめん

宇和島市

醤油やみりんなどで味付けをして千切りにしたこんにゃくを，紅白のでんぶや錦糸玉子，ネギ，ミカンの皮など4色の具材で覆う。ハレの日の料理で，具材でこんにゃくが見えないため「ふくめん」といわれるなど由来は諸説ある。

ご当地アナウンサー

自慢の一品

フリーアナウンサー

作道 泰子アナウンサー

愛媛が誇る 2種類の『鯛めし』［全県］

愛媛といえば，新鮮なタイを使った『鯛めし』が有名です。面白いのは，県内には2種類の鯛めしがあること。中予・東予地方は，タイの上品な甘さが楽しめる“炊き込みの鯛めし”。一方，南予地方・宇和島市の鯛めしは，醤油・酒・出汁・生卵で作ったたれにタイの刺身を付け込んで，そのまま豪快にご飯にかけて食べるという，いわば“高級卵かけご飯”のような逸品。こちらは，日振島を拠点にしていた伊予水軍が，酒盛りの時に飲み干したお椀にご飯とタイをのせ，かきこんだのが始まりという説もあります。どちらの鯛めしも絶品です。愛媛ならではの2種類の鯛めし，おいしいけん，食べにおいでや！

中予・東予地方の『鯛めし』▶

▲南予地方の『鯛めし』

徳島

渦潮《うずしお》で有名な鳴門海峡や四国三郎こと吉野川など，海や川の幸を生かした食が多い。また，米作りが難しい山間部では，そばやイモを食べる独自の食文化が育った。

食と旅の風景 鳴門海峡の渦潮（鳴門海峡）

❶ ぼうぜの姿寿司

徳島市

徳島ではイボダイを「ボウゼ」と呼ぶ。夏の終わりがボウゼの旬で，秋祭りの時期になると家庭で作られてきた料理。背開きにしたぼうぜに，徳島県特産のスダチなどの酢を使った寿司飯を詰める。

❷ 鳴門ワカメ

鳴門海峡

鳴門海峡の急流で育ったワカメは歯ごたえがよく，鮮やかな緑色で極上品とされている。カルシウムなどのミネラルが豊富で，健康食品としても人気が高い。

❸ 半田そうめん

つるぎ町

冬の訪れを告げるそうめんの庭干し風景はつるぎ町半田の風物詩。吉野川の良質な水で作られ，剣山から吹き下ろす寒風がコシの強い麺を育む。もちもちした食感で伸びにくく，温かいにゅうめんにしても美味しい。

❹ そば米雑炊

祖谷地方

そばの実を粉にせず，ゆでて殻をむき，雑炊にして食べる。山々に囲まれ米作りが難しかった祖谷《いや》地方で，そばの白い実を米に見立てて食べたのがはじまりだ。源平合戦に破れた平家の落人たちが隠れ住み，都を偲んで作った料理との言い伝えもある。

オミヤゲ Select

7 金長まんじゅう

よく知られた伝説「阿波狸合戦」に出てきた金長狸がモチーフの和菓子。

ハレルヤスイーツキッチン(松茂町)

088-699-7611

5 ハモ料理

阿南市

▲阿南産のハモを使った「あなん丼」

徳島県は，全国有数のハモの産地。紀伊水道で育ったハモは，さっぱりとしていながら深い旨味があり，定番の湯びきのほか，蒲焼きや天ぷらにしても美味しい。京都や大阪など県外にも多く出荷されている。

ご当地アナウンサー 自慢の一品

JRT四国放送 **保岡 栄二** アナウンサー

甘党が多い？ 徳島県人のソウルフード『豆天玉焼き』[徳島市]

甘く煮込んだ「金時豆」と，小エビの「天ぷら」を『お好み焼き』に入れた徳島のソウルフード。ミスマッチな感じですが，天ぷらの歯ごたえと食感，そして金時豆の甘さとソースの甘辛さが調和した味は，癖になること間違いなし！金時豆を入れることに関しては諸説ありますが，徳島県の沿岸地域では塩田が盛んだったため，普段とは違った甘味を望んだ"甘党"の人が多くいたからのようです。現在でも，金時豆をちらし寿司の具に使ったり，赤飯に砂糖をかけて食べたりする地域もあるくらい。豆天玉焼きは県内外を問わず人気で，オリジナリティーあふれる味を追求する店舗も増えています。

まぁいっぺん食べてみ！美味いんじょ！

6 阿波尾鶏

県西部・南部

古くから飼育されてきた赤笹系の軍鶏《しゃも》がルーツで，コクのある旨味ともちもちとした食感が特徴。やきとりやから揚げ，しゃぶしゃぶなどにして食べられる。名前は有名な夏祭りである「阿波踊り」から付けられた。

高知

最後の清流と名高い四万十川や黒潮が流れる土佐湾は，豊かな魚介類に恵まれている。年間を通して温暖な気候で，農業や果樹栽培も盛んだ。

食と旅の風景　カツオの一本釣り（土佐湾）

❷ ぐる煮

四万十町

サトイモや大根，ゴボウなど旬の根菜と，こんにゃく，厚揚げなどを細かく切って煮込んだもの。「ぐる」とは仲間や集まりという高知の方言で，さまざまな野菜を集めて作ることからついた名称だ。仏事の際は，具材をより細かくし小豆を入れて炊いたものを作る。

❶ 皿鉢《さわち》料理

全県

名物カツオのタタキをはじめ，旬の魚介類や山菜などを豪快に盛り付けた高知を代表する郷土料理。「生」と「組みもの」の盛り合わせで構成され，大皿には刺身のほか，寿司や揚げ物，煮物などがのる。正月や結婚式などの祝いの席や，おきゃく（宴席）の場には欠かせない料理だ。

オミヤゲ Select

❻ 芋けんぴ

高知県産のサツマイモを油であげたもので，高知土産の定番だ。

芋屋金次郎 日高本店（日高村）

☎0889-24-7476

5 田舎寿司

山間部

シイタケやミョウガ，タケノコ，こんにゃくなどの山菜でつくった寿司で，山間部に伝わる郷土料理だ。宴席などで振舞われる寿司とは違い，旬の野菜の彩りと味を楽しみながら日常的に食べられている。

3 鍋焼きラーメン

須崎市

土鍋でグツグツと煮立てる鍋焼きラーメンは須崎市が発祥で，ラーメンが冷めないように鍋を使ったのがはじまり。スープは鶏ガラの醤油ベースで，麺はストレート。鶏肉やネギ，ちくわ，生卵などの具材が基本だ。

4 サバの姿寿司

土佐清水市

「清水サバ」のブランドで知られる，土佐清水市のゴマサバを丸ごと使った贅沢な寿司で，正月や祝い事には欠かせない。酢のきいたさっぱりとした味わいで，焦げ目がつく程度に炙ったものも美味しい。雄々しく頭と尾を上向きに立てて盛り付けるのが特徴。

本池澤(高知市) ☎088-873-3231

ご当地アナウンサー 自慢の一品

高知放送
有吉 都 アナウンサー

高知の食材が集った 『安芸《あき》釜あげちりめん丼』[安芸市]

高知でいう“ちりめん”は，シラスのこと。県東部の安芸市では釜揚げちりめんの生産が盛んで，海岸沿いでちりめんじゃこを干す作業をよく目にします。そんなふわっふわで真っ白なちりめんが，ご飯を見えなくするくらいたっぷりのった『安芸釜あげちりめん丼』。ほどよい塩気でご飯との相性がぴったり！また，安芸市産のミョウガやシソなどの薬味を使うことや，高知の特産品の一つでもあるユズをたっぷり搾って食べることなども，そのおいしさの理由です。市内にある16の店舗では，それぞれにオリジナルちりめん丼を提供しています。ぜひいっぺん太平洋の恵みを食べに来てみてください。待ちゆうきね！

高知

土佐藩・高知城の城下町から発展した温暖な気候の都市。昔から土佐の女性は「はちきん」といわれる男勝りの気質があり，お座敷遊びや酒の飲み方にも伝統がある。一本釣りのカツオや地元の銘菓は，高知の代表的味覚。

土佐のカツオと伝統食

「カツオのタタキ」はもちろんのこと，地元で愛されるカツオ料理やお祝いの宴席料理など，南国高知にはおいしいものがたくさんある。

旬
初ガツオ
3〜5月
戻りガツオ
9〜11月

カツオのたたき
皮目をパリッと焼いて分厚く切ったカツオに，
タマネギ，ミョウガ，大葉の薬味を乗せ，土佐酢をかけてスライスニンニクを散らして味わう。

カツオ茶漬け
カツオの切り身でヅケを作り，ご飯の上にのせて，熱湯や出汁をかけて食べる漁師料理。

カツオの酒盗《しゅとう》
カツオの内蔵を水洗いし，塩漬にしたあと半年間貯蔵して旨味を出す。酒を盗みたいほど箸が進むという。

カツオの生節《なまぶし》
カツオを1～2日燻製させたもの。風味と旨みが凝縮された味わいがあり，スライスしてそのまま食べたり，マヨネーズをかけたり自由に食べる。

皿鉢《さわち》料理
大きな皿や鉢にいろいろな料理を盛りつける。
昔から宴会といえば皿鉢料理が並べられ，自分の好きなものとって食べる。

銘菓

土左日記
❶青柳☎088-866-2359
歌人・紀貫之の土佐を紹介した文献「土左(土佐)日記」にちなんだ。

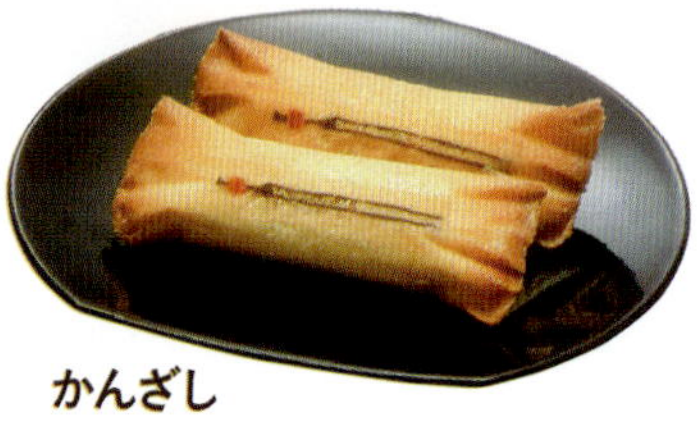

かんざし
❷浜幸 はりまや本店☎088-875-8151
「よさこい節」の歌詞にちなんだ甘ずっぱいユズの香りの菓子。

❸日曜市

高知城追手門から続く追手筋で開かれ，その延長1kmに及ぶ。野菜，古着，骨董などが並び，土佐弁のやりとりでにぎわう。

❹ひろめ市場

☎088-822-5287
土佐を味わえる飲食店，鮮魚店など60以上の店舗が集まる。購入した食べ物は約400のテーブル席で，自由に食事ができる。

〈写真提供〉高知県，高知市観光協会，青柳，浜幸 はりまや本店，酔鯨酒造，かつお船 土佐タタキ道場

高知県ブランド農産物

土佐文旦

果実は大きく，350～500ｇほどで果糖が多く，さわやかな香りで上品な味。

フルーツトマト

高知市内で栽培されている徳谷《とくだに》トマトと薊野《あぞの》トマトは，小粒で甘味が強い。

四方竹《しほうちく》

定番料理は，四方竹を輪切りにして，カツオや鶏肉と一緒に煮る「ポン切り煮」。

チャーテ（ハヤトウリ）

漬物や酢味噌和え，豚肉との炒め物，煮物など幅広いアレンジができる。

土佐の銘酒とお座敷遊び

べろべろの神様

宴席や花見席などで盛り上がるお座敷遊び。「可杯《べくはい》」と呼ばれる杯が三つあり，駒に指された人が表に描いてある絵と同じ杯でお酒を飲む。おかめの杯は小さく，ひょっとこは口に穴が開いているので飲み干すまで杯を置けず，天狗はたくさん容量が入る。

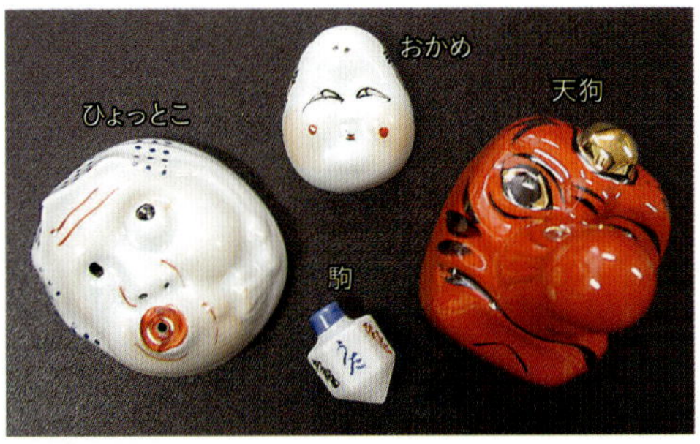

土佐の銘酒 酔鯨《すいげい》

⑤ 酔鯨酒造 ☎088-841-4080

高知市内にある唯一の蔵元。宴会文化がある土佐では，「料理に合わせた酒の味わい」を大切にしている。

カツオのタタキ体験

⑥ かつお船 土佐タタキ道場 ☎088-847-3255

体験型食堂で，自分たちでカツオの藁焼きタタキを作れる。焼きたてを，その場で食べたり，持ち帰ったりできる。自分で作ったカツオのタタキは格別だ。

藁で香ばしく焼くいたら，薬味をのせて完成。

福岡

玄海灘，有明海，豊前海と，それぞれ特徴ある海に三方を囲まれ，海の幸が豊富な福岡県。豚骨ラーメンやあまおうなど，全国的に有名な食も多い。

食と旅の風景 太宰府天満宮と紅梅（太宰府市）

オミヤゲ Select

6 梅ヶ枝餅

梅の刻印を鉄板で焼き付ける太宰府名物の和菓子で，餅は太宰府天満宮に祀られる菅原道真の好物であった。

かさの家（太宰府市）
☎092-922-1010

1 がめ煮

全県

鶏肉，サトイモ，ゴボウ，レンコンなどを炒めてから出汁を入れて煮込む。文禄の役で出兵した兵士がスッポンを煮込んだため「亀煮」，あるいは博多の方言で寄せ集めるという意味の「がめくりこむ」が由来ともされている。

2 久留米ラーメン

久留米市

久留米市は豚骨ラーメン発祥の地。白く濁った豚骨スープで，ほかの九州のラーメンに比べ濃厚でこってりしていてコクがある。ストレートの細麺が定番。チャーシューやキクラゲのほか，ノリがトッピングされるのも特徴だ。

大砲ラーメン本店（久留米市）
☎0942-33-6695

❸ 豊前海一粒かき

苅田町

豊前海に面する苅田町はカキの養殖が盛んで，殻付きのまま販売される一粒カキは粒が大きく張りがあり，甘くて味わい深い。栄養分の多い豊前海で育つため，一般的なカキより成長が早く約8カ月で出荷される。

❹ あまおう

全県

大粒でジューシーなあまおうは，6年の歳月をかけ開発されたブランドイチゴで，福岡県だけで栽培されている。親しみやすいその名前は，「あかい，まるい，おおきい，うまい」の頭文字をとったもの。

❺ あしやんいか

芦屋町

福岡県北部の響灘に面した芦屋町は，西日本屈指のイカの水揚げ量を誇る。中でも特産品であるヤリイカは「あしやんいか」と呼ばれ，美しい見た目と食感が人気だ。刺身はもちろんだが，天ぷらやバター焼きにしても美味しい。

ご当地アナウンサー 自慢の一品

RKB毎日放送
田中 みずき アナウンサー

北九州を代表する伝統料理『ぬかみそ炊き』［北九州市］

小倉の名物料理といえば，伝統の『ぬかみそ炊き』。地元では『じんだ煮』と言います。江戸後期，小倉藩主となった小笠原公が前任地の福井からぬか床を持ち込んだことで広まったといわれています。ぬか床を入れてイワシやサバを炊き込んだ発酵食品で，アミノ酸をはじめとするぬかみその複雑な旨みがからみ，青魚独特の臭みはありません。唐辛子や山椒の辛みも効いて，ご飯はもちろんお酒にも合います！『イワシのじんだ煮』は定番で，安定の美味しさです。大鍋で200匹ほどの魚を煮込んでいる調理場を取材した時は，圧巻の一言でした！じっくり長時間煮込むため，骨まで柔らか。栄養価も非常に高い小倉のじんだ煮，食べに来ちゃってん！

全国一の屋台文化が残る

食の宝庫 福岡

福岡市中心部には，名物の博多ラーメンをはじめ，さまざまな屋台が立ち並び，観光客や地元の人たちに親しまれている。また，アジアの玄関口として栄えてきた福岡には，当地発祥とされる料理も数多くある。

夕暮れ時になると，川沿いに並ぶ屋台に明かりがともり，街の雰囲気が一変する。ふらりと立ち寄れる気さくな雰囲気も魅力だ。

福岡の屋台文化

福岡の夜を彩る屋台は，全国にある屋台の約半数を占めるともいわれている。1945(昭和20)年頃に登場し，戦後復興の象徴として急速に普及したが，衛生面などの理由で全廃の危機に立たされた。その後，地元有志や行政の幾度にもわたる改善への努力が実を結び，今日に至っている。現在は，おもに中洲(❶)，天神(❷)，長浜(❸)の3エリアで約150軒にも及ぶ屋台が並び，さまざまな味を楽しめる。

博多ラーメン

全国に数あるご当地ラーメンの代表格。豚骨を煮出してとる白濁したスープに細ストレート麺，トッピングには紅ショウガと白ゴマが定番。

博多発祥のグルメ

もつ鍋

牛の内臓(モツ)をキャベツやニラと一緒に煮込んだ鍋料理。トウガラシやニンニクを効かせたスープは，醤油や味噌味が多い。〆《しめ》にちゃんぽん麺を入れる。

博多うどん

13世紀半ばに中国から製法が伝来したうどんは，日本では博多が発祥の地とされ，承天寺(❹)には「饂飩蕎麦発祥之碑」が立つ。やわらかな麺に昆布やいりこの出汁を薄口醤油で仕上げたつゆをかけ，ゴボウの天ぷらがのる。

辛子明太子

トウガラシや出汁を合わせた調味液にスケトウダラの卵を漬け込んだもので，1945(昭和20)年に「ふくや」が製造・販売を開始。バターやマヨネーズとも相性がよく，幅広い料理にアレンジできる。

水炊き

ぶつ切りにした鶏肉を野菜と煮込み，さっぱりとポン酢で味わう。鶏肉から出るコラーゲンがとけ込んだスープは，麺やご飯を入れて残さず味わおう。

写真提供：福岡市

絶品！ 玄界灘の海の幸

あぶってかも

スズメダイの塩焼きのことで，火を通してすぐ食べる(あぶってかむ)から，鴨肉に似た味だからなど，名前の由来は諸説ある。福岡では酒のつまみとして多くの居酒屋で提供している。

アラ(クエ)

全国的にはクエと呼ばれ，天然ものは漁獲が少なく“幻の魚”といわれる。脂がのった身は，フグよりおいしいと評する人も。ゼラチン質が豊富で，鍋物にするとトロリとした食感を楽しめる。

福岡みやげ

名菓ひよ子

ほっくりとした黄味あんが素朴な味わいの銘菓は，2012年に発売100年を迎えたロングセラー。愛らしい形は，2代目店主の夢枕にヒヨコが現れたことから生まれたものだ。

⑥ひよ子本舗吉野堂
☎ 092-541-8211

博多通りもん

バターや練乳を加えてしっとり仕上げた白あんをミルク風味の皮で包んだ和洋折衷のまんじゅう。「博多らしさを大切に」をモットーに，販売は博多を中心に福岡近郊のみ。

⑦明月堂
☎ 0120-158-127

ひとくち餃子

通常よりも小さい皮で作った餃子。鉄板や鉄鍋でカリッと焼き上げてあり，好みで柚子胡椒をつけて味わう。博多では中洲にある「宝雲亭(⑤)」が発祥の店とされる。

博多の食と文化の博物館 ⑧ハクハク

☎ 092-621-8989

辛子明太子を製造・販売する「ふくや」が運営するフードミュージアム。福岡の多彩な食文化を紹介するほか，オリジナルの明太子を作れる体験工房，明太子を使ったメニューを提供するカフェなどからなる。

カフェは明太子を使った限定メニューが充実。写真(上)は人気の明太子焼きもち

柳川

有明海の恵みと広大な筑後平野に抱かれた水郷で，柳川藩の城下町として栄えた。街の中を縦横に流れる「掘割」に緑が映え，赤煉瓦の並倉《なみくら》や白なまこ壁を見ながら「どんこ舟」での川下りを満喫しよう。

外堀と内堀の分岐点にある「1 並倉」は，川下り風物の一つ。

ウナギ料理

20軒以上の店が各店秘伝の焼き方や蒸し方，味付けで腕を競っている。ウナギ料理の中でも特に「せいろ蒸し」は柳川を代表する料理。

旬
天然：晩秋～初冬
養殖：夏

有明海の幸

遠浅の有明海では，ワタリガニ，クチゾコ，ムツゴロウ，ワラスボなどの個性的な魚介類がこの土地ならではの郷土料理になっている。また，特産品を加工した貝柱粕漬や甘露煮，板海苔，焼海苔などもある。

旬
8～10月

◀ワタリガニ

柳川では一般的に「ガネ」と呼ばれる。

▼イソギンチャクの唐揚げ

古くから食材として親しまれてきたイソギンチャクは，「ワケノシンノス」と呼ばれ，こりこりとした歯応えの珍味。

旬
通年

旬
夏～秋

◀ワラスボ

日本では有明海のみに生息する珍魚。干物や煮付けにして食べる。

2 柳川藩主立花邸 御花

☎0944-73-2189

立花伯爵が明治末期につくった「西洋館」「大広間」などの邸宅と松濤《しょうとう》園が当時のまま残り，伯爵家族の居室だった小部屋で柳川の郷土料理などが味わえる。

常緑の松の古木と岩，池のコントラストが素晴らしい「松濤園」。

明治43年に建てられた洋風迎賓館「西洋館」。贅を尽くしたインテリアに伯爵となった近代立花家の暮らしが偲ばれる。

旬
8月

ムツゴロウは有明海の定番。

旬
7～8月

クチゾコ(舌ビラメ)の唐揚げ。

名物として親しまれている「ウナギのせいろ蒸し」。

旬
11～2月

季節限定の鴨料理。

旬
6～7月

ドジョウの柳川鍋は江戸発祥の料理だが柳川市内でも人気がある。

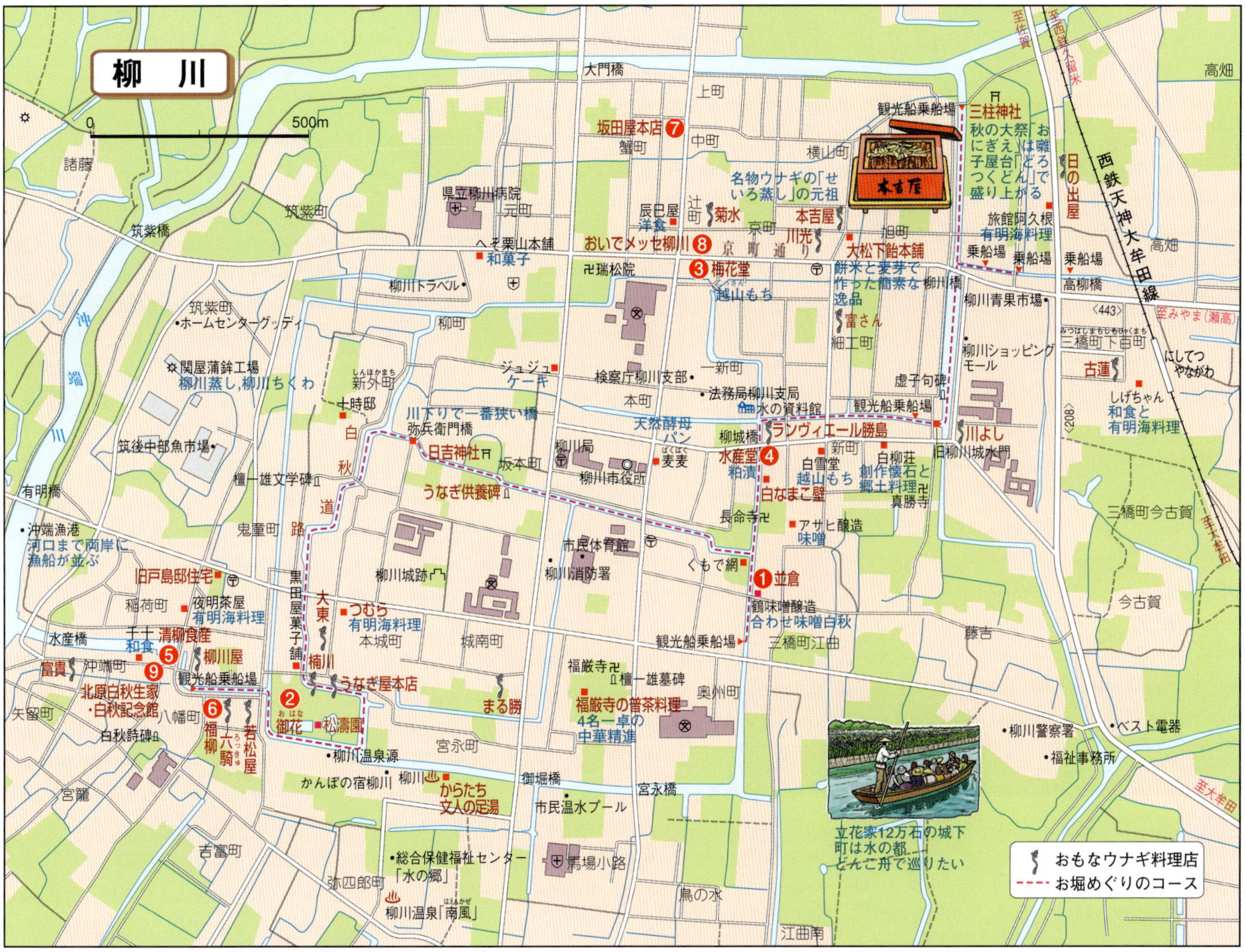

柳川ブランド認定品

柳川 よかばんも～

柳川ブランド推進協議会が，「よかばんも～」をキーワードに柳川の宝を探し，認定している。その一部を紹介しよう。

越山《こっさん》もち

3 梅花堂 越山
☎0944-72-2197
白あんを，もっちりとした柔らかな精製白玉で包んだ柳川銘菓。

貝柱粕漬・海茸《うみたけ》粕漬

4 水産堂
☎0944-73-5884
タイラギの貝柱やウミタケの粕漬けといえば柳川珍味。

柳川産のりネー酢《ず》

5 清柳食産
☎0944-72-9834
マヨネーズのように何にでも「塗る」万能調味料。

うなむす

6 福柳☎0944-72-2404
せいろ蒸しご飯にウナギとノリ，名物を一つにむすんだ逸品。

柳川きなこばんも～

7 坂田屋本店☎0944-72-2377
福岡県内で第一位の大豆の生産地の柳川が生んだ上品な甘さの菓子。

8 柳川アンテナショップ「おいでメッセ柳川」 ☎0944-72-9510

柳川ブランド認定品や柳川の農水産物を使った商品など，柳川にこだわった商品を取り揃えている。

北原白秋ゆかりの地

9 北原白秋生家・白秋記念館 ☎0944-72-6773

北原白秋の生家は，酒造業を営んでいたが，明治34年の沖端大火災で大半を焼失。昭和44年11月に復元され，著書や遺品などが展示されている。

白秋生家の外観

白秋生家の展示

〈写真提供〉柳川ブランド推進協議会，柳川市，柳川市観光協会，柳川藩主立花邸 御花

佐賀

県面積の3割を占める佐賀平野は米どころ，北には日本海，南には有明海があり，バラエティ豊かな魚介類がとれる。佐賀牛をはじめとする畜産も盛んだ。

食と旅の風景　有明海のノリ漁船（佐賀市・鹿島市）

オミヤゲ Select

7 丸ぼうろ

南蛮船とともに日本に伝えられたお菓子で，広く県民に親しまれている。

北島白山本店（佐賀市）
☎0952-26-4161

❶ 有明海料理

有明海沿岸

干満の差が大きく，海岸から最大6kmにもなる広大な干潟ができる。珍しい魚介類の宝庫で，ムツゴロウやワラスボ，クチゾコ，シオマネキなどは，その個性的な見た目からは想像できない美味しさだ。甘露煮や干物が定番。ガタ羽瀬漁や手押し網漁など，潮流の流れを利用した伝統的な漁法も行われている。

❷ 呼子《よぶこ》イカの活造り

唐津市

呼子近海は潮の流れが速く身のしまった甘いイカがとれる。注文後にいけすからすくって調理するため新鮮で，ほかのイカ刺しとは違うコリコリとした食感と甘みが特徴。これを目当てに県外から訪れる人も多い。

❸ 神埼そうめん

神埼市

「水の郷百選」にもなっている城原川の水と佐賀平野の小麦を使用。約370年前から親しまれている伝統の郷土料理だ。強いコシとのどごしの良さが特徴で，夏は冷やして，冬は温かいにゅうめんとして食べる。

❹ 須古寿司

白石町

白石町では，古くから祭りや祝い事があると須古寿司を振る舞ってきた。もともとは須古地区の領主におさめていた料理で，もち米と米を混ぜた酢飯を箱につめて，ムツゴロウやゴボウ，玉子などをのせる。

❺佐賀牛

県内各所

恵まれた自然の中でのびのびと育てられた佐賀牛は，柔らかい赤身の中にきめ細かいサシが入り，品質は全国でもトップクラス。ステーキはもちろん，しゃぶしゃぶにしても美味しい。

❻石割豆腐

神集島

唐津湾に浮かぶ神集島《かしわじま》の名産品。石にぶつけたら石が割れたといわれるほど硬く，海水で作る天然のにがりを加えるのでほんのり潮の香りがするのが特徴だ。島の冠婚葬祭には欠かせない。

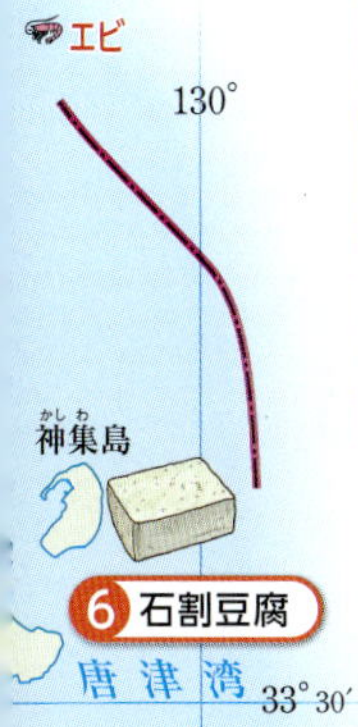

ご当地アナウンサー 自慢の一品

STSサガテレビ
木戸 優雅 アナウンサー

少年の心が生んだ港町の逸品

『竹崎カニ』［太良町］

太良町の「竹崎カニ」は有明海に生息するワタリガニの一種で最大30cmほど。約70年前までは，いつも他県に輸送され「名もないカニ」でした。しかし一人の少年が「地元でとれるカニだからここで売れば良いのに」と，大人になってカニ旅館をオープン。その際，「竹崎カニ」と名付け今も港町の食文化として親しまれています。タラバガニやズワイガニに比べ身は少ないですが，有明海を囲む山の上流からミネラル豊富な水が流れ込むため身は引き締まり甘味は別格。「焼き」「茹で」のほか，実は「揚げ」も美味なんです。そして締めは甲羅に味噌と卵を残し佐賀の地酒を注いで「甲羅酒」！
ぜひ，食べに来てくんしゃい！！

長崎

古くから外国との交流があり，異国のさまざまな文化をとり入れ，独自の食をつくりあげた。三方を海に囲まれ，全国2位の漁獲量を誇る。

食と旅の風景　対馬の漁火（対馬市）

オミヤゲ Select

5 かんざらし

島原の豊富な湧き水を生かした古くからある冷菓で，白玉団子の食感とほのかな甘味が絶妙だ。

玉乃舎（島原市）☎0957-68-5505

❶ 具雑煮

島原市

島原で正月などに食べられる鍋料理で，餅のほか鶏肉，ヤマイモ，ゴボウなどをすまし仕立てで煮込む。昔，島原の乱の大将であった天草四郎が山と海からさまざまな素材を集め，農民たちと一緒に作って食べたのがはじまりと言われている。

❷ 五島手延うどん

五島列島

日本三大うどんにも数えられる五島のうどんは，細麺でありながらコシが強く，手延べする時に椿油を使うため独特の食感がある。五島列島は遣唐使の寄港地であったため，麺をはじめ大陸の文化が根づいた。

③ 卓袱《しっぽく》料理

全県

刺身や天ぷら，豚の角煮，吸い物などが並んだ円卓を囲み，分け隔てなく食事を楽しむ長崎伝統の食事スタイルで，和洋中の贅沢な味を堪能できる。「卓」はテーブル，「袱」はテーブルクロスのことだ。

④ 佐世保バーガー

佐世保市

戦後，佐世保のアメリカ海軍から伝わったハンバーガーで，定義は「地元の食材を使い，注文を受けてから作る」こと。卵やチーズ，ベーコンなどが基本の具材で，作りたてを豪快に頬張るのが佐世保流だ。

ご当地アナウンサー 自慢の一品

NIB長崎国際テレビ
『あさじげZ』MC
古本 史子さん

異国情緒あふれる？

『トルコライス』と『イギリス』

［長崎市・島原半島］

鎖国時代，日本で唯一海外に門戸を開き，異国の人々や文化を受け入れた長崎。ここには今も“異国”を感じさせる名前の料理があります。私が紹介したいのは「トルコライス」。ピラフ，スパゲティナポリタン，トンカツが一皿に盛られた，ボリューム満点の“大人のお子さまランチ”なんです。名前や由来には諸説ありますが，長崎では洋食の定番メニューになっています。ほかにも，島原半島には「イギリス」が？「イギス」という海藻を使った練り物で，「イギス」がなまって「イギリス」になったとか。ハイカラな名の料理を，一度食べに来んね～！

異国文化が香る長崎

アジア，さらにオランダやポルトガルなどヨーロッパから，新しい食材やレシピが長崎に伝わり，日本の食文化に大きな影響を与えた。当時は珍しかった南蛮渡来の食は，今や誰もが食べる郷土料理として親しまれている。

旧自由亭 喫茶室

❶ グラバー園

095-822-8223

スコットランド出身の貿易商トーマス・B・グラバーの旧宅で，1863（文久３）年に建てられた日本初の木造洋風建築。敷地内には日本人の料理人が初めて開いた西洋料理店「自由亭」が移築されており，オランダ人が抽出法を考案したダッチコーヒー（水出しコーヒー）を味わえる。

❷ 長崎新地中華街

江戸時代に交易のため中国から渡ってきた華僑によって形成され，横浜・神戸とともに日本三大中華街に数えられる。入り口に立つ門は，長崎市の姉妹都市である福州市から材料を取り寄せて造られた。

▲ 長崎ちゃんぽん

豚骨ベースのスープに太めの麺，野菜や肉などがたっぷり入ったボリューム満点の麺料理。明治時代半ば，中国料理店「四海楼」の初代店主が，中国人留学生に安くて栄養のあるものを食べさせたいと考案したのが始まりとされる。

▲ 長崎皿うどん

長崎ちゃんぽんから生まれた料理。具はちゃんぽんとほぼ同じだが，片栗粉でとろみをつけて麺の上にかけてある。細麺を油で揚げたものと，ちゃんぽんの麺を炒めたものがある。

店舗２階の「ちゃんぽんミュージアム」には，出前に使われていた蓋付きちゃんぽんなどを展示する

❸ 中華料理 四海楼
095-822-1296

❹ オランダ坂

かつて長崎では，ヨーロッパ人は国を問わず「オランダさん」と呼んでおり，居留地があった東山手地区にあるこの坂道を外国人がよく通ったことから名付けられた。

▲ カステラ

16世紀半ば，ポルトガル人がスペインのカスティーリャ王国の菓子として日本に伝えたものが「かすていら」と呼ばれたことがカステラの語源とされる。創業1624（寛永元）年の「福砂屋」が，当時の味を今に伝える。

❺ 福砂屋 長崎本店　095-821-2938

▼ 桃カステラ

ヨーロッパ伝来のカステラに中国で縁起がよいとされるモモを砂糖であしらった，長崎ならではのお菓子。桃の節句など，祝いの品として用いられる。❻ 白水堂 思案橋本店
095-826-0145

▲ ミルクセーキ

創業以来90年以上もの間“長崎の味”として親しまれる老舗のミルクセーキ。全卵に練乳，砂糖を加えてよく混ぜ，隠し味にレモン汁をプラス。さらにかき氷を加え，練るように混ぜれば完成だ。

❽ ツル茶ん
095-824-2679

◀ 中華菓子

シンプルで素朴な味わいの中華菓子は，日本で暮らす華僑が故郷・中国を懐かしんで作ったもの。小麦粉で練った生地をねじって油で揚げた「麻花兒《マファール》（通称よりより）」が代表的。

❼ 蘇州林 長崎唐菓子店　095-825-6781

長崎街道シュガーロード

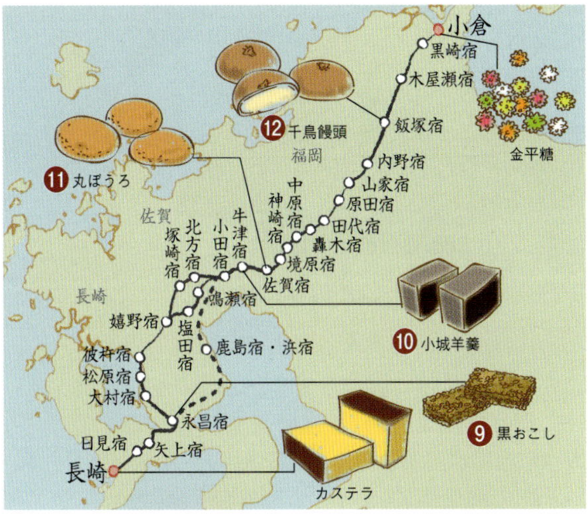

長崎市から佐賀県を経由して福岡県小倉を結ぶ長崎街道。九州の大名が参勤交代で往来したほか，海外との交易で出島に荷揚げされた品も，この街道を通って京や江戸へ運ばれた。長崎街道は別名「シュガーロード」とも呼ばれ，街道筋の宿場町に砂糖とそれを用いたレシピが伝わり，次第にその土地独自の菓子として定着した。

⑨ 黒おこし

日本の米と西洋の砂糖が融合したおこし。「菓秀庵 森長」の黒おこしは，うるち米に水あめと黒砂糖を絡め，やさしい甘みが口に広がる。

菓秀苑 森長 八坂町本店
☎ 0957-22-4337

⑩ 小城羊羹

長崎街道沿いにある佐賀県小城に伝わった砂糖は，ようかんとして地元の銘菓に。日が経つと表面に浮き出る砂糖のシャリシャリとした食感が特徴。

村岡総本舗 ☎ 0952-72-2131

⑪ 丸ぼうろ

外は香ばしく，中はふんわりとした口当たりの焼き菓子。ポルトガルから伝わったとされ，佐賀では御用菓子として佐賀藩主に献上されてきた。

北島 白山本店
☎ 0952-26-4161

⑫ 千鳥饅頭

南蛮渡来の菓子，カステラや丸ぼうろをヒントに生まれた饅頭は，なめらかな白あんをカステラ風の生地で包んだもので，しっとりとした口当たり。

千鳥屋 新天町 福岡本店
☎ 092-751-9084

金平糖《こんぺいとう》

ポルトガル人によって織田信長に献上されたと伝わる砂糖菓子。砂糖水を大釜で根気よく煮詰めて作り，大きなものは10日以上かけて作られる。

熊本

阿蘇の雄大な自然は豊かな水と多彩な食材を生んだ。宝の海とも呼ばれる天草諸島周辺の海，島原湾や八代海ではマダイやノリなどの養殖が盛んだ。

食と旅の風景 天草の干しダコ（上天草市）

❶ 馬肉料理

全県

熊本は馬肉の生産量日本一。低脂肪，低カロリー，高タンパクの馬肉は江戸時代には薬膳でもあった。定番のバラやロースのほか，コウネやフタエゴ，タンなど，なかなか県外には出回らない希少部位も絶品だ。刺身だけでなく，カレーやコロッケなどにもする。広く家庭で食べられている料理だ。

オミヤゲ Select

❻ いきなり団子

輪切りのサツマイモとあんを包んで蒸したお菓子。「いきなり」は簡単や手軽という意味の方言だ。

長寿庵春日店（熊本市）
☎096-354-2278

❷ からしれんこん

全県

茹でたレンコンの穴に辛子味噌を詰め，衣をつけて揚げた熊本名物。肥後細川藩の藩主であった細川忠利が栄養食として食べたのがはじまりで，最近はサンドイッチやハンバーガーにはさむ食べ方も登場している。

❸ 太平燕《タイピーエン》

熊本市

明治時代に中国から伝わってきた鶏ガラの春雨スープ。豚肉や魚介類，白菜，揚げ玉子などが入り，給食にも出されるポピュラーな食べ物だ。近年は，低カロリーで健康に良い料理として人気がある。

④高森田楽

高森町

高森特産の鶴の子イモ，ヤマメ，こんにゃくなどを串に刺し，田楽味噌を塗って炭火で焼く。囲炉裏の炭を囲うように串を立て，焦げ目がついたら，じっくりと熟成させた三年味噌を塗り，さらにこんがりと焼き上げる。

⑤高菜めし

阿蘇市

阿蘇高菜の漬物を，みじん切りにして油で炒め，ご飯と混ぜる。寒暖の差が大きい阿蘇の高原で育った高菜は，茎が細く歯ごたえがあるのが特徴で，5日ほど漬け込んだ「新漬け」と半年ほど漬け込む「古漬け」がある。

ご当地アナウンサー 自慢の一品

TKUテレビ熊本
後藤 祐太 アナウンサー

香りと食感がくせになる！
『ひともじのぐるぐる』［熊本市］

キュッと締めた『ひともじ』に歯を当てると，今にも弾けそうな弾力。付けた酢味噌の風味と，その後にほのかに広がるネギの甘味や辛み。何と言ってもコリコリッという触感がくせになる『ひともじのぐるぐる』は馬刺しやからしれんこんと並ぶ熊本の郷土料理だ。『ひともじ』とは分葱（わけぎ）のことで，生えている形が『人』の文字に似ていることや，昔は『葱』を『き』と一文字で読んでいたことからその名がついたと言われている。豊かな香りとくせになる触感。シンプルだが，たくさんの魅力が詰まった一品をグルグル巻き込んで，ぜひ食べてハイヨ！

大分

北は瀬戸内海，南は豊後水道に接し，関アジ・関サバをはじめ豊富な魚介類がとれる。カボスやポンカンなどの柑橘類の栽培も盛んだ。

❸ 関アジ・関サバ

大分市

大分市の東端，佐賀関沖で一本釣りされたアジとサバは，関アジ・関サバのブランドとして全国に出荷されている。水温が低く，流れが速い速水瀬戸で育った魚は，身がしまり，大ぶりで脂がのって美味しい。

食と旅の風景 関アジ・関サバ漁（速水瀬戸）

❶ ブリのあつめし

佐伯市

醤油だれにつけたブリの刺身を，温かいご飯の上にのせ，お茶や出汁をかけて食べる。サバやアジでも作られる。漁師たちがブリをたれにつけて保存したのがはじまりといわれ，沖縄から伝わったという伝承から県北部では「りゅうきゅう」とも呼ばれる。

オミヤゲ Select

❻ ぷりんどら

ふんわりとしたどら焼きの間にプリンが挟まった，湯布院の創作菓子。

お菓子の菊家（由布市）

☎097-583-3200

❷ ごまだしうどん

佐伯市

「ごまだし」とは，焼いた白身魚の身をほぐし，すり合わせたゴマや醤油を混ぜて作った調味料。そのごまだしをゆでたうどんにのせ，上からお湯をかけて食べる。魚の出汁がきいた漁師町ならではの即席料理だ。

❹城下《しろした》かれい

日出町

日出城址前に広がる別府湾でとれるため城下かれいという。この付近では海底から真水が湧き，美味しいマコガレイが釣れることで知られ，江戸時代には一般には食べることのできない将軍家への献上品だった。

❺だんご汁

全県

県内で広く食べられている，大分を代表する家庭の味だ。塩水を加えてこねた小麦粉を平たく伸ばしただんごは「ほうちょう」とも呼ばれ，もちもちとした歯触り。ゴボウやニンジン，サトイモ，豚肉などと味噌で煮込んで作る。

ご当地リポーター 自慢の一品

OAB大分朝日放送
「れじゃぐる」
リポーター **きど ゆういち** さん

『とり天』が好きで ケッコー！コケコッコー！［全県］

大分県民は鶏肉がしんけん好き！大分県の鶏肉の消費量は日本でトップクラスになったこともあります。から揚げはもちろん，代表的な郷土料理の一つに「とり天」があります。文字通り，鶏肉の天ぷらで，胸肉，もも肉に衣をつけてカラッと揚げます。できたてを酢醤油かポン酢につけ，辛子を添えていただくと，ふっくらサクサク，ジューシー。さっぱりとした味が絶品です。どのお店に行っても，「とり天定食」は定番メニュー。旅行客にはおみやげとして「とり天せんべい」も人気です。元気な大分に，みんな来ちょくれー！

宮崎

太平洋に面した長い海岸線があり，カンパチの養殖やカツオの一本釣り，遠洋漁業が盛んだ。黒潮がもたらす温暖な気候を利用した農作物も多く作られ，畜産業も発展している。

食と旅の風景 完熟マンゴー 太陽のタマゴ（西都市）

❶冷や汁
全県

アジやイワシなどのすり身に味噌と麦味噌，ゴマをすり鉢で混ぜ合わせ，火であぶって焼き味噌を作る。それを冷やした出汁で溶き，薬味を加えて温かいご飯にかけて食べる宮崎を代表する郷土料理だ。鎌倉時代の記録にも残っており，暑い宮崎の夏には欠かせない。

❷肉巻きおにぎり
全県

たれにつけ込んだ豚のもも肉でご飯を包み，こんがりと焼き上げる。もともとは居酒屋のまかないとして出されていたメニューで，香ばしい醤油だれが食欲をそそる。酒のシメにもぴったりだ。

❸飫肥《おび》天
日南市

日南市飫肥地区に江戸時代から伝わる郷土料理で，トビウオやシイラ，イワシなどのすり身に豆腐，黒砂糖，味噌を混ぜ合わせて油で揚げたもの。甘みが強いのも，日南ならではの味付けだ。

❹チキン南蛮
延岡市

全国的にも知られるチキン南蛮は，延岡市が発祥だ。鶏肉に衣をつけて揚げ，甘酢につけてからタルタルソースをかけて食べる。「南蛮」の名は，魚の南蛮漬けがもとになっているためと言われている。

❺日《ひゅう》向《が》夏《なつ》
日向市

宮崎県を代表する柑橘類で，さわやかな香りと酸味が特徴だ。白い皮には甘みがあるため，果肉と一緒に食べると美味しい。もともとは種の多い果物であったが，最近では「種無し」も多く作られている。

ご当地アナウンサー 自慢の一品

MRT宮崎放送
加藤 沙知アナウンサー

『宮崎キャビア 1983』とチョウザメ料理［宮崎市］

その名にある“1983”とは，宮崎県の水産試験場で，チョウザメの養殖研究が始まった年のこと。研究は苦難の連続で，稚魚の生産はゼロに等しい年もあったほどです。しかし努力は実り，大量生産に成功！研究開始から30年を経て，ついに宮崎産のキャビアが完成しました。そんな本格熟成キャビアの味は，濃厚でクリーミー。外国産の物と比べ，塩分が約半分にまで抑えられています。また宮崎県内では，チョウザメ料理も提供されています。認知症予防に効果があると言われる，カルノシンが豊富な白身の魚は，食材としても魅力たっぷりです！

❻レタス巻き

宮崎市

レタスとエビ，マヨネーズの入った巻き寿司は，宮崎が発祥の地。寿司とマヨネーズという以前にはなかった組み合わせ，シャキシャキとしたレタスとエビの食感が人気になり，全国的に広まった。

❼カツオ

日南市

日南市は，カツオの一本釣りの水揚げ量が日本一。黒潮にのって戻ってくる2月から3月に，全国に先駆けて漁が行われる。近海でとれるカツオは新鮮で，宮崎では刺身にして食べることが多い。

オミヤゲSelect

❽なんじゃこら大福

あんの中にイチゴと栗，クリームチーズが入ったインパクトのある大福。

お菓子の日高　本店（宮崎市）
☎0985-25-5300

うま味たっぷり

南九州 肉の旅

豚や鶏，肉牛の飼育・生産が盛んな南九州。冬も温暖な気候と，飼料用の作物の栽培に適したミネラル豊富なシラス台地が良質な肉を生み出している。各県を代表するブランド肉は，その土地で親しまれている料理で味わうのが一番だ。

みやざき地頭鶏

炭火焼

ほどよい歯ごたえとコクがある肉質は，宮崎県の名物グルメにぴったり。火力の強い炭火でダイナミックに焼き上げ，味付けは塩とコショウでシンプルに。網焼きで余分な脂を落とし，炭火の香りをまとった肉は，かみしめるたびに旨みがあふれ出す。

宮崎牛

ステーキ

細かなサシが均等に入った美しい肉は，やわらかでジューシー。ステーキにする場合は，中まで火を通さずに焼き上げるのがポイント。鉄板の熱で溶ける脂から立ち上がる香り，肉本来の甘みと豊かな風味を楽しむことができる。

天草大王

鳥すき

濃厚な味わいの天草大王は，鶏皮に多く含まれているコラーゲンがたっぷりとれる鍋料理がおすすめ。肉にはほどよい弾力があり，食べごたえがある。熊本県内では，すき焼きで味わうのが定番だ。

かごしま黒豚

しゃぶしゃぶ

しゃぶしゃぶといえば牛肉をイメージするが，鹿児島県では黒豚のロースやバラ肉を使うのが定番。やわらかな赤身はもちろん，脂肪部分もほのかな甘みがあり，味わい深い。脂は一般的な豚肉よりも低い温度で溶けるので，スープにさっとくぐらせる程度にしよう。肉や脂の旨みがたっぷり溶け出したスープは，ラーメンにして最後まで味わおう。

写真提供：熊本県，九州旅ネット，みやざきブランド推進本部，鹿児島県肉用牛振興協議会

天草大王

熊本県天草地方を中心に飼育され，大きく堂々とした体格が名前の由来。昭和初期に一度絶滅してしまったが，中国が原産とされるランシャン種から2001(平成13)年に復元に成功した。地鶏肉のJAS規格認定を受けており，肉質は適度な弾力があり食べやすい。

おいしさの決め手はここに注目！

牛肉は，日本食肉格付協会が定める格付けによって等級が分けられている。基準となるのは，１頭の牛からとれる肉の量「歩留《ぶど》まり」と，脂肪の入り方や色味，肉の締まり方やきめの細かさなどからなる「肉質等級」だ。歩留まりはＡ～Ｃの３段階，肉質は５段階あり，これを組み合わせて表示される。

●歩留まり
高い　標準　低い
Ａ → Ｂ → Ｃ

●肉質等級
高い → 標準 → 低い
５　４　３　２　１

歩留等級	肉質等級				
	5	4	3	2	1
A	A-5	A-4	A-3	A-2	A-1
B	B-5	B-4	B-3	B-2	B-1
C	C-5	C-4	C-3	C-2	C-1

九州南部
道の駅
上天草さんぱーる
天草大王や天草梅肉ポークを使ったさまざまな料理を味わえる。
長崎
橘湾
長崎
島原湾
熊本
くまもと
阿蘇山 1592
がまだせ市場
JA高千穂直営。高千穂牛の精肉を購入できるほか，料理も楽しめる。
高千穂
九州山地
大分
熊本
チキン南蛮発祥
延岡
天草
上島
下島
天草諸島
八代
しんやつしろ
八代海
日向
宮崎
日向灘
太平洋
長島
水俣
しんみなまた
人吉
出水
いずみ
阿久根
伊佐
沖田黒豚牧場
道の駅えびの
宮崎牛の精肉を販売。
西都
小林
1700
霧島山
地鶏炭火焼き発祥
甑《こしき》島《しま》列島
薩摩川内
せんだい
鹿児島
宮崎
いちき串木野
霧島
都城
桜島
1117
御岳
かごしまちゅうおう
鹿児島
薩摩半島
日南
道の駅すえよし
黒豚，黒毛和牛のしゃぶしゃぶやステーキなどが味わえる。
志布志
南九州
枕崎
鹿屋
大隅半島
道の駅
おおすみ弥五郎伝説の里
黒豚のしゃぶしゃぶ，すき焼き，焼肉などが味わえる。
指宿
道の駅根占
最南豚のレトルトセットなどを販売。
佐多岬

みやざき地頭鶏《じとっこ》

そのおいしさから，地頭に献上されていたことが名前の由来とされる地鶏「地頭鶏」をベースに交配を重ね誕生。鶏にストレスを与えないように，１㎡あたり２羽，飼育期間中は平飼《ひらがい》を基本としており，４～５カ月かけてじっくり育てている。

宮崎牛

鹿児島県に次いで，黒毛和牛の生産では全国２位の宮崎県。宮崎牛は，県内で生産され，日本食肉格付協会の基準で肉質等級が４等級以上の黒毛和牛だ。大相撲の千秋楽で，優勝力士に宮崎牛１頭分が贈呈されることでも有名。

かごしま黒豚

鹿児島では江戸時代から薩摩藩主・島津氏のもと，養豚が行われていた歴史をもち，現代においては飼育頭数・生産量とも日本一を誇る。かごしま黒豚は，イギリス原産のバークシャー種と琉球豚を品種改良したもので，サツマイモを加えた飼料で飼育されている。

© (株)沖田黒豚牧場

鹿児島黒牛

黒毛和牛飼育数日本一，全国シェア20％を誇る鹿児島県。鹿児島黒牛は，在来種である羽島，加世田，種子島牛などと兵庫や鳥取の和牛を交配させて誕生した。美しいサシが入った肉はきめが細かく，コクのある味わいが特徴。質のよさは海外でも高評価で，輸出も増えている。

鹿児島

太平洋と東シナ海に囲まれ，豊富な海の幸に加え，シラス台地では黒豚や黒牛などの畜産，サツマイモをはじめとする農業も盛んだ。

食と旅の風景　黒酢の壺造りと桜島（霧島市）

❸ 鶏飯《けいはん》

奄美市

蒸した鶏肉のササミをほぐし，シイタケ，錦糸玉子，ネギ，ノリなどをご飯にのせ，鶏ガラスープをかけて食べる奄美を代表する料理。昔，統治していた薩摩藩の役人がきた時に，もてなし料理として出されたのがはじまりといわれる。

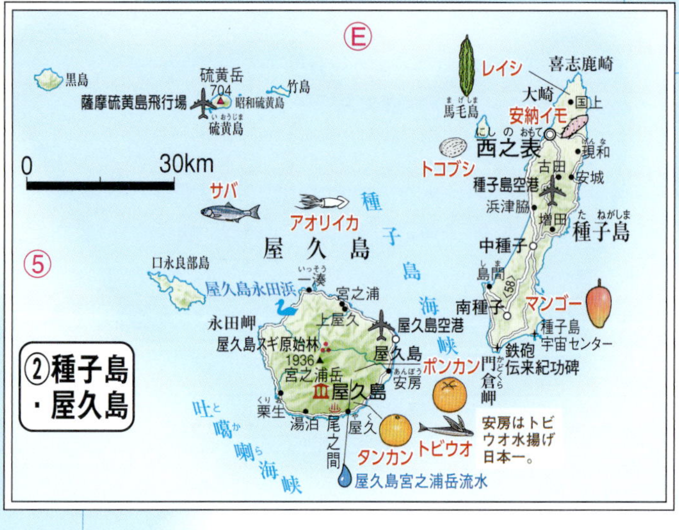

❶ キビナゴ料理

全県

キビナゴはニシン科の小魚で，年間を通して食べられるが夏が旬。背の中央に美しい帯模様があり，方言で帯（キビ）小魚（ナゴ）と呼ぶようになったと言われている。刺身のほか，天ぷらや塩焼きも美味しい。

❷ つけあげ

全県

トビウオ，イワシ，サバなど旬の魚のすり身に酒を混ぜ，油で揚げたもので，県外では「さつまあげ」の名で知られている。古くから交流のあった沖縄の揚げ物「チキアーゲ」がなまりこう呼ばれるようになったという説もある。

オミヤゲSelect

6 軽羹《かるかん》

自然薯と米の粉を混ぜて蒸したお菓子で，江戸時代にシラス台地で自生していたヤマイモを原料につくられたとされる。

明石屋本店（鹿児島市）
099-226-0431

4 豚骨

鹿児島市

ブツ切りにした豚の骨付き肉を炒め，芋焼酎，黒砂糖，味噌で味付けして煮込む郷土料理で，濃厚でこってりとした味わいが特徴。昔，薩摩武士が戦場や狩場で作ったのがはじまりとされている。鹿児島では，戦国時代から豚を飼っていた記録がある。

5 ウツボ料理

南大隅町

大きい口と鋭い歯を持つウツボは水温の高い海に生息する魚で，南大隅町ではキダカと呼ばれ親しまれている。そのグロテスクな見た目に反してコラーゲンが多く，上品な味わいが人気だ。

ご当地アナウンサー 自慢の一品

MBC南日本放送
采野 吉洋 アナウンサー

スイーツのような食感が絶品！
『紅はるかの焼き芋』［垂水市］

鹿児島といえば「サツマイモ」は定番ですが，オススメする紅はるかの焼き芋は，ただの焼き芋ではありません。そのねっとりした食感，甘味はもはやスイーツ。蜜が多く，やわらかいのでスプーンでいただく人もいます。垂水市の高隈山に近い大野原地区では，高地の冬の寒さを利用して，つるをつけたままイモを寒にさらす「つらさげいも」が行われています。霜から守りながら外干しを繰り返す手間をかけることで甘味がぐっと増すのです。番組のリスナーの生産者の方に教わったこの焼き芋，一度冷凍した後，半解凍すると，今度はアイスのようにも楽しめますよ。

宮下商店 0994-32-6321 ［つらさげいもは期間・数量限定］

沖縄

琉球独自の食文化に加え，古くから交流がある中国や日本本土，アメリカの食の影響を強く受けてきた。サトウキビやパイナップルなど，南国ならではの作物も豊富だ。

食と旅の風景 古宇利大橋とサトウキビ畑（今帰仁村）

❶ゴーヤーチャンプルー

全県

「チャンプルー」とは，混ぜこぜにするという意味。沖縄の島豆腐と旬の野菜の炒め物だが，ビタミン豊富なゴーヤー（ニガウリ）を使ったものが代表的。夏バテにも効果的で，沖縄の夏には欠かせない料理だ。

❷フーチバージューシー

全県

沖縄では雑炊や炊き込みご飯のことを「ジューシー」と呼ぶ。カツオ出汁で炊いたご飯にフーチバー（ニシヨモギ）を混ぜ合わせる。フーチバーは，香りがよくて苦みが少なく，古くから薬草として使われてきた。

❸クーブイリチー

全県

イリチーとは豚の出汁を使った炒め煮のことで，豚肉とクーブ（昆布），ニンジンなどの野菜を使って作られる。かつて中継貿易で栄えた琉球には蝦夷地からの昆布が運ばれた。今でも沖縄は昆布の消費量が多い。

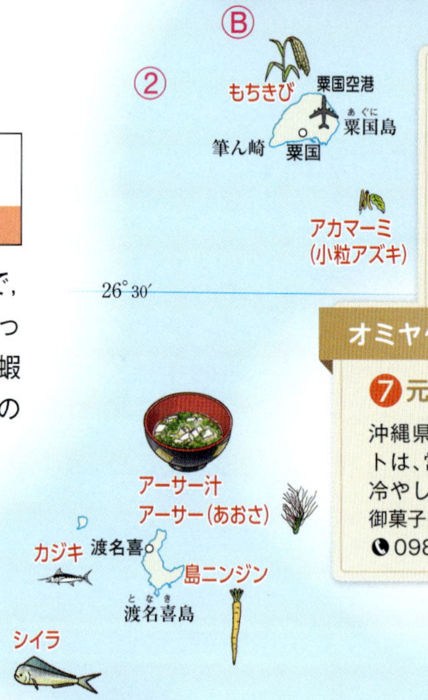

オミヤゲ Select

❼元祖 紅いもタルト

沖縄県産の紅イモを使ったタルトは、常温はもちろん、温めても冷やしても美味しい。

御菓子御殿 読谷本店（読谷村）

☎098-958-7333

❹ヒージャー汁

全県

ヒージャーとは沖縄の方言でヤギのこと。ハレの日に食べる料理で，ヤギの肉を骨付きのままぶつ切りにして泡盛を入れて強火で煮込む。独特の臭みがあるので，ヨモギやショウガを添える。

ご当地アナウンサー 自慢の一品

RBC琉球放送

狩俣 倫太郎 アナウンサー

沖縄料理には，汁物のバリエーションが数多くあります。中身汁，ソーキ汁，ヤギ汁，アヒル汁，いかすみ汁など，挙げるときりがないくらい。その中でもおすすめなのが，沖縄本島中部に提供店が集中している「骨汁」。もともと豚肉をよく食する沖縄文化の中でも，特にシンプルで味わい深い一品。微妙に肉が付いた豚肉の出汁骨を，さらに煮込んでお汁にします。骨以外の具材はほとんど使わないのが主流ですが，お店によっては豆腐や葉野菜を入れることもあります。食べるときには骨を「すっぷり（しゃぶり）」ながらお召し上がりください。じふぃうさがいがめんそーり（ぜひ，食べに来てください）！

豚肉を使ったシンプルかつ豪快な逸品！『骨汁』［沖縄本島 中部］

❺ナーベラーンブシー

全県

「ンブシー」とは，味噌煮のことで沖縄の代表的な調理法の一つ。豆腐や野菜，豚肉などと一緒にナーベラー（ヘチマ）を入れて味噌で煮込む。ナーベラーはゴーヤーと並び称される，沖縄の夏野菜だ。

❻八重山かまぼこ

八重山地方

アオブダイなど八重山列島近海でとれる新鮮な白身魚のすり身を揚げたもので，そのまま食べる以外にも，炒め物やおでんなどさまざまな沖縄料理に使われている。祝いの席でも出される島を代表する味の一つだ。

沖縄の文化が集う
那覇

古くから中国をはじめとするアジア諸国と交流があり，江戸時代には薩摩藩を介して本土の食材がもたらされた沖縄。豊かな自然に育まれた島の食材と融合した食文化は，地元の言葉で「ぬちぐすい（命の薬）」と呼ばれるほど滋《じ》味《み》深い。

琉球王国の政治・文化の中心を担ってきた首里城は，2000年に世界遺産に登録された。写真は首里城公園内に立つ正殿

豚肉料理

「豚に始まり，豚に終わる」といわれるほど，多彩な豚肉料理がある沖縄。それらは中国からの使者をもてなす料理として発展し，今日では沖縄料理の代表格となっている。

ラフテー

豚の三枚肉を砂糖と醤油で甘辛く煮込んだもの。皮付き肉と泡盛を使うのが特徴。

沖縄そば

太めの麺にカツオなどからとった和風の出汁を合わせたもの。トッピングには豚のあばら肉（ソーキ）を煮込んだものを使う場合もある。

テビチ

豚足を昆布や野菜と煮込んだもので，ラフテーと並ぶ沖縄の人気豚肉料理。皮にはコラーゲンがたっぷり含まれている。

ミミガー

コリコリとした食感が特徴の豚の耳を使用。酢の物やピーナッツ味噌であえてある。

ブランド肉

島豚（アグー）

古くから沖縄地方で飼育されてきた黒色の小型の豚。肉はやわらかで，脂身には甘みがある。

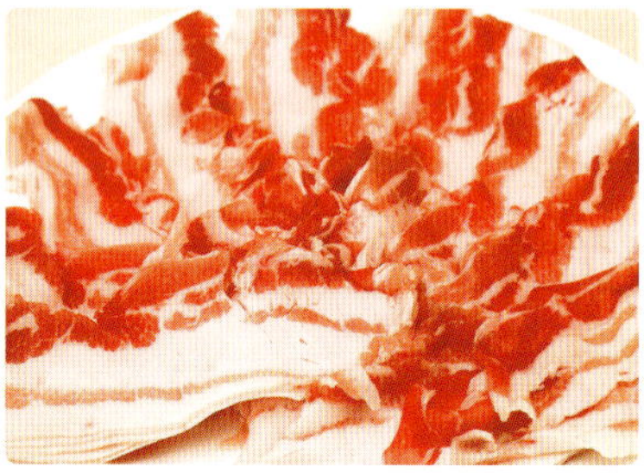

豆腐料理

「豆腐の島」と呼ばれる沖縄には，炒め物にも使える「島豆腐」や，やわらかな「ゆし豆腐」などがある。

ジーマーミ豆腐

大豆の代わりにジーマーミ（落花生）の絞り汁を使い，芋くずで固めたもの。もっちりとした食感。

豆腐よう

島豆腐を紅麹と泡盛で発酵させたもので，琉球王国時代に中国から伝わったとされる。ウニのような風味で，口当たりはチーズに似ている。

魚料理

市場に並ぶ赤や青色をした魚は，亜熱帯ならでは。あっさりとした味わいの白身魚が多い。

スクガラス

アイゴの稚魚を塩漬けにした保存食。島豆腐にのせて食べる「スク豆腐」が一般的。

イラブチャー
（アオブダイ）

鮮やかな青色の体が特徴の白身魚。刺身やマース（塩）で煮て食べる。

グルクン
（タカサゴ）

通常は青緑色だが水揚げされると赤味を帯びる白身魚。唐揚げで食べることが多い。

1 島唄と地料理とぅばらーま ☎098-862-3124

宮廷料理

中国や東南アジア，日本の薩摩藩との交易により琉球王国に伝わったレシピや食材を取り入れた料理も見られる。

東道盆《とぅんだーぶん》

琉球王国では祝いの席など，客人をもてなす際に用いられた。漆塗りの器に花イカやタイモなどが彩りよく詰められている。

写真提供：沖縄観光コンベンションビューロー

素朴な甘さが魅力 琉球スイーツ

サーターアンダギー
小麦粉で作った生地を油で揚げたもので，砂糖や黒糖がたっぷり入り甘味が強い。祝いの席で用いられるほか，おやつ代わりに各家庭でもよく作られる。

ちんすこう
琉球王国時代から食べられていた伝統菓子。小麦粉に砂糖とラードを加え焼き上げてあり，沖縄みやげの定番として人気。

冬瓜漬《とうがんづけ》
中国から伝来し，琉球王朝時代には客人をもてなす饗応《きょうおう》料理に使われた歴史をもつ。冬瓜を砂糖だけで煮詰めたもので，現在も手作業で丁寧に作られている。

❷ 謝花きっぱん店 ☎ 098-867-3687

活気あふれる"まちぐゎー"へ！
❸ 第一《だいいち》牧志《まきし》公設《こうせつ》市場《いちば》
☎ 098-867-6560

「まちぐゎー」とは沖縄の言葉で"市場"のこと。那覇市内にある第一牧志公設市場は，100以上の店舗が並び，地元の人や観光客でいつも賑わっている。豚足や色鮮やかな魚など，沖縄らしい食材も豊富で，見て歩くだけでも楽しい。

熟成で旨みを引き出す 泡盛（古酒）
沖縄の地酒・泡盛は，米を主原料にした蒸留酒。蒸留製法は東南アジア(タイ)から伝わったとされ，江戸時代には幕府にも献上されていた。泡盛を瓶などに入れて3年以上熟成させたものを古酒と呼び，色・香り・味わいともに深みを増す。

1887(明治20)年創業の「瑞泉《ずいせん》酒造」は，首里城内に湧く泉「瑞泉」が名前の由来だ

❹ 瑞泉酒造
☎ 098-884-1968

駐留米軍がもたらした アメリカンフード

タコライス
メキシコ料理タコスを日本風にアレンジしたもので，スパイシーな挽き肉炒めとレタスやトマトをご飯にのせたもの。

ステーキ
戦後沖縄に駐留した米軍がもたらした食文化の一つ。本土復帰後は，輸入牛肉の関税が低く抑えられたため，広く普及した。

❺ ジャッキーステーキハウス ☎ 098-868-2408（予約不可）

ハンバーガー
本土復帰前の1963(昭和38)年に創業したA&W沖縄の人気メニュー。野菜たっぷりでボリューム満点だ。

ルートビア
1919(大正8)年にアメリカで誕生したノンアルコールドリンク。約14種類のハーブが入っている。

❻ A&W ☎ 098-943-2106（国際通り牧志店）

ブルーシールアイスクリーム
沖縄を代表するアイスクリームブランド。県産素材を使用したオキナワンフレーバーをはじめ，常時30種類の味が揃う。

❼ ブルーシールアイスクリーム
☎ 098-866-5850（パレットくもじ店）

日本の四季と行事食

日本人の生活の中には，古くから行事や季節ごとの祀り事がある。農作物の収穫への感謝の気持ちや，魔除けとしての行事食は，季節の風物詩の一つにもなっている。

正月
栗きんとん＝黄金色の財宝，黒豆＝まめに働く，カズノコ＝子孫繁栄，エビ＝腰が曲がるまで長生きなど，それぞれに意味が込められている。

上巳の節句［桃の節句］
ちらし寿司は，沢山の具を混ぜ込むことから，食べ物に困らないようにと願いが込められている。

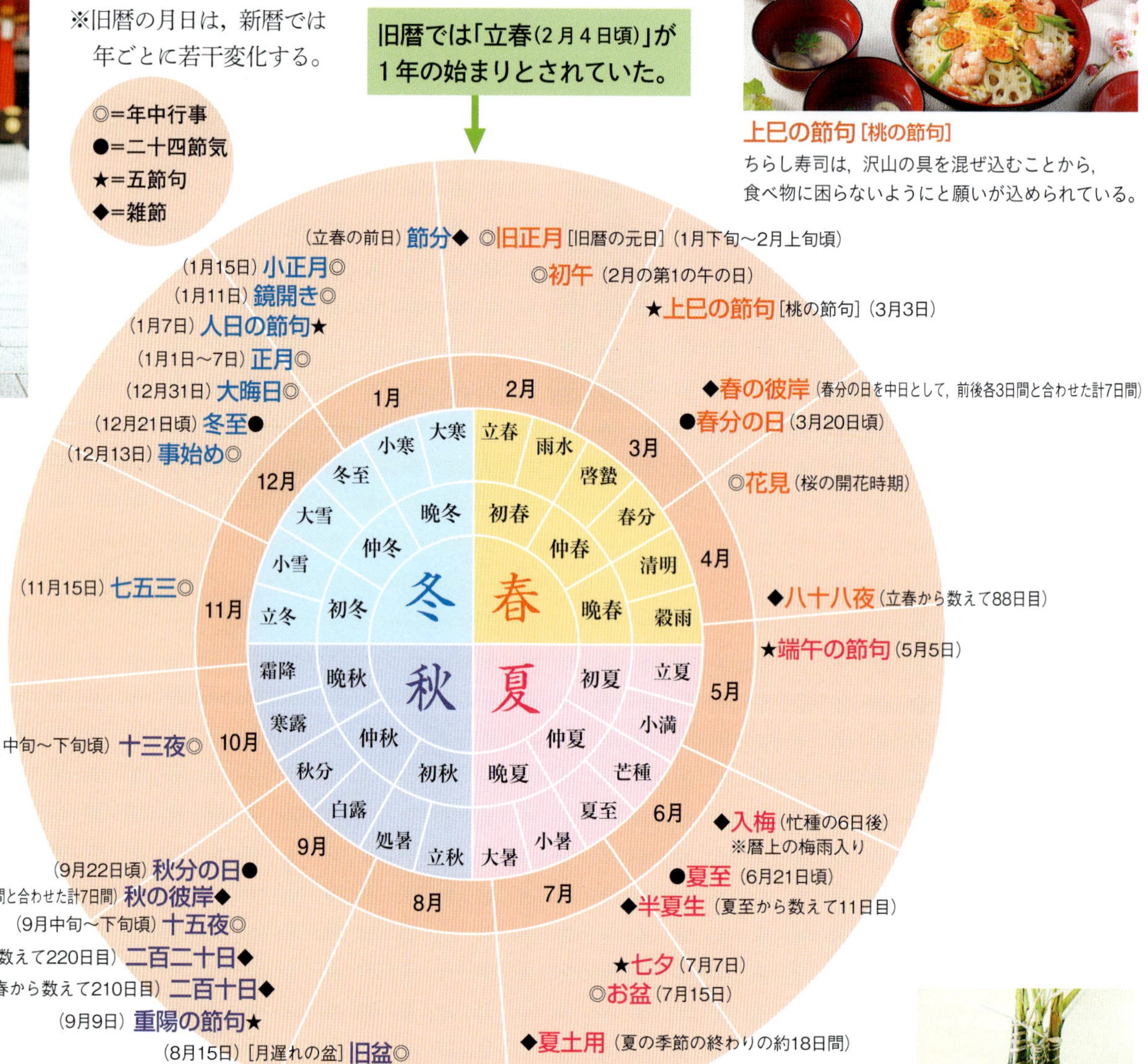

※旧暦の月日は，新暦では年ごとに若干変化する。
旧暦では「立春（2月4日頃）」が1年の始まりとされていた。
◎＝年中行事
●＝二十四節気
★＝五節句
◆＝雑節
（立春の前日）節分◆
◎旧正月［旧暦の元日］（1月下旬～2月上旬頃）
◎初午（2月の第1の午の日）
★上巳の節句［桃の節句］（3月3日）
◆春の彼岸（春分の日を中日として，前後各3日間と合わせた計7日間）
●春分の日（3月20日頃）
◎花見（桜の開花時期）
◆八十八夜（立春から数えて88日目）
★端午の節句（5月5日）
◆入梅（芒種の6日後）
※暦上の梅雨入り
●夏至（6月21日頃）
◆半夏生（夏至から数えて11日目）
★七夕（7月7日）
◎お盆（7月15日）
◆夏土用（夏の季節の終わりの約18日間）
（8月15日）［月遅れの盆］旧盆◎
（9月9日）重陽の節句★
（立春から数えて210日目）二百十日◆
（立春から数えて220日目）二百二十日◆
（9月中旬～下旬頃）十五夜◎
（秋分の日を中日として，前後各3日間と合わせた計7日間）秋の彼岸◆
（9月22日頃）秋分の日●
（10月中旬～下旬頃）十三夜◎
（11月15日）七五三◎
（12月13日）事始め◎
（12月21日頃）冬至●
（12月31日）大晦日◎
（1月1日～7日）正月◎
（1月7日）人日の節句★
（1月11日）鏡開き◎
（1月15日）小正月◎
1月
2月
3月
4月
5月
6月
7月
8月
9月
10月
11月
12月
春
夏
秋
冬
初春
仲春
晩春
初夏
仲夏
晩夏
初秋
仲秋
晩秋
初冬
仲冬
晩冬
立春
雨水
啓蟄
春分
清明
穀雨
立夏
小満
芒種
夏至
小暑
大暑
立秋
処暑
白露
秋分
寒露
霜降
立冬
小雪
大雪
冬至
小寒
大寒

七五三
千歳飴《ちとせあめ》は江戸時代に浅草で飴売りの七兵衛が売り出したといわれている。子どもの健康と長寿の願いが込められている。

十五夜
神奈川県横浜市にある三渓園の観月会は，毎年9月中旬に行われる。

七夕
平安時代から宮中の七夕の行事に，「そうめん」は欠かせない供え物だった。

端午の節句
柏餅やちまきを食べ，菖蒲は悪鬼を払うとされる。

春の行事食
〈立春～穀雨〉

ソーキ汁

◎**旧正月**(1月下旬～2月上旬頃)
ソーキ汁・中身汁
旧暦の元日。沖縄県や鹿児島県奄美地方では，現在でも旧正月を祝うところがある。泡盛を酌み交わし，ソーキ汁や中身汁などを食べる。

◎**初午**(2月の第1の午の日)
いなり寿司
京都の伏見稲荷大社に祀られている神様が降臨された日といわれ，各地の稲荷神社で盛大に行事がとり行われる。

★**上巳《じょうし》の節句［桃の節句］**(3月3日)
ちらし寿司・蛤のお吸い物・白酒・菱餅・ひなあられ・桃花餅
ちらし寿司のレンコンやエビは縁起がよく，ハマグリは女の子の美徳と貞節を意味する。雛祭り人形を飾り，白酒・菱餅・あられ・桃の花を供えて祀る。

●**春の彼岸**(春分の日を中日として，前後各3日間と合わせた計7日間)
ぼた餅
小豆の赤色には災いが身に降りかからないようにする効果があるとされ，小豆の粒を牡丹の花に見立てて「牡丹餅」と呼んだのが始まり。

◎**花見**(桜の開花時期)
花見団子
江戸時代から花見には団子がつきものとされ，3色が一般的。桜色は春，白は冬，緑は夏を表している。

◆**八十八夜**(立春から数えて88日目)
新茶
八十八夜に摘まれた新茶は，昔から栄養価が高いとされ，不老長寿の縁起物として珍重されていた。

（ソーキ汁写真提供）沖縄観光コンベンションビューロー

夏の行事食
〈立夏～大暑〉

★**端午の節句**(5月5日)
柏餅・ちまき・菖蒲
柏の葉は，新芽が出ないと古い葉が落ちないので家系が途絶えないとされた。ヨモギを軒に吊るしてちまきを食べたり，菖蒲を浸したお酒を飲む。

★**七夕**(7月7日)
そうめん
平安時代の書物「延喜式」に「七夕にそうめんを食べると大病にかからない」と書かれており，宮中でそうめんを食べていた習慣が一般に普及した。

◎**お盆**(7月15日)／**旧盆**(8月15日)
キュウリの馬，ナスの牛
先祖の霊を祀る行事で正式には盂蘭盆会《うらぼんえ》。元々は旧暦の7月15日だったが，現在は月遅れにあたる8月15日が一般的。迎えの馬，送りの牛を表現。

◆**夏土用**(夏の季節の終わりの約18日間)
ウナギ(夏の土用期間中の丑の日)
江戸時代にウナギ屋が「夏は売れない」と困っていたので，平賀源内が「土用丑の日，ウナギの日」という貼り紙をした所，大当たりした。丑の日に「う」のつく物を食べると縁起が良いといわれている。

梅の土用干し
和歌山県の南高梅は，6月中旬～7月上旬に熟した梅を漬け，7月中旬～8月頃に塩漬けした梅を3日～4日間，天日干しをする。6カ月間ほど寝かせると食べ頃になる。

南高梅の土用干し

秋の行事食
〈立秋～霜降〉

★**重陽《ちょうよう》の節句**(9月9日)
菊花酒
中国では，縁起の良い大きな陽の数である「九」が重なる日。日本の宮中では，詩を詠んだり菊花酒を飲んだりして邪気をはらい長寿を願った。

●**秋の彼岸**(秋分の日を中日として，前後各3日間と合わせた計7日間)
おはぎ
小豆の粒をこの時期に咲く萩の花に見立てて「おはぎ」と呼んだ。祖先を敬う日で，秋の彼岸の中日にあたる秋分の日に食べることが多い。

◎**十五夜**(9月中旬～下旬頃)
月見団子・栗ごはん
中秋の名月とも呼ばれ，満月に見立てた団子とサトイモ・枝豆・栗などを盛り御酒を供えて，魔除けの力があると言われるススキを飾る。

◎**十三夜**(10月中旬～下旬頃)
月見団子・豆・栗
十五夜は中国が始まり。十三夜は日本独自の風習で食べ頃の豆や栗なども供える。十五夜と十三夜は，同じ場所で月見をしないと片月見となる。

冬の行事食
〈立冬～大寒〉

◎**七五三**(11月15日)
千歳飴
数え年で男子は5歳，女子は3歳と7歳に晴れ着で身を包み，神社に参拝して成長，長寿をお祈りする行事。

●**冬至**(12月21日頃)
カボチャ・小豆粥・ユズ湯
冬至は「湯治」にかけている。ユズ湯は融通が利くようにと願いが込められ，カボチャや小豆粥は厄除けや病気にならないといわれている。

◎**大晦日**(12月31日)
年越しそば
大晦日の夜の年越しの行事を年取りと言うことから「年取りそば」とも言う。細く長くから寿命を延ばすとの願いが込められている。

◎**正月**(1月1日～7日)
おせち料理・雑煮
おせち料理は正月の三が日に食べるが，民間に広まったのは江戸時代。年神様に供える供物料理であると共に，家族の繁栄を願う縁起物。

★**人日《じんじつ》の節句**(1月7日)
七草粥
7日の朝に「セリ，ナズナ，ゴギョウ，ハコベラ，ホトケノザ，スズナ，スズシロ」の七草が入った粥を食べて一年の無病息災を願う風習。

◎**鏡開き**(1月11日)
お汁粉
元来は武家の風習で延命祈願の儀式。新年に降臨してくる神様に供えた鏡餅をお汁粉などにして食べ，家庭円満を願う行事となった。

◎**小正月**(1月15日)
小豆粥
中国では小豆粥を炊くが，日本でも「病気をしないように」と粥を食べる風習が残っている。主婦をねぎらう意味で「女正月」とも言う。

◆**節分**(立春の前日)
恵方巻き・福豆
恵方巻きは，大阪の海苔問屋協同組合がイベントとして行ったもの。豆まきや邪気払いにイワシの頭をヒイラギの枝に刺す地方もある。

〈参考文献〉気軽に，楽しく取り入れよう 日本の行事・暦

ご当地グルメ

B-1グランプリは,「食」を通じて地域活性化を目指すまちおこしイベント。来場者が出展団体の料理,PRやおもてなしなど総合的に判断してグランプリを決定する。

B-1グランプリの開会式

年に1度,立候補地にて開催される。

❶ひるぜん焼そば好いとん会

ゴールドグランプリ受賞

岡山県真庭市 0867-66-3220

真庭市・蒜山高原を全国へ発信しようと活動するまちおこし団体。親鳥のかしわ肉・高原キャベツ・モッチリ麺を,"味噌ベースの甘辛だれ"で一気に焼き上げるたれ焼そば。

ひるぜん焼そば

❷あかし玉子焼ひろめ隊

兵庫県明石市 078-220-8352

「食のまち明石」の魅力を全国に発信。地元では「玉子焼」と呼ばれ,タコの入ったふわとろっの食感をカツオ出し汁で味わう。

あかし玉子焼

❸津《つ》ぎょうざ小学校

三重県津市 059-246-9020

1985年頃に小学校の給食に登場した直径15cmの大きな皮で包んだ餃子。この餃子を通じて津市を盛り上げようと創立された。

津ぎょうざ

ゴールドグランプリ受賞 ゴールドグランプリ(1位)受賞歴があるまちおこし団体

❹出雲《いずも》ぜんざい学会

島根県出雲市 0853-53-2112

「ぜんざい」の発祥地は出雲,という史実に基づいて,まちおこしに取り組んでいる。出雲大社にちなんで紅白の白玉が入っている。

出雲ぜんざい

今治焼豚玉子飯

❺今治《いまばり》焼豚玉子飯世界普及委員会

愛媛県今治市 0898-24-2020

今治市を世界に普及する野望を抱くまちおこし団体。煮豚風の焼豚と目玉焼きを飯にのせて,甘辛いたれをかけたシンプルご飯。

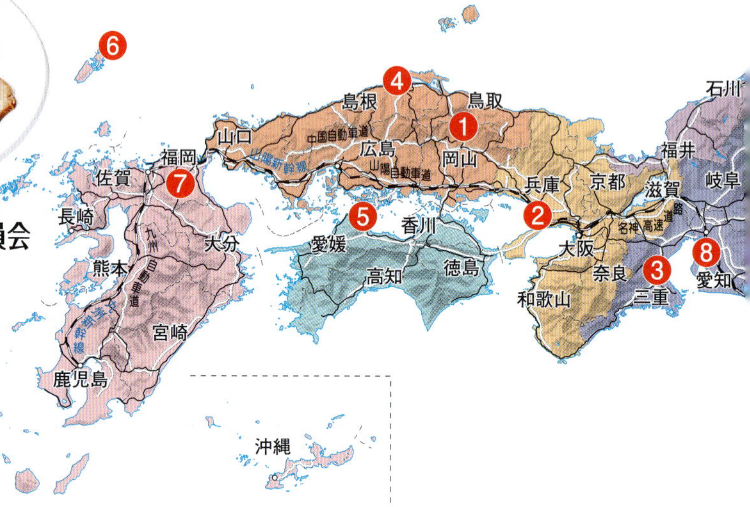

❻対馬《つしま》とんちゃん部隊

長崎県対馬市 090-6292-4129

戦後,在日韓国人から伝えられ,広まったと言われている料理。数種類の調味料から作られているたれは,国境の島ならではのソウルフード。

上対馬とんちゃん

❼田川ホルモン喰楽歩

福岡県田川市 0947-44-7555

田川ホルモン鍋を心から愛し,田川を元気にする活動に全力で取り組む団体。たれで下味をつけたホルモンとたっぷりの野菜を鍋で炊き上げる。

田川ホルモン鍋

❽高浜とりめし学会

愛知県高浜市 0566-53-1827

2010年に町を盛り上げようと発足。卵を産まなくなった鶏の歯ごたえのある鶏肉を使った甘辛い味の混ぜご飯で,まちおこしに取り組む。

高浜とりめし

〈協力・写真提供〉ご当地グルメでまちおこし団体連絡協議会(愛Bリーグ)

ゴールドグランプリ受賞

9 横手やきそばサンライ'S

秋田県横手市 0182-32-2119

横手やきそばを活用して横手市の魅力発信している市民団体。名称の由来は焼きそばに目玉焼きを組み合わせて，日の出（サンライズ）に見立てている。

横手やきそば

ゴールドグランプリ受賞

10 十和田バラ焼きゼミナール

青森県十和田市 0176-25-7758

2008年に結成し“十和田の魅力”を発信する市民団体。牛バラ肉と大量のタマネギを醤油ベースの甘辛いたれで炒めた料理。

十和田バラ焼き

ゴールドグランプリ受賞

11 八《はちの》戸《へ》せんべい汁研究所

青森県八戸市 0178-70-7185

地元以外では全く知られていなかった「せんべい汁」を活用して八戸をPR。南部煎餅を用いて，醤油味でキノコなどの具材とともに煮立てた汁物。

八戸せんべい汁

12 小《お》樽《たる》あんかけ焼そば親衛隊

北海道小樽市 0134-23-8470

長年市民に親しまれたご当地グルメを通して小樽をPR。焼き固められた麺と，上にかけるあんの量の多さが決め手。

小樽あんかけ焼そば

ゴールドグランプリ受賞

14 浪《なみ》江《え》焼《やき》麺《そば》太《たい》国《こく》

福島県浪江町 http://namieyakisoba.com/

東日本大震災以降，町民の「心の復興」を掲げ活動。極太中華麺に具はモヤシと豚肉のみ。濃厚ソースで味付けされ，一味唐辛子を振りかけて食べる。

なみえ焼そば

13 久《く》慈《じ》まめぶ部屋

岩手県久慈市 0194-66-9200

相撲が盛んな土地柄から，郷土料理の「まめぶ」と「相撲」をモチーフに命名。クルミや黒砂糖を包んだ団子を出汁で煮込む。

久慈まめぶ汁

ゴールドグランプリ受賞

16 熱血!!勝浦タンタンメン船団

千葉県勝浦市 0470-73-4554

2011年に結成された市民参加型のまちおこし団体。基本，醤油スープのラーメンにラー油・ひき肉・タマネギ等をたくさん使用している。

勝浦タンタンメン

ゴールドグランプリ受賞

15 甲府鳥もつ煮でみなさまの縁をとりもつ隊

山梨県甲府市 090-3041-5111

すべての縁を「とりもつ」ことに燃えている団体。少量のたれを使って強火で照り煮し，水気がとんであめ状になったたれで，鳥のモツをコーティングする。

甲府鳥もつ煮

B-1グランプリ食堂

東京都千代田区 03-3254-0777

「B-1グランプリ」を主催する愛Bリーグ加盟のまちおこし団体が監修するご当地グルメが提供される，東京唯一の公認スポット。秋葉原から地域情報発信基地として，多くの人に各地の魅力を発信する場所となっている。

18 三崎まぐろラーメンズ

神奈川県三浦市 046-881-2484

マグロの水揚げ基地である三崎をはじめ，三浦市全体をPR。マグロ出汁のスープと麺の上に，マグロの角煮がたっぷり。

三崎まぐろラーメン

ゴールドグランプリ受賞

17 富士宮やきそば学会

静岡県富士宮市 0544-22-5341

古くから食べられていた富士宮の焼きそばはコシのある麺・肉かすのコク・イワシの削り粉が特徴。これを「富士宮やきそば」としてまちおこしに活用している。

富士宮やきそば

醤油，味噌，塩

小豆島の醤油づくり　写真提供：香川県観光協会

和食のできばえを左右する欠かす事の出来ない調味料。土地の自然・文化などを背景に製法が工夫され，日本各地で風味が異なる高品質のものが次々と誕生した。

醤油

旨味のもととなる「大豆」，香りや甘味のもととなる「小麦」，麹菌・乳酸菌・酵母をゆるやかに働かせる「塩」を主な原料に，発酵・熟成させてできる。1300社を超えるメーカーがある。

いろいろな醤油

日本農林規格（JAS規格）で，5つの種類に分けられている。

醤油のルーツ「醤《ひしお》」 材料を塩漬け保存・発酵させ，旨味を出したもので，醤油・味噌の原型となったのが穀醤。

濃《こい》口《くち》醤油
湯浅醤油に起源を発する。17世紀後半，醸造技術が黒潮の流れを介して銚子に伝わり，全国に広がった。現在，国内生産量の8割以上を占める。

淡《うす》口《くち》(薄口)醤油
播州の龍野（現 兵庫県）で17世紀後半に開発された。塩を多めに使い，ゆるやかに発酵・熟成させる。色や香りは控えめだが，塩分は濃口より多め。

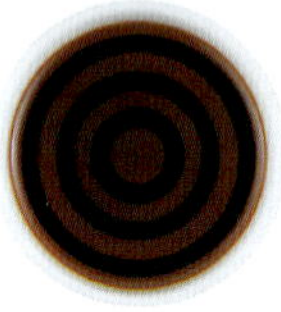

溜《たまり》醤油
東海地方で豆味噌の製造過程でできる液汁から生まれ，17世紀終わり頃に商品化された。ほとんど大豆のみでつくられ，とろみや独特な香りが特徴。

再仕込み醤油
濃口醤油のもろみをしぼった生醤油に麹を仕込むので濃厚。18世紀後半に防州柳井（現 山口県）の醸造業者が岩国藩主に献上したのが始まり。

白醤油
江戸末期に愛知県碧南市で生まれた。蒸した小麦を主原料に，低温・短期間で発酵。甘味は強いがコクは抑えてあり，汁物・煮物に適している。

歴史を伝える醤油の産地 湯《ゆ》浅《あさ》町《ちょう》

和歌山県湯浅町には鎌倉時代，中国帰りの僧によって金山寺味噌の製法が伝えられた。醸造の過程で味噌桶にたまるおいしい液汁が醤油の原型になった。江戸時代には紀州藩の保護を受け，醤油づくりは町の中心産業となった。

重要伝統的建造物群保存地区に指定されている。

香川県小豆島
気候がもろみの熟成に適していたこともあり，江戸時代，年貢を納める手段として醸造が始まった。

兵庫県たつの市
良質な材料の産地を控える立地条件に加え，醸造用水の揖保川は淡口醤油に適した軟水だった。

全国醤油品評会

醤油の品質向上を図るために，昭和48年から毎年開催されている。250点を超える醤油が出品され，色・香り・味などの評価から，「農林水産大臣賞」が授けられる。

（第43回の農林水産大臣賞受賞醤油）

濃口醤油
❶こみやましょうゆ 源泉
山本屋糀店
（長野県佐久穂町）
☎0267-88-2306
芳醇な香り，澄んだ色，口の中で広がるのびのある旨味を備えている。

濃口醤油
❷天然醸造醤油 さくら
松合食品
（熊本県宇城市）
☎0964-42-2212
数種類の九州産丸大豆醤油もろみをブレンドすることで，旨味に深さを出している。

濃口醤油
❸茜
筑豊食品工業
（福岡県飯塚市）
☎0948-22-0090
醤油本来の色，香り，旨味を最大限に引き出すため，さまざまな火入れの条件を試して醸造。筑前茜染にちなんで名づけられた。

淡口醤油
❹うすくち ふくおか
福岡県醤油醸造協同組合
（福岡県筑紫野市）
☎092-922-3831
淡口の醸造に適する大豆や小麦を厳選。低温醸造で淡く鮮やかな色になるように仕上げた。香味深く，料理の素材の色を損なわない。

塩

醤油や味噌の原料としても重要な存在である塩。海水から濃縮した塩水を作り，良質で安全な塩を採取するために，さまざまな工夫と努力が重ねられてきた。

最新技術を駆使
①宗谷の塩（北海道稚内市）
海水を加熱回転ドラムに噴射し水分を瞬時に蒸発させることで，塩以外のミネラルも残して製塩。

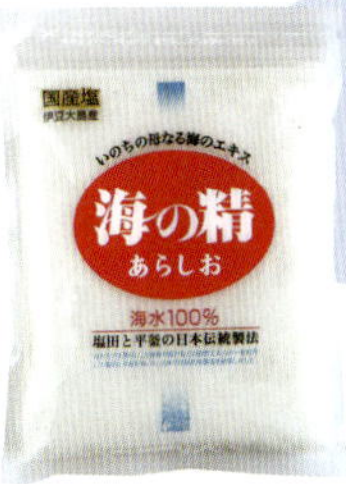

自然海塩復活をけん引
②海の精（東京都大島町）
ネットを張った木製のやぐらに海水を噴きつけ，流下する間に太陽と風で水分を蒸発させ，かん水として使用。

昔ながらの平釜製法
③佐渡の深海塩《みしお》
（新潟県佐渡市）
佐渡島の沖合約3600m，水深330m以深の海洋深層水を平釜でじっくりと時間をかけて炊き上げる。

完全天日塩
④土佐の塩丸
（高知県黒潮町）
満潮時にくみ上げた土佐の海水をいっさい火にかけず，太陽と風の力だけで結晶化させる。

常温瞬間空中結晶法
⑤ぬちまーす
（沖縄県うるま市）
濃縮した海水を霧状にして温風で吹き飛ばし，塩分を瞬間的に結晶化させる。21種のミネラル含有。

能登の塩づくり体験
石川県珠洲市
NPO法人能登すずなり 0768-82-4688
奥能登塩田村では，5月～9月まで塩づくり体験を開催（予約制）。能登の揚げ浜式製塩は，国の重要無形民俗文化財。

体験 30分のミニコースから，2日間連続で体験できるコースなどがある。

写真提供：石川県観光連盟

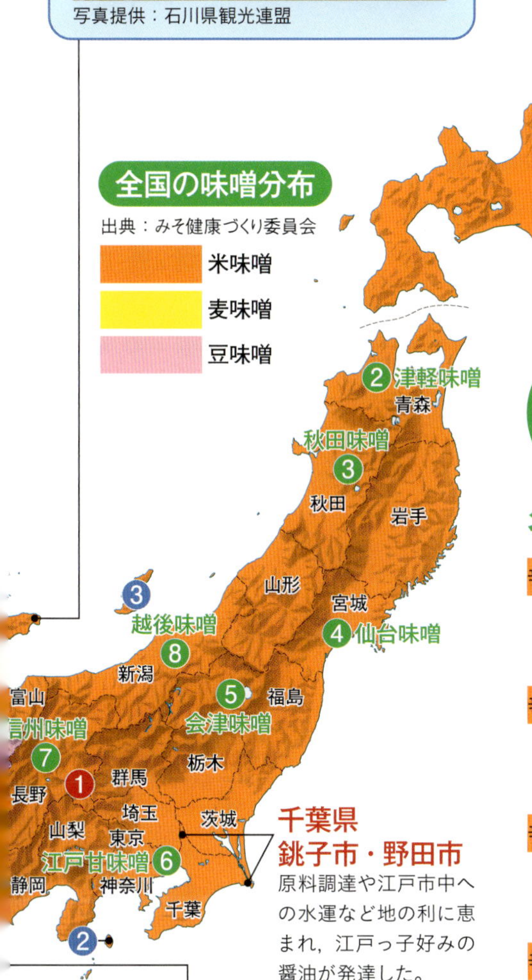

千葉県 銚子市・野田市
原料調達や江戸市中への水運など地の利に恵まれ，江戸っ子好みの醤油が発達した。

味噌

日本で生産されている味噌の約8割が，大豆に米麹を加えて作る米味噌。その他，麦麹を加えた麦味噌，大豆のみを主原料としている豆味噌などがある。

甘味噌＝塩分5～7%
甘　口＝塩分8～11%
辛　口＝塩分12～13%

各地の味噌 原料や熟成法で色も風味も異なる。

辛口

①北海道味噌（北海道）
寒冷地で本州と同じ醸造法ではうまくいかず，交流のあった越後・佐渡の味噌を参考に独自に開発。

辛口

②津軽味噌（青森県）
青森港の開港をきっかけに商業的な醸造が開始。18世紀には北海道（蝦夷地）に出荷されていた。

辛口

③秋田味噌（秋田県）
米どころのためほとんどは自家製だったが，明治時代にできた企業が秋田味噌の名称を使用。

辛口

④仙台味噌（宮城県）
朝鮮出兵の際，伊達政宗が持参した味噌だけが他藩のものと違い変質しなかったので評価を高めた。

辛口

⑤会津味噌（福島県）
1685年の会津風土記には，城内に味噌づくりの人足が144人いたと記載されている。

甘味噌

⑥江戸甘味噌（東京都）
白味噌，豆味噌ほか，各地の味噌の利点を取り入れて開発。熟成期間も保存期間も短かった。

辛口

⑦信州味噌（長野県）
関東大震災の救援物資として送られたのがきっかけで，全国生産量の約4割を占める。

辛口

⑧越後味噌（新潟県）
精白した丸米を使う。上杉謙信が関東出兵時，兵に醸造法を習得させたと伝えられる。

辛口

⑨加賀味噌（石川県）
加賀藩では軍需品として統制。長期保存を重視したので塩分高めの長期間熟成に。

※

⑩東海豆味噌（愛知県・三重県・岐阜県）
八丁味噌の名で知られる。大豆に直接麹菌を生育させて造る。
※豆味噌は味による分類はない。

甘味噌

⑪関西白味噌（関西地方）
約200年前，丹波杜氏が宮中の料理用として吟醸したのが始まり。

甘味噌

⑫府中味噌（広島県）
出雲への旅人らがみやげに持ち帰ったことに加え，備後福山藩主が将軍や諸侯に贈り，名声を得た。

甘口
辛口

⑬瀬戸内麦味噌（愛媛県・山口県・広島県）
古くから九州と畿内を結ぶ航路として栄えた瀬戸内海沿岸地域で，塩の産地という利点を生かして誕生。

甘味噌

⑭讃岐味噌（香川県）
第二次世界大戦後，水路でつながる関西市場の需要をにらんで，讃岐米を原料に高価格帯製品を開発。

甘口

⑮御膳《ごぜん》味噌（徳島県）
阿波国領主の蜂須賀家政の御膳に焼き味噌として供されたのが名前の由来。麹割合が高く芳香。

甘口
辛口

⑯九州麦味噌（九州地方）
二毛作で麦が収穫されたことも麦味噌圏になった理由。温暖な気候から，熟成期間は短い。

みそぱーく（はと屋）
愛知県西尾市 0563-56-7373
1861（文久元）年創業の豆味噌，溜《たまり》，白醤油の醸造元が運営する味噌と醤油のテーマパーク。味噌料理が楽しめるレストランも人気。

見学 予約制の「味噌知るツアー」などがある。

体験館では味噌を使った教室が開かれている。

〈写真・資料提供〉しょうゆ情報センター，みそ健康づくり委員会，みそぱーく はと屋，田上食品工業，海の精，佐渡海洋物産，ソルティーブ，ぬちまーす,山本屋糀店，松合食品，筑豊食品工業，福岡県醤油醸造協同組合

日本全国 ご当地アナウンサー 名鑑

本書では，テレビやラジオで活躍中のご当地アナウンサーやパーソナリティ，コメンテーターのみなさんに，各都道府県のページにて，おすすめのご当地グルメを選んでいただきました。郷土の誇りともいうべき料理や食材，ご自身にとって特別な思いのある料理など，バラエティー豊かな食を紹介しています。

p.24　北海道(道北·道東)　高橋友理　HBC北海道放送「今日ドキッ！」
愛知県名古屋市出身：月～金の夕方ワイド番組「今日ドキッ！」のキャスターを担当。週末の旅番組では，酒場詩人·吉田類さんと一緒に，北海道各地の美味しいお酒と食材を求めて旅を続けている。

p.27　北海道(道央·道南)　吉川典雄　STVラジオ「オハヨー！ほっかいどう」「ひるノリ歌謡曲(ウイークエンドバラエティ日高晤郎ショー)」
神奈川県横浜市出身：平成10年，札幌テレビ放送に入社。道産子歴は18年。趣味はアウトドア。北海道内のキャンプ場を巡り，自然の中でバーベキューをするのが楽しみ。「楽しみは自分で作り出す」がモットー。

p.33　青森　上野由加里　RAB青森放送「Go! Go! らじ丸」
青森県八戸市出身：平成17年青森放送入社。午後の生ワイド番組のほか，洋楽好きが高じRAB唯一の洋楽番組も担当。青森ねぶた祭をこよなく愛し，毎年ハネト(踊り手)として参加している。

p.35　岩手　菊池幸見　IBC岩手放送「朝からRADIO」
岩手県遠野市出身：昭和58年岩手放送入社。スポーツ中継やラジオのDJ，TBSの全国放送のレポーター等で活躍。方言詩人，小説家としても活動中。レコード2枚，CD11枚発売。5冊の著書もある。

p.37　宮城　安東理紗　TBCラジオ「COLORS」水曜日，TBCテレビ「サタデーウォッチン」
東京都武蔵野市出身：平成17年入社。育休を経て平成27年職場復帰し，育児と仕事の両立に奮闘中。趣味はヨガと旅行。宮城に住んでから東北のおいしいお酒に魅せられ「利き酒師」の資格を取得。

p.40　秋田　酒井茉耶　ABS秋田放送「ごくじょうラジオ」
大阪府寝屋川市出身：平成18年秋田放送入社。現在は昼ワイド「ごくじょうラジオ」を担当し，番組名物の鼻歌も披露する。2児の母。ママアナウンサーとして仕事と子育てに奮闘中。

p.42　山形　相磯舞　YBC山形放送「ピヨ卵ワイド」
千葉県出身：今では山形のどこ出身？と聞かれるほど山形にどっぷり染まっている。現在は夕方の情報番組「ピヨ卵ワイド」を担当。グルメの取材も数多く，美味しい物を求めて県内取材で駆け回っている。

p.46　福島　徳光雅英　FCT福島中央テレビ「ゴジてれChu ！」
千葉県千葉市出身：ニュース情報番組「ゴジてれＣｈｕ！」のメインキャスターとして活躍する“福島の顔”。趣味は演劇·映画鑑賞，フラ(踊る方)。番組で紹介されたお店に行くのが休日の楽しみ。

p.51　茨城　菊地真衣　IBS茨城放送「菊地真衣のこんなんで，いいのかYO ！？」
埼玉県さいたま市出身：冠番組「菊地真衣のこんなんで，いいのかYO ！？」をはじめ，今年の春からはメインパーソナリティとして新番組「4Me」を担当。特技は宝塚風メイクと小芝居の脚本を書くこと。

p.53　栃木　飯島誠　とちぎテレビ「とちテレニュース　LIFE」
栃木県小山市出身：キャスター，記者，中継，果てはカメラマンまで何でもこなす。
スポーツ取材でバスケットボールの魅力にはまり，今は子どものミニバス観戦に熱を上げる。

p.55　群馬　安蒜幸紀　GTV群馬テレビ「ひるポチッ！」
新潟県魚沼市出身：「ひるポチッ！」や「ぐんま！トリビア図鑑」などを担当。旅行会社勤務，客室乗務員を経験しており，趣味は旅行。最近では温泉ソムリエを取得し，群馬の温泉巡りを楽しんでいる。

p.59　埼玉　中島そよか　TVSテレビ埼玉「埼玉ビジネスウォッチ」
横浜市生まれ所沢市育ち：山梨放送の局アナなどを経て地元埼玉に戻ってきました！
浦和レッズや高校サッカーなどスポーツに加え，今は初のビジネス番組に挑戦中！

p.63　千葉　関谷昇　CTC千葉テレビ「ニュース930」
栃木県今市市(現日光市)出身：千葉大学教授。CTC千葉テレビ「ニュース930」ではコメンテーターをつとめる。専門は政治学で，市町村やコミュニティーの自治の思想，実践をテーマに研究，地域のまちづくりのあり方を模索している。

p.67　東京　出水麻衣　TBSラジオ「ナイツのちゃきちゃき大放送」
東京都出身：TBSテレビ「世界ふしぎ発見！」のＭＣだけでなくミステリーハンターもこなすマルチアナ。BS-TBS，TBSラジオ(今やネットでも聴けます)でもお目にお耳にかかれます。

p.75　神奈川　長澤彩子　tvkテレビ神奈川「tvkニュースハーバー」
神奈川県相模原市出身：福島でアナウンサー生活を経て，2015年から故郷神奈川のアナウンサーに。報道番組や各種スポーツ中継などを担当。

p.79　山梨　三浦実夏　YBS山梨放送「山梨スピリッツ」
山梨県富士吉田市出身：YBSテレビのスポーツ番組「山梨スピリッツ」，YBSラジオのワイド番組「キックス」を担当。趣味は富士吉田市内におよそ60軒ある「吉田のうどん」屋巡り。

p.83　長野　中澤佳子　SBC信越放送「情報わんさか GO ！ GO ！ワイド らじ☆カン」
長野県上田市出身：多分,前世は酒樽だったと自己分析。日本酒·ワインをこよなく愛する不良母(笑)。街で会う皆様からは「見てるよ～聴いてるよ～」ではなく「飲み過ぎちゃだめよ」と心配される(涙)。

p.87　新潟　近藤丈靖　BSN新潟放送「近藤丈靖の独占ごきげんアワー」
新潟県新潟市出身：ラジオの語学講座コーナー「今すぐ使える新潟弁」が爆発的人気に！新潟弁のCD，カーナビ，着信音，自動販売機も生み出す。競馬と一人旅とバナナを愛する。

p.89　静岡　柳澤亜弓　SBS静岡放送「Soleいいね！」
静岡市清水区出身：主婦，子育てママへの朝の情報番組を担当する一方，夜のラジオ番組ではオトナの顔も見せている。一児の母。食卓にはシラス，マグロ，黒はんぺんがよく並び，２歳の息子も大好物。

p.93　愛知　沢朋宏　CBCテレビ「ゴゴスマ　～GO GO!Smile! ～」
愛知県西尾市出身：地元·愛知出身のアナウンサーで，気象予報士。グルメ·音楽番組からニュース·気象情報まで，テレビ·ラジオ問わず幅広く活躍中。

p.97　三重　平田雅輝　MTV三重テレビ「三重テレビニュースウィズ」
奈良県葛城市出身：大阪·上宮高校時代の野球部員の影響でスポーツアナウンサーを志す。平成6年，三重テレビ入社。高校野球，高校サッカーなどのスポーツ中継，ニュース番組などを担当。

p.101　岐阜　オカダミノル　ぎふチャン(岐阜放送)「復刻版ヤングスタジオ1431」
愛知県名古屋市出身：ラジオ·TVパーソナリティ，文筆家(著書6冊)，シンガーソングライター (アルバムCD3作品)。趣味は，ラジオ番組のコーナーにもなっている，「真夜中の残り物クッキング」。

p.105　富山　小林淳子　KNB北日本放送「でるラジ」
岡山県玉野市出身：シロエビを初めて食べた時はあまりの美味しさに涙が出ました！
「富山県民みんなが出るラジオ」を合言葉にマイクを持って県内を駆け回っています。

p.109　石川　金山哲平　KTKテレビ金沢「となりのテレ金ちゃん」
徳島県徳島市出身：入社1年目から看板番組のサブMCに抜擢！でもそれは上手，，，でも器用，，，でもなく，その人なつっこさから。現在「あわよくば哲平」という企画で石川の人情をわしづかみにする。

p.113　福井　坪田真奈　福井テレビ「おかえりなさ～い」
福井県永平寺町出身：3歳からはバレエ，学生の時にはチアダンスと，踊るのが大好きなアナウンサー！またグルメやファッションのトレンドに強い！番組で紹介されるよりも一足早く，最新情報はチェック済み。

p.117　滋賀　後藤明日香　びわ湖放送「キラリん滋賀」
北海道札幌市出身：ニュース＆情報バラエティ「キラリん滋賀」で滋賀のニュースをお伝えするキャスターとして活躍する。趣味は琵琶湖でキャッチボールと信楽焼の食器集め。

p.119　京都　海平和　京都放送「なごみの，はんなり，京めぐり」
京都府京都市出身：2010年に期待の女子アナとしてデビュー以来，テレビ·ラジオのパーソナリティやリポーターを務め，「なごみん」の愛称で親しまれる。趣味はクラシックバレエとスポーツ観戦。

p.123　大阪　柴田博　朝日放送「柴田博のほたるまち旅行社」
神奈川県横浜市出身：神奈川出身ではあるが，大阪検定2級取得。ラジオでは，架空の旅行代理店のツアーコンダクターという役で旅番組を担当。愛読書は地図帳。隅から隅まで見ているのが至福の時間。

p.126　奈良　川添伊代　奈良テレビ「ゆうドキッ！」
岐阜県大垣市出身：アナウンサーおよびディレクターとしての顔も持つ。スポーツ中継から情報番組まで幅広く担当。現在は「ゆうドキッ！」メインキャスターとしても活躍中。

p.129　和歌山　中川智美　和歌山放送「ボックス」
大阪府出身：学生時代からパーソナリティをつとめ，現在は局アナに。ニュースから桃色トークまで幅広く，安定感ある喋りに定評がある。和歌山の「食」をテーマにした番組も複数担当。

p.131　兵庫　榎木麻衣　サンテレビジョン「カツヤマサヒコSHOW」
宮崎県児湯郡出身：地元宮崎放送の契約キャスターを経て，平成22年サンテレビ入社。疲れ切った大人に活を入れるトークバラエティ番組「カツヤマサヒコSHOW」でアシスタントを担当中。

p.135　鳥取　桑本みつよし　BSSラジオ「あさスタ♪」
鳥取県倉吉市出身：昭和41年生まれ。BSS山陰放送に入社以来，テレビやラジオの番組に携わっている。地元で「たちきゅう」と呼ばれている立ち飲み屋さんに日々出没中。

p.137　島根　森谷佳奈　BSSラジオ「森谷佳奈のはきださNIGHT ！」
島根県松江市出身：入社二年目。2016年春からラジオ番組「森谷佳奈のはきださNIGHT ！」を担当。若者のラジオ離れを食い止めるべく，SNSとラジオを連動させて奮闘中。

p.141　岡山　奥富亮子　RSK山陽放送「昼からど～だい！」
岡山県岡山市出身：ラジオ·テレビの情報番組でエリアをくまなく取材し尽くす，自称“岡山応援団長”。発見した，街·味·人の魅力を番組で発信し，“地元好き県人を増やす運動”実施中！

p.145　広島　西名みずほ　広島テレビ放送「テレビ派」
広島県広島市出身：2004年入社。夕方ワイド「テレビ派」のグルメコーナーを担当。取材で一日にカレーライス4杯を完食するなど胃袋には自信アリ。好きなものはソウルフードのお好み焼きとカープ！

p.146　山口　伊藤明日香　山口朝日放送　「Ｊチャンやまぐち」
大阪府大阪市出身：番組では，中四国の食を紹介する瀬戸内グルメ天国を担当。毎週，県内のおいしいものを求め東へ西へと駆け回っています。

p.151　香川　岸たけし　RNC西日本放送「RNC news every.」
京都府京都市出身：夕方のニュース番組「RNC news every.」のメインキャスターを務める他，J2や高校サッカーの中継でも活躍するエースアナウンサー。鉄道と温泉をこよなく愛する。

p.153　愛媛　作道泰子　フリーアナウンサー　南海放送「おうちLABOプラス～お家づくり研究所～」
愛媛県松山市出身：住宅·映画情報をはじめ，テレビ·ラジオ番組を担当。サイクリング番組では県内をくまなく疾走♪愛媛県女性サイクルユニット「ノッてる！ガールズEHIME」のリーダーも務める。

p.155　徳島　保岡栄二　JRT四国放送「ラジオ大福」
徳島県つるぎ町出身：今春スタートした新番組「ラジオ大福」パーソナリティ。趣味は社交ダンス(競技ダンスの選手)。しゃべって踊れる“アナサー”。 気分はいつもShall WE･･･？

p.157　高知　有吉都　高知放送「こうちeye」
東京都世田谷区出身：高知歴7年。夕方ニュース「こうちeye」キャスター。横に長い高知県を西へ東へ取材して回り，見て聞いて感じて食べて伝える。カツオは週に1度は必ず食べています。

p.161　福岡　田中みずき　RKB毎日放送「豆ごはん」
福岡県飯塚市出身：取材やプライベートで訪れた国はこれまでに39カ国。旅はもはや生きがいで，旅をしないと枯れてしまう。モットーは「後悔しないために今日を精一杯生きる」です。

p.167　佐賀　木戸優雅　STSサガテレビ「かちかちP.ress」
福岡県福岡市出身：平成25年アナウンサーとして入社。高校までは野球少年。夕方ニュースキャスター，全国中継リポーター，実況などを担当。スポーツ観戦が大好き！

p.169　長崎　古本史子　NIB長崎国際テレビ「あざじげＺ」
長崎県長崎市出身：NIB土曜昼のレギュラー番組「ひるじげドン」のMC，リポーターを経て，2014年4月から，長崎出身で元阪神タイガース投手の下柳剛さんと共に土曜朝の「あさじげ」の顔に。

p.173　熊本　後藤祐太　TKUテレビ熊本「若っ人ランド」
熊本県熊本市出身：30年目を迎えた地元密着バラエティ「若っ人ランド」のMCを担当。他にも，スポーツや地元のお祭りを主題としたドキュメンタリー番組のディレクターも務める。

p.175　大分　きどゆういち　OAB大分朝日放送「れじゃぐる」
大分県日田市出身：水郷ひた観光親善大使 第505代別府八湯温泉道名人 ♨温泉マイスター♨ 目標高く腰低くがモット～です。おんせん県おおいたをこよなく愛するお笑いタレント。

p.176　宮崎　加藤沙知　MRT宮崎放送「MRTニュースNext」
山口県下関市出身：平成21年入社。MRTテレビ「MRTニュース Next」キャスターを務めるほか，ゴールデンタイムに放送中の，地域活性化を目指す同社テレビ番組「わけもん！！」出演。

p.181　鹿児島　采野吉洋　MBC南日本放送「城山スズメ」
滋賀県大津市出身：昭和34年生まれの「喋ること」が大好きな50代。入社以来，主にラジオのワイド番組を担当。地元では「うねちゃん」または「うね神様」と呼ばれて親しまれている。

p.182　沖縄　狩俣倫太郎　RBC琉球放送「沖縄BON!!」
沖縄県那覇市出身：報道記者を経てアナウンサーへ。数々のテレビ·ラジオ番組のほか，2000年の九州沖縄サミット各国首脳歓迎レセプション司会も務めるなど経験豊富。旅行·オペラ鑑賞などが趣味。

鉄道図－北海道地方－

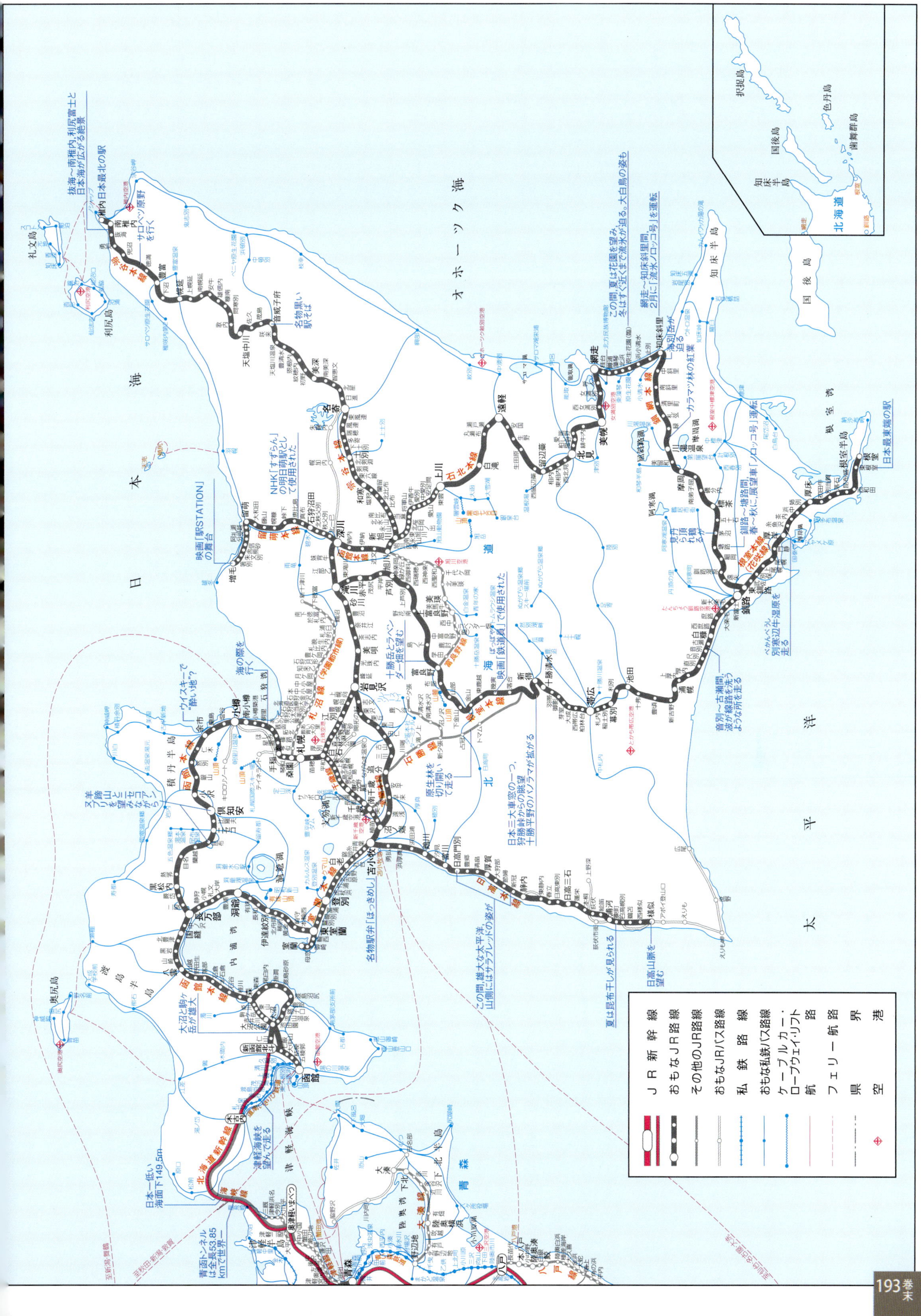

オホーツク海
日本海
太平洋
宗谷本線
石北本線
釧網本線
根室本線（花咲線）
函館本線
室蘭本線
日高本線
千歳線
石勝線
富良野線
留萌本線
札沼線（学園都市線）
北海道新幹線
海峡線
抜海～南稚内 利尻富士と日本海が広がる絶景
日本最北の駅
サロベツ原野を行く
名物黒い駅そば
NHK「すずらん」の明日萌駅として使用された
映画「駅STATION」の舞台
海の際を行く
原生林を切り開いて走る
十勝岳とラベンダー畑を望む
ぽっぽや 映画「鉄道員」で使用された
日本三大車窓の一つ、狩勝峠からの眺望 十勝平野のパノラマが拡がる
この間、夏は花園を望み 冬はすぐ近くまで流氷が迫る。大白鳥の姿も
網走～知床斜里間 2月に「流氷ノロッコ号」を運転
カラマツ林の紅葉
釧路～塘路間 春～秋に展望車「ノロッコ号」運転
日本最東端の駅
夏は昆布干しが見られる
日高山脈を望む
この間、雄大な太平洋 山間にはサラブレッドの姿が
名物駅弁「ほっきめし」
大沼と駒ヶ岳が雄大
津軽海峡を望んで走る
日本一低い 海面下149.5m
青函トンネルは全長53.85kmで世界一
ＪＲ新幹線
おもなＪＲ路線
その他のＪＲ路線
おもなＪＲバス路線
私鉄路線
おもな私鉄バス路線
ケーブルカー・ロープウェイ・リフト
航路
フェリー航路
県界
空港

北海道
津軽海峡
青森
秋田
岩手
山形
宮城
福島
新潟
佐渡島
日本海
太平洋
北海道新幹線
東北新幹線
秋田新幹線
山形新幹線
上越新幹線
奥羽本線
羽越本線
東北本線

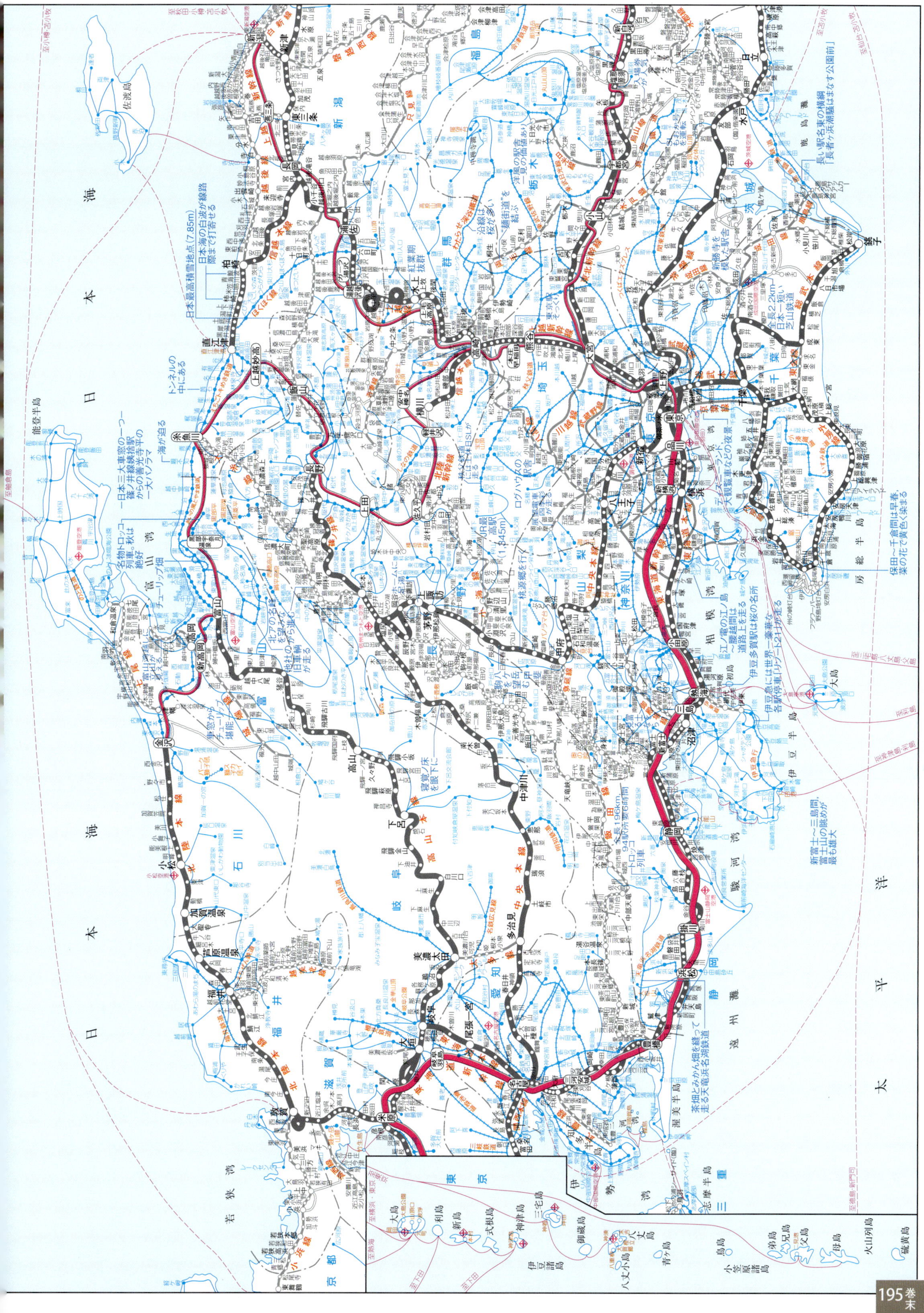
日本海
太平洋
若狭湾
富山湾
駿河湾
相模湾
遠州灘
伊勢湾
日本最高積雪地点(7.85m)
日本海の白波が線路際まで打ち寄せる
トンネルの中にある
「海が迫る」
日本三大車窓の一つ 篠ノ井線姨捨駅からの善光寺平の一大パノラマ
名物トロッコ列車。秋は絶好
チューリップ畑
JR最高駅(1,345m)
ログハウスの駅舎
沿線は桜が多い
全長2.2km 日本一短い芝山鉄道
長い駅名の東の横綱「長者ヶ浜潮騒はまなす公園前」
保田〜千倉間は早春、菜の花で黄色く染まる
江ノ電の江ノ島〜腰越間は道路上を走る
伊豆急には世界一豪華な各駅停車「リゾート21」が走る
新富士〜三島間、富士山の眺めが最も雄大
茶畑とみかん畑を縫って走る天竜浜名湖鉄道
東京
伊豆諸島
小笠原諸島
火山列島

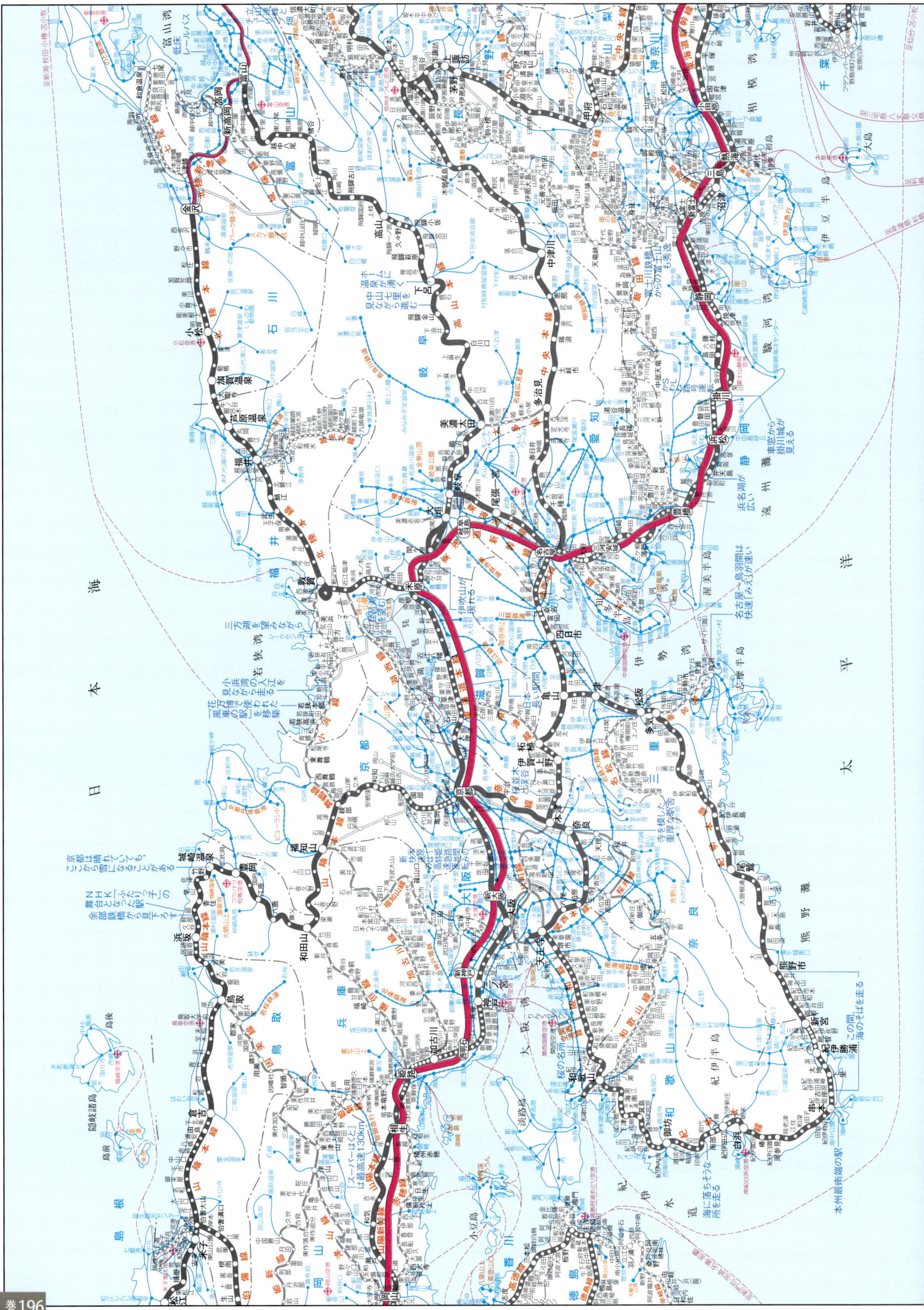
日本海
太平洋
伊勢湾
若狭湾
大阪湾
駿河湾
相模湾
遠州灘
熊野灘
紀伊水道
伊吹山が見える
浜名湖が広い
名古屋～鳥羽間は快速「みえ」が速い
「スーパーはくと」は最高速130km
本州最南端の駅
海に落ちそうな所を走る

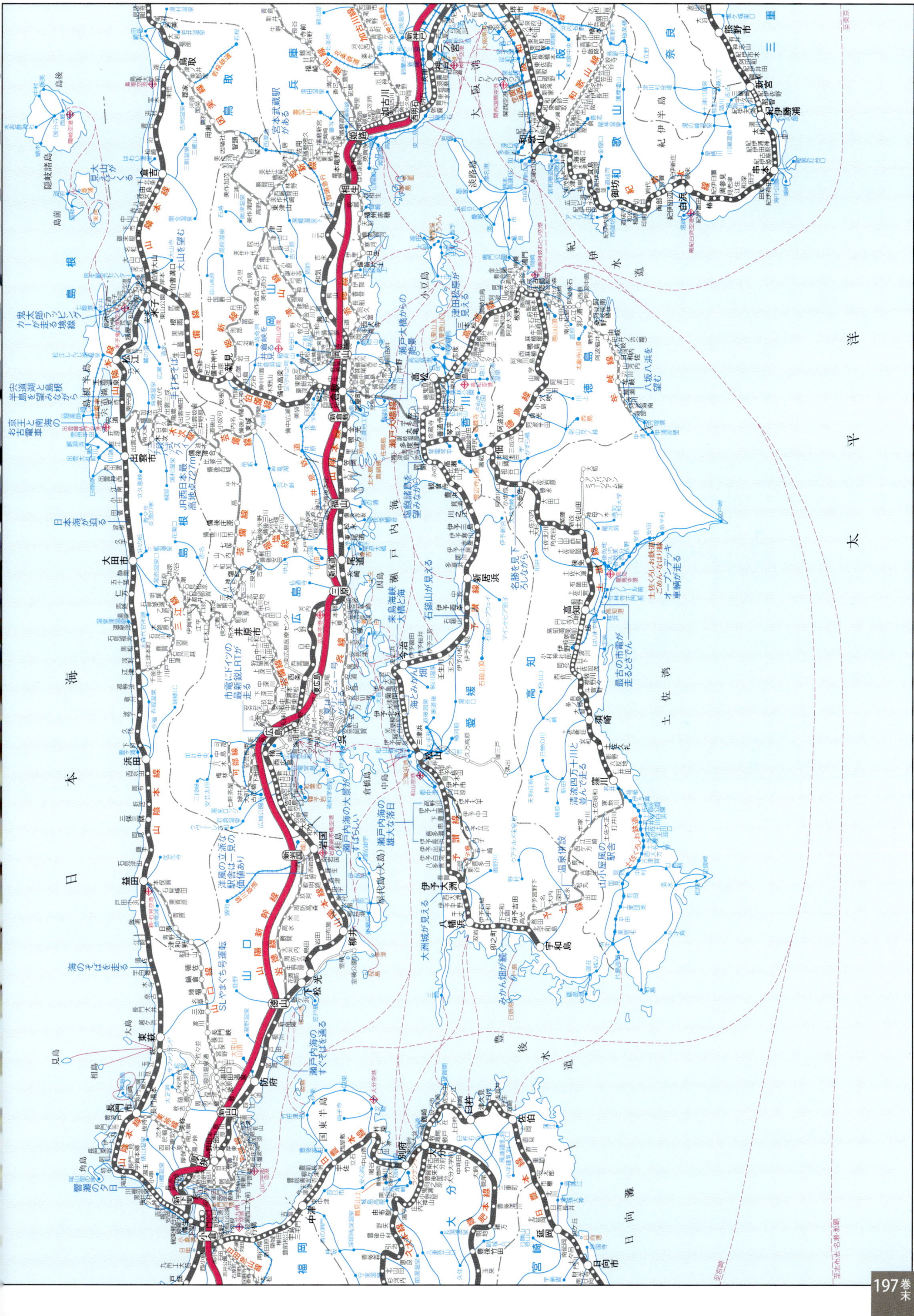
日本海
瀬戸内海
太平洋
土佐湾
豊後水道
紀伊水道
日向灘
大阪湾
鳥取
倉吉
米子
松江
出雲市
大田市
浜田
益田
長門市
岡山
姫路
相生
新倉敷
福山
尾道
三原
広島
岩国
柳井
徳山
新山口
防府
小倉
高松
松山
今治
新居浜
宇和島
八幡浜
伊予大洲
高知
須崎
窪川
徳島
和歌山
御坊
白浜
新宮
大分
別府
佐伯
中津
日向市
延岡
山陰本線
山陽本線
山陽新幹線
伯備線
芸備線
因美線
予讃線
土讃線
高徳線
牟岐線
宇野線
JR西日本最高地点727m
SLやまぐち号運転
海のそばを走る
日本海が迫る

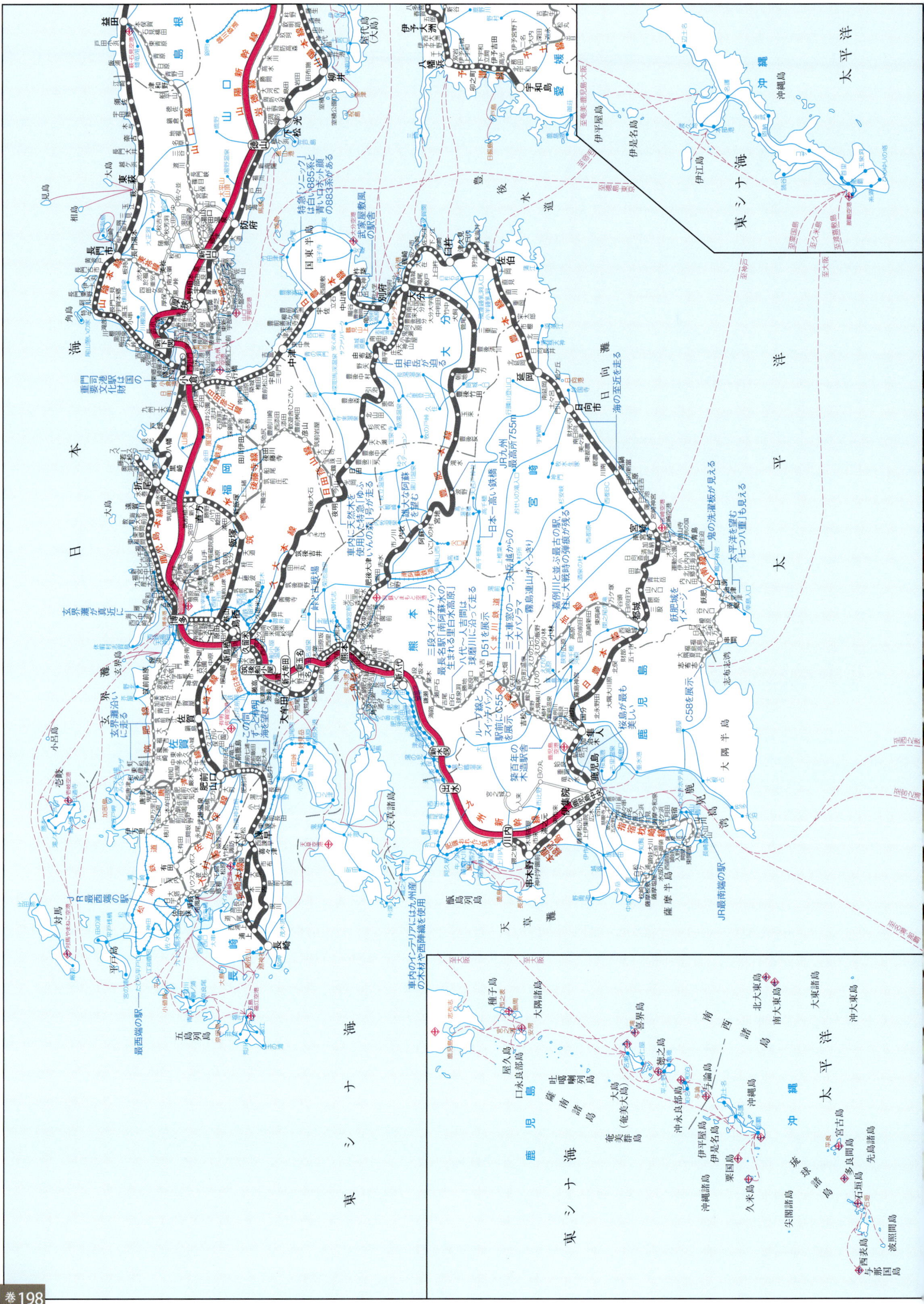
日本海
玄界灘
東シナ海
太平洋
周防灘
豊後水道
日向灘
鹿児島湾
天草灘
特急「ソニック」は白い885系と青いロボット顔の883系がある
武家屋敷風の駅舎
JR九州最高所755m
日本一高い鉄橋
JR最南端の駅
最西端の駅
JR最西端の駅
車内のインテリアには九州産の木材や西陣織を使用
桜島が最も美しい
C58を展示
D51を展示
鬼の洗濯板が見える
海の至近を走る
由布岳が迫る
雄大な阿蘇を望む
三大車窓の一つ、矢岳越からの一大パノラマ
霧島連山が美しい
鹿児島本線
長崎本線
日豊本線
肥薩線
山陽新幹線
九州新幹線
久大本線
豊肥本線
指宿枕崎線
日南線
吉都線
沖縄
南西諸島
大東諸島
先島諸島
尖閣諸島

地名索引・おもな郷土料理名索引

［ 索引の使い方 ］

地名索引
（P.199 ～ 205）

◎（地名の種類）　やちよ（よみ）　八千代（表記）……………………………… 63（ページ）　B（左右方向のアルファベット）　2（上下方向の数字）

地名の種類は 3 種類の記号で表しています。
◎…市　○…町・村・東京都の区　●…字・旧市町村　※（→○○）は、2016 年 8 月現在の市町村名。

おもな郷土料理名索引
（P.206 ～ 207）

あかしやき（よみ）　明石焼（表記）……………………………… 131（ページ）　C（左右方向のアルファベット）　3（上下方向の数字）

地名索引

あ

◎あいおい 相生……130 A3
○あいかわ 愛川……74 C1
◎あいさい 愛西……92 A1
○あいしょう 愛荘……117 B3
○あいずみ 藍住……155 D1
○あいづばんげ 会津坂下……46 B1
あいづぼんち 会津盆地……46 B1-2
○あいづみさと 会津美里……46 B2
◎あいづわかまつ 会津若松……46 B2
○あいなん 愛南……152 B4
◎あいら 姶良……181 C2
あおがしま 青ヶ島……67 F3
◎あおもり 青森……32 C3
あおもりくうこう 青森空港……32 C3
あおもりへいや 青森平野……32 C3
○あが 阿賀……87 D2
あかいしさんみゃく 赤石山脈……88 B1-2
◎あかいわ 赤磐……141 C2
あががわ（おおかわ）阿賀川（大川）……46 B2
あかぎさん 赤城山……55 C2
あかくらおんせん 赤倉温泉［山形］……43 C2
あかくらおんせん 赤倉温泉［新潟］……86 B4
◎あかし 明石……131 B-C3
◎あがの 阿賀野……87 D2
あがのがわ 阿賀野川……87 D-E2
◎あかびら 赤平……24 B3
あかゆおんせん 赤湯温泉……43 B3
あかんこ 阿寒湖……25 D3
◎あき 安芸……157 D1-2
●あきう 秋保……36 B2
○あきおおた 安芸太田……144 A2
○あきしま 昭島……66 C2
◎あきた 秋田……41 B2
◎あきたかた 安芸高田……144 B2
あきたくうこう 秋田空港……41 B2
あきたへいや 秋田平野……41 B2
あきよしだい 秋吉台……146 B2
◎あきるの あきる野……66 C2
○あぐい 阿久比……92 A2
あぐにくうこう 粟国空港……182 B2
◎あくね 阿久根……181 B1
◎あげお 上尾……59 E3
●あご 阿児（→志摩）……97 C3
◎あこう 赤穂……130 A3
◎あさか 朝霞……59 E3
○あさぎり……173 C3
◎あさくち 浅口……140 B2
◎あさくら 朝倉……161 B3
◎あさご 朝来……130 B2
◎あさひ 旭……63 C2
○あさひ 朝日……105 D1
◎あさひかわ 旭川……24 B3
あさひさんち 朝日山地……43 A3
あさまやま 浅間山……54 B3
◎あしかが 足利……52 A3
○あしきた 芦北……172 B3
あしのこ 芦ノ湖……74 B3
◎あしべつ 芦別……24 B3
○あしや 芦屋［福岡］……161 B2
◎あしや 芦屋［兵庫］……131 C3
○あしょろ 足寄……25 C3
○あすか 明日香……127 B3
◎あそ 阿蘇……173 D2
あそさん 阿蘇山……173 D2
あだたらやま 安達太良山……47 C1
○あだち 足立……69 D1
◎あたみ 熱海……89 D2
あっかがわ 安家川……35 C1
◎あつぎ 厚木……75 C2
あっけしこ 厚岸湖……25 D3
あつしおおんせん 熱塩温泉……46 B1
◎あづみの 安曇野……82 A2
あつみはんとう 渥美半島……93 B2
◎あなん 阿南……155 E2
◎あばしり 網走……25 D2
あばしりこ 網走湖……25 D3
◎あびこ 我孫子……62 B2
○あびら 安平……27 C3
あぶくまがわ 阿武隈川……47 D1
あぶくまこうち 阿武隈高地……47 D1-3
◎あま……92 A1
◎あまがさき 尼崎……131 C3
●あまぎ 甘木（→朝倉）……161 B3
◎あまくさ 天草……172 B3
あまくさくうこう 天草空港……172 B3
あまのはしだて 天橋立……118 B1
◎あまみ 奄美……180 F6
あまみくうこう 奄美空港……180 F6
あまみぐんとう 奄美群島……180 F6
○あみ 阿見……50 B2
●あみの 網野（→京丹後）……118 B1
○あやがわ 綾川……150 B2-3
◎あやせ 綾瀬……75 C2
◎あやべ 綾部……118 B2
●あらい 新井（→妙高）……86 B3
●あらい 新居（→湖西）……88 A3
◎あらお 荒尾……172 B2
○あらかわ 荒川……69 C1
ありあけかい 有明海……172 B2
○ありた 有田［佐賀］……166 B3
◎ありだ 有田［和歌山］……128 A2
○ありだがわ 有田川……128 A2
ありまおんせん 有馬温泉……131 C3
◎あわ 阿波……155 D1
◎あわじ 淡路……131 D5
あわじしま 淡路島……131 D4-5
◎あわら……113 D2
◎あんじょう 安城……93 B2
◎あんなか 安中……54 B3
○あんぱち 安八……100 B3

い

◎いいだ 飯田……84 B2
◎いいづか 飯塚……161 B2
○いいづな 飯綱……83 B1
いいでさん 飯豊山……43 A4
○いいなん 飯南……137 C2-3
いいもりやま 飯盛山……46 B1
◎いいやま 飯山……83 B1
いえしまくうこう 伊江島空港……183 C2
◎いが 伊賀……97 B2
いかほおんせん 伊香保温泉……54 B2
○いかるが 斑鳩……127 A2
◎いき 壱岐［長崎］……168 F6
○いけだ 池田［岐阜］……100 B3
◎いけだ 池田［大阪］……123 B1
○いけだ 池田［北海道］……25 C4
いけのたいらおんせん 池の平温泉……86 B4
◎いこま 生駒……127 A2
◎いさ 伊佐……181 C1
◎いさはや 諫早……169 D3
●いさわ 石和（→笛吹）……79 C2
●いさわ 胆沢（→奥州）……34 B3
○いしい 石井……155 D1
◎いしおか 石岡……51 B2
◎いしがき 石垣……183 G6
いしがきじま 石垣島……183 G6
◎いしかり 石狩……27 C2
いしかりがわ 石狩川……27 C2
いしかりへいや 石狩平野……27 C2
●いしかわ 石川（→うるま）［沖縄］183 C3
○いしかわ 石川［福島］……47 C2
いしづちさん 石鎚山……153 C2
◎いしのまき 石巻……37 C2
◎いず 伊豆……89 C3
いずしょとう 伊豆諸島……67 F3
いずぬま 伊豆沼……37 C1
◎いずのくに 伊豆の国……89 C2
いずはんとう 伊豆半島……89 C3
◎いずみ……63 B3
◎いずみ 出水……181 B1
◎いずみ 和泉……123 B4
◎いずみおおつ 泉大津……123 B3
◎いずみさの 泉佐野……123 B4
いずみさんち 出水山地……181 B1-2
いずみさんみゃく 和泉山脈……123 B-C4
◎いずも 出雲……137 C2
いずもくうこう 出雲空港……137 C2
いずもへいや 出雲平野……137 C2
◎いせ 伊勢……97 C3
◎いせさき 伊勢崎……55 C3
◎いせはら 伊勢原……74 C2
いせわん 伊勢湾……97 C2
○いたくら 板倉……55 D3
○いたこ 潮来……51 C3
○いたばし 板橋……68 C1
◎いたみ 伊丹……131 C3
○いたやなぎ 板柳……32 B3
◎いちかわ 市川［千葉］……62 A2
○いちかわ 市川［兵庫］……130 B3
○いちかわみさと 市川三郷……79 C2
◎いちきくしきの いちき串木野……181 B2
◎いちのせき 一関……34 B4
○いちのへ 一戸……34 B1
◎いちのみや 一宮……92 A1
◎いちはら 市原……63 B2-3
●いっしき 一色（→西尾）……93 B2
◎いといがわ 糸魚川……86 A3
◎いとう 伊東……89 D3

◎いとしま 糸島……160 A2	●うちはら 内原（→水戸）……51 B2	○おおさき 大崎［鹿児島］……181 D3	おほーつくかい オホーツク海……25 B-C2
◎いとまん 糸満……183 C3	◎うつのみや 宇都宮……53 B2	◎おおさきかみじま 大崎上島……145 B3	◎おまえざき 御前崎……88 B3
○いな 伊奈……59 E2-3	◎うと 宇土……173 C2	おおしま 大島……67 F3	◎おみたま 小美玉……51 B2
◎いな 伊那……85 B2	うとないこ ウトナイ湖……27 C3	◎おおず 大洲……152 B2	おものがわ 雄物川……41 B2
◎いながわ 猪名川……131 C3	うなづきおんせん 宇奈月温泉……105 D1	おおすみはんとう 大隅半島……181 C3	おやしらず 親不知……86 A4
◎いなぎ 稲城……67 D2	◎うべ 宇部……146 B3	◎おおぞら 大空……25 D3	◎おやべ 小矢部……104 A2
◎いなざわ 稲沢……92 A1	◎うみ 宇美……160 B2	◎おおた 太田……55 B2	◎おやま 小山［静岡］……89 C2
いなさんち 伊那山地……84-85 B-C2-3	◎うらかわ 浦河……27 D3	◎おおだ 大田［島根］……136 B-C2	◎おやま 小山［栃木］……52 B3
◎いなしき 稲敷……51 B3	◎うらそえ 浦添……183 C3	◎おおた 大田［東京］……69 C3	◎おわせ 尾鷲……97 C3
◎いなべ……97 C1	◎うらやす 浦安……62 A2	◎おおだて 大館……41 C1	◎おわりあさひ 尾張旭……93 B1
いなぼんち 伊那盆地……84 C2	●うらわ 浦和（→さいたま）……59 E3	おおだてのしろくうこう 大館能代空港	◎おんが 遠賀……161 B2
◎いなみ 稲美……131 B3	◎うるま……183 C3	……40 B1	おんががわ 遠賀川……161 B2
◎いなわしろ 猪苗代……46 C1	◎うれしの 嬉野……167 C3	おおだてぼんち 大館盆地……40 B-C1	◎おんな 恩納……183 C3
いなわしろこ 猪苗代湖……46-47 C1-2	うれしのおんせん 嬉野温泉……167 C3	◎おおたわら 大田原……53 C2	おんねゆおんせん 温根湯温泉……25 C3
いなわしろぼんち 猪苗代盆地	◎うわじま 宇和島……152 B3	◎おおつ 大津［熊本］……173 C2	
……46-47 C2	◎うんぜん 雲仙……169 D3	◎おおつ 大津［滋賀］……116 A3	**か**
◎いぬやま 犬山……92 A1	うんぜんだけ 雲仙岳……169 D3	◎おおつき 大月……79 D2	
○いの……156 C1	◎うんなん 雲南……137 C2	◎おおつち 大槌……35 C3	◎かい 甲斐……79 C2
◎いばら 井原……140 A2		●おおとね 大利根（→加須）……59 E2	◎かいた 海田……144 B3
◎いばらき 茨城……51 B2	**え**	◎おおぬき 邑南……136 B3	◎かいづ 海津……100 B3
◎いばらき 茨木……123 C2		おおぬま 大沼……26 B3-4	◎かいづか 貝塚……123 B4
いびがわ 揖斐川……100 A-B2	●えい 頴娃（→南九州）……181 B3	◎おおの 大野［岐阜］……100 B3	◎かいなん 海南……128 A2
◎いびがわ 揖斐川……100 B3	◎えいへいじ 永平寺……113 E2	◎おおの 大野［福井］……113 E3	かいもんだけ 開聞岳……181 C3
いぶきやま 伊吹山……117 C2	◎えさし 江差……26 B4	◎おおのじょう 大野城……160 A2	◎かいよう 海陽……155 D3
◎いぶすき 指宿……181 C3	●えさし 江刺（→奥州）……34 B3	おおのぼんち 大野盆地……113 E-F2	◎かが 加賀……109 A4
●いまいち 今市（→日光）……52 B2	◎えたじま 江田島……144 A3	◎おおはる 大治……92 A1	◎かかみがはら 各務原……100 B3
◎いまばり 今治……153 B-C1	えちごさんみゃく 越後山脈……87 C-E2-4	●おおひら 大平（→栃木）……52 B3	◎かくだ 角田……36 B3
◎いまり 伊万里……166 B2	えちごへいや 越後平野……87 C-D1-2	◎おおぶ 大府……92 A1	●かくのだて 角館……41 C2
◎いみず 射水……104 B2	◎えちぜん 越前……113 D3	◎おおふなと 大船渡……35 C3	◎かけがわ 掛川……88 A-B3
◎いよ 伊予……152 B2	◎えどがわ 江戸川……69 D2	◎おおまがり 大曲（→大仙）……40 B2	◎かこがわ 加古川……130 B3
●いよみしま 伊予三島（→四国中央）	◎えな 恵那……101 C3	◎おおまち 大町……82 A1-2	◎かごしま 鹿児島……181 C2
……153 C2	えなきょう 恵那峡……101 C3	◎おおみや 大宮（→さいたま）……59 E3	かごしまくうこう 鹿児島空港……181 C2
いるかいけ 入鹿池……93 A-B1	◎えにわ 恵庭……27 C3	◎おおみや 大宮（→常陸大宮）……51 B1	◎かさい 加西……130 B3
◎いるま 入間……59 D3	◎えびな 海老名……75 C2	◎おおむた 大牟田……160 A3	◎かさおか 笠岡……140 B2
いるまがわ 入間川……59 D3	◎えびの……177 A2	◎おおむら 大村……169 C3	かさぎさんち 笠置山地……127 B2
●いわい 岩井（→坂東）……50 A2	◎えべつ 江別……27 C3	◎おおやまざき 大山崎……119 C3	かさのはら 笠野原……181 C3
◎いわき……47 D2	えりもみさき 襟裳岬……25 C5	おおゆおんせん 大湯温泉……41 C1	◎かさま 笠間……51 B2
いわきがわ 岩木川……32 B3	◎えんがる 遠軽……25 C3	◎おおよど 大淀……127 B3	◎かさまつ 笠松……100 B3
いわきさん 岩木山……32 B3	●えんざん 塩山（→甲州）……79 C2	おおよどがわ 大淀川……177 B-C3	●かじき 加治木（→姶良）……181 C2
◎いわくに 岩国……147 D2		◎おが 男鹿……41 A2	◎かしば 香芝……127 A2
◎いわくら 岩倉……92 A1	**お**	◎おかがき 岡垣……161 B2	◎かしはら 橿原……127 B2
◎いわた 磐田……88 A3		◎おかざき 岡崎……93 B2	◎かしま 鹿嶋……51 C3
●いわつき 岩槻（→さいたま）……59 E3	おいがみおんせん 老神温泉……55 C2	おかざきへいや 岡崎平野……93 B1-2	かしまなだ 鹿島灘……51 C2-3
◎いわて 岩手……34 B2	◎おいらせ……33 D3	おがさわらしょとう 小笠原諸島……67 F3	◎かしわ 柏……62 A2
◎いわで 岩出……128 B1	おいらせがわ 奥入瀬川……33 D-E3	おがはんとう 男鹿半島……41 A2	◎かしわざき 柏崎……86 C3
いわてさん 岩手山……34 A-B2	おううさんみゃく 奥羽山脈……41 C1-4	◎おかや 岡谷……85 C1	◎かしわら 柏原……123 C3
いわてはなまきくうこう いわて花巻空港	◎おうじ 王寺……127 A2	◎おかやま 岡山……141 C2	◎かすが 春日……160 A2
……34 B3	◎おうしゅう 奥州……34 B3	おかやまくうこう 岡山空港……141 C2	◎かすがい 春日井……92 A1
○いわない 岩内……26 B3	◎おうみはちまん 近江八幡……117 B3	おかやまへいや 岡山平野……141 B-C2	◎かすかべ 春日部……59 E-F3
◎いわぬま 岩沼……37 B2	◎おうめ 青梅……66 C1	◎おがわ 小川……58 D2	◎かすみがうら 霞ケ浦……50 B2
●いわふね 岩舟（→栃木）……52 B3	◎おうら 邑楽……55 C2	おがわらこ 小川原湖……33 D3	かすみがうら 霞ケ浦……50-51 B2
いわみこうげん 石見高原……136 B-C2-3	◎おおあみしらさと 大網白里……63 B2	◎おぎ 小城……167 C2	◎かすや 粕屋……160 A2
◎いわみざわ 岩見沢……27 C2	◎おおあらい 大洗……51 C2	おきしょとう 隠岐諸島……136 E-F5	●かせだ 加世田（→南さつま）……181 B3
◎いんざい 印西……63 B2	◎おおい 大洗……112 B5	◎おきなわ 沖縄……183 C3	◎かぞ 加須……59 E2
●いんのしま 因島（→尾道）……145 C3	◎おおい 大井……74 B2	おきのえらぶくうこう 沖永良部空港	◎かたがみ 潟上……41 A2
	おおいがわ 大井川……88 B3	……181 G7	かたしながわ 片品川……55 C2
う	●おおいがわ 大井川……88 B3	◎おきのしま 隠岐の島……136 F5	かたのかもいけ 片野鴨池……109 A4
	◎おおいずみ 大泉……55 C3	◎おくしり 奥尻……26 A3	◎かたの 交野……123 C3
●うえき 植木（→熊本）……173 C2	◎おおいそ 大磯……74 C2	おくただみこ 奥只見湖……46 A2	◎かつうら 勝浦……63 B3
◎うえだ 上田……83 B2	◎おおいた 大分……175 C2	おくたまこ 奥多摩湖……66 B1	◎かつしか 葛飾……69 D1
うえだぼんち 上田盆地……82-83 B2	おおいたくうこう 大分空港……175 C2	おくのときゅうりょう 奥能登丘陵……109 B-C2	●かつぬま 勝沼（→甲州）……79 C2
●うえの 上野（→伊賀）……97 B2	おおいたへいや 大分平野……175 C2	◎おけがわ 桶川……59 E2-3	◎かづの 鹿角……41 C1
◎うえのはら 上野原……79 E2	◎おおがき 大垣……100 B3	◎おごおり 小郡……160 B3	◎かつやま 勝山……113 E-F2
◎うおづ 魚津……105 C2	◎おおかわ 大川［高知］……157 C1	おぜがはら 尾瀬ケ原……55 C2	◎かつらがわ 桂川……119 C3
◎うおぬま 魚沼……87 C3	◎おおかわ 大川［福岡］……160 A3	◎おたる 小樽……27 C2	◎かつらぎ 葛城……129 C1
うおぬまきゅうりょう 魚沼丘陵……87 C-D3	◎おおがわら 大河原……36 B2	◎おだわら 小田原……74 B2	◎かつらぎ 葛城……127 A3
◎うき 宇城……173 C2	◎おおぐち 大口……92 A1	おぢかくうこう 小値賀空港……168 B2	◎かとう 加東……131 B3
◎うきは……161 B3	●おおくち 大口（→伊佐）……181 C1	◎おぢや 小千谷……87 C3	◎かどがわ 門川……177 C2
◎うご 羽後……40 B3	おおくちぼんち 大口盆地……181 C1	◎おとふけ 音更……25 C4	◎かどま 門真……123 C3
◎うさ 宇佐……174 B1	●おおご 大胡（→前橋）……55 C3	おにこうべおんせん 鬼首温泉……36 B1	◎かとり 香取……63 B-C2
◎うじ 宇治……119 C3	◎おおさか 大阪……123 C2	◎おの 小野……131 B3	◎かなざわ 金沢……109 B3
◎うしく 牛久……50 B3	おおさかこくさいくうこう 大阪国際空港	おのがわおんせん 小野川温泉……43 B4	かなざわへいや 金沢平野……109 A-B3-4
●うしぶか 牛深（→天草）……172 B3	……131 C2	●おのだ 小野田（→山陽小野田）……146 B3	◎かなん 河南……123 C4
◎うすき 臼杵……175 C2	◎おおさかさやま 大阪狭山……123 C3	◎おのみち 尾道……145 C2	●かなん 河南（→石巻）……37 C1
◎うだ 宇陀……127 B2	おおさかへいや 大阪平野……123 B-C3	◎おばなざわ 尾花沢……43 B2	◎かに 可児……101 C3
うたしない 歌志内……24 B3	おおさかわん 大阪湾……131 C3	◎おばま 小浜……112 B-C4-5	◎かにえ 蟹江……92 A1
◎うたづ 宇多津……150 B2	◎おおさき 大崎［宮城］……37 B1	◎おび 飫肥……177 B3	◎かぬま 鹿沼……52 B2
◎うちこ 内子……152 B2		◎おびひろ 帯広……25 C4	◎かねがさき 金ケ崎……34 B3
◎うちなだ 内灘……109 B3			◎かのや 鹿屋……181 C3

○かほく……………………109 B3	きそがわ 木曽川…………101 C2-3	○くしろ 釧路……………25 D3-4	こうふぼんち 甲府盆地………79 C2
○かほく 河北………………43 B3	きそさんみゃく 木曽山脈………84 B2-3	○くしろ 釧路………………25 D4	○こうべ 神戸………………131 C3
○かま 嘉麻………………161 B2	○きた 北……………………69 C1	くしろがわ 釧路川…………25 D3	こうべくうこう 神戸空港……131 C3
○かまいし 釜石……………35 C3	○きたあきた 北秋田…………40 B1	くしろしつげん 釧路湿原………25 D3	○こうりょう 広陵…………127 B2
○かまがや 鎌ケ谷…………62 A-B2	○きたいばらき 北茨城………51 C1	○くす 玖珠………………174 B2	○こおりやま 郡山…………47 C2
○かまくら 鎌倉……………75 D2	○きたかた 喜多方……………46 B1	くすおんせん 玖珠温泉………174 B2	こおりやまぼんち 郡山盆地……47 C2
○がまごおり 蒲郡……………93 B2	○きたがた 北方……………100 B3	くずりゅうがわ 九頭竜川……113 E2	○こが 古河…………………50 A2
○かみ 加美…………………37 B1	きたかみ 北上………………34 B3	○くだまつ 下松……………147 C2	○こが 古賀………………160 A2
○かみ 香美………………130 B1	きたかみがわ 北上川………34 B3	くっしゃろこ 屈斜路湖………25 D3	○ごかせ 五ヶ瀬……………177 B1
○かみ 香美………………157 D1	きたかみこうち 北上高地……35 B-C2-3	クッチャロこ クッチャロ湖……24 B1	○こがねい 小金井……………67 D2
○かみあまくさ 上天草………172 B2	きたかみぼんち 北上盆地……34 B2-3	○くっちゃん 倶知安…………26 B3	○ごかのしょう 五家荘………173 C2-3
○かみいち 上市……………105 C2	○きたきゅうしゅう 北九州……161 B2	○くなしりとう 国後島………25 E2-3	●こくぶ 国分（→霧島）………181 C2
○かみかわ 神河……………130 B2	きたきゅうしゅうくうこう 北九州空港	○くにさき 国東……………175 C1	○こくぶんじ 国分寺…………66 C2
かみこうち 上高地…………82 A2	……………………………161 C2	○くにたち 国立……………66 C2	○こさい 湖西………………88 A3
○かみごおり 上郡…………130 A3	○きたじま 北島……………155 E1	○くにとみ 国富……………177 B3	●こざかい 小坂井（→豊川）……93 B2
かみごとうくうこう 上五島空港…168 B2	○きたなかぐすく 北中城……183 C3	くになかへいや 国中平野……86 B1-2	○こしがや 越谷……………59 F3
○かみさと 上里……………58 C1-2	○きたなごや 北名古屋………92 A1	○くまがや 熊谷……………59 D2	こしきしまれっとう 甑島列島……180 A2
○かみじま 上島……………153 C1	○きたひろしま 北広島…………27 C3	くまがわ 球磨川……………173 C2	○ごじょう 五條……………127 A3
○かみす 神栖………………51 C2	○きたひろしま 北広島………144 B2	○くまこうげん 久万高原……153 B2	○ごしょがわら 五所川原………32 A3
○かみとんだ 上富田…………128 B4	○きたみ 北見………………25 C3	○くまとり 熊取……………123 B4	○ごせ 御所………………127 A3
○かみのかわ 上三川…………53 B3	きたみさんち 北見山地……24-25 B-C2-3	○くまの 熊野［広島］………144 B3	○ごせん 五泉………………87 D2
○かみのやま 上山……………43 B3	○きたもと 北本……………59 E2	○くまの 熊野［三重］…………97 B4	○こだいら 小平……………67 C2
かみのやまおんせん 上山温泉……43 B3	●きづ 木津（→木津川）………119 C3	くまのがわ（しんぐうがわ）熊野川（新宮川）	○こたけ 小竹………………161 B2
●かみふくおか 上福岡（→ふじみ野）…59 E3	○きづがわ 木津川……………119 C3	……………………………129 E4	●こだま 児玉（→本庄）………58 C2
○かめおか 亀岡……………119 C2	○きつき 杵築……………175 C2	○くまもと 熊本……………173 C2	●こちんだ 東風平（→八重瀬）……183 C3
かめおかぼんち 亀岡盆地……119 C2	○ぎなん 岐南……………100 B3	くまもとくうこう 熊本空港……173 C2	○ごてんば 御殿場……………89 C2
○かめやま 亀山……………97 B2	きぬがわ 鬼怒川……………53 B3	くまもとへいや 熊本平野……173 C2	○ごとう 五島………………168 A3
○かも 加茂…………………87 D2	○きのかわ 紀の川……………128 B1	○くみやま 久御山…………119 C3	ごとうふくえくうこう 五島福江空港…168 A3
●かも 加茂（→木津川）………119 C3	きのかわ 紀ノ川……………128 A2	くめじまくうこう 久米島空港……182 A3	○ことうら 琴浦……………134 C2
○かもがわ 鴨川……………63 B3	きのさきおんせん 城崎温泉……130 B1	○もとりやま 甑山……………66 A1	ごとうれっとう 五島列島………168 A3
○かもじま 鴨島（→吉野川）……155 D1	○ぎのわん 宜野湾…………183 C3	○くらしき 倉敷……………140 B2	○ことひら 琴平……………150 B3
○からつ 唐津………………167 D2	きびこうげん 吉備高原………140 A-B2	○くらて 鞍手………………161 B2	○こなん 湖南………………117 B3
○かりや 刈谷………………93 B2	○きびちゅうおう 吉備中央……140 B2	○くらよし 倉吉……………134 D2	○このへ 五戸………………33 D3
○かるいざわ 軽井沢…………83 C2	○ぎふ 岐阜………………100 B3	●くりはし 栗橋（→久喜）………59 E2	○こばやし 小林……………177 A3
○かわい 河合……………127 A2	○きほく 紀北………………97 B3	○くりはら 栗原………………37 C1	○ごぼう 御坊……………128 A3
○かわぐち 川口……………59 E3	○きほく 鬼北……………152 B3	○くるめ 久留米……………160 B3	○こまえ 狛江………………67 D2
かわぐちこ 河口湖……………79 C-D2	○きみつ 君津………………62 A3	○くれ 呉…………………144 B3	こまがたけ 駒ケ岳……………84 B2
○かわごえ 川越……………59 D3	○きみの 紀美野……………128 B2	●くろいそ 黒磯（→那須塩原）……53 C2	○こまがね 駒ケ根……………84 B2
○かわさき 川崎［神奈川］………75 D1	○きもつき 肝付……………181 C3	くろかわおんせん 黒川温泉……173 D1	○こまき 小牧………………92 A1
○かわさき 川崎［福岡］………161 B2	きもつきさんち 肝属山地……181 C3	○くろしお 黒潮……………156 C2	○こまつ 小松………………109 A4
○かわじま 川島……………59 D3	きもつきへいや 肝属平野……181 C-D3	○くろべ 黒部……………105 C1	こまつくうこう 小松空港……109 A4
●かわそえ 川副（→佐賀）………167 D2	○きやま 基山……………167 E2	くろべがわ 黒部川…………105 C1	○こまつしま 小松島…………155 E1
○かわたな 川棚……………169 C2	きゅうしゅうさんち 九州山地……173 C-D2-3	くろべだむ 黒部ダム………105 D2	○こもの 菰野………………97 C1
●かわち 河内（→宇都宮）………53 B2	○ぎょうだ 行田……………59 D2	○くわな 桑名………………97 C1	○こもろ 小諸………………83 B2
○かわちながの 河内長野……123 C4	○きょうたなべ 京田辺………119 C3		こんごうさんち 金剛山地……127 A3
●かわなべ 川辺（→南九州）……181 B3	○きょうたんご 京丹後………118 B1	**け**	こんせんだいち 根釧台地………25 D3
○かわにし 川西［山形］………43 B3	○きょうたんば 京丹波………119 B2	○けいせん 桂川……………161 B2	
○かわにし 川西［兵庫］………131 C3	○きょうと 京都……………119 C2	○けせんぬま 気仙沼…………37 D1	**さ**
かわねほんちょう 川根本町……88 B2	きょうとぼんち 京都盆地……119 C2-3	げとうおんせん 夏油温泉………34 A3	○さいかい 西海……………169 C3
●かわのえ 川之江（→四国中央）…153 D1	○きよす 清須………………92 A1	けらまくうこう 慶良間空港……182 B3	さいがわ 犀川………………109 B4
○かわまた 川俣……………47 D1	○きよせ 清瀬………………67 D1	○げろ 下呂………………101 C2	○さいき 佐伯……………175 C3
○かわみなみ 川南……………177 C2	●きよたけ 清武（→宮崎）………177 B3		○さいじょう 西条……………153 C2
かわゆおんせん 川湯温泉………25 D3	●きら 吉良（→西尾）………93 B2	**こ**	○さいたま……………………59 E3
○かんおんじ 観音寺…………150 A3	○きりしま 霧島……………181 C2	○こうか 甲賀……………117 B4	○さいと 西都……………177 B2
かんさいこくさいくうこう 関西国際空港	きりしまやま 霧島山………181 C2	○こうげ 上毛……………161 C2	ざおうおんせん 蔵王温泉………43 B3
……………………………123 A4	きりたっぷしつげん 霧多布湿原……25 E3	○こうし 合志……………173 C2	ざおうざん 蔵王山……………43 B3
○かんざき 神埼……………167 D2	○きりゅう 桐生……………55 C3	○こうしゅう 甲州……………79 C2	○さが 佐賀………………167 D2
○かんだ 苅田……………161 B2	きんかざん 金華山……………37 D2	●こうしょく 更埴（→千曲）………82 B1	○さかい 境…………………50 A2
かんとうさんち 関東山地……58 A-B2-3	○きんこう 錦江……………181 C2	○こうた 幸田………………93 B2	○さかい 坂井……………113 D2
かんとうへいや 関東平野………50 A-B2		○こうち 高知………………157 D1	○さかい 堺………………123 B3
○かんながわ 神流川……………54 B3	**く**	こうちへいや 高知平野………157 D1	○さかいで 坂出……………150 B2
○かんなみ 函南……………89 C2	○くき 久喜…………………59 E2	こうちりょうまくうこう 高知龍馬空港	○さかいみなと 境港…………134 A1
○かんまき 上牧……………127 A2	●くきざき 茎崎（→つくば）………50 B3	……………………………157 D1	○さかえ 栄…………………63 B2
かんむりやまさんち 冠山山地……144 A2-3	○くさつ 草津……………116 A3	○ごうつ 江津……………136 B2	○さがえ 寒河江……………43 B3
かんもんかいきょう 関門海峡……146 A3	くさつおんせん 草津温泉………54 B2	○ごうど 神戸……………100 B3	○さかき 坂城………………82 B2
○かんら 甘楽………………54 B3	○くじ 久慈…………………35 C1	○こうとう 江東………………69 D2	さがくうこう 佐賀空港………167 D3
	くじがわ 久慈川……………35 C1	○こうなん 江南……………92 A1	○さかど 坂戸………………59 D3
き	●ぐしかわ 具志川（→うるま）……183 C3	●こうなん 甲南（→甲賀）………117 B4	さがみがわ 相模川……………75 C1-2
きいさんち 紀伊山地…………97 B3	●くしきの 串木野（→いちき串木野）…181 B2	○こうなん 香南……………157 D1	さがみこ 相模湖……………74 B1
きかいしまくうこう 喜界島空港……180 F6	○くしま 串間……………177 B4	ごうのかわ 江の川……………136 B2	○さがみはら 相模原…………75 C1
○きくがわ 菊川……………88 B3	○くしもと 串本……………129 D5	○こうのす 鴻巣……………59 E2	さがみわん 相模湾……………74-75 C3
○きくち 菊池………………173 C2	○くじゅうくり 九十九里………63 B2	こうのとりたじまくうこう コウノトリ但馬空港	○さかわ 佐川………………156 C2
きくちへいや 菊池平野………172-173 C2	くじゅうくりはま 九十九里浜……63 B-C2-3	……………………………130 B1	さくなみおんせん 作並温泉………36 B2
○きくよう 菊陽……………173 C2	くじゅうくりへいや 九十九里平野…63 B-C2	○こうふ 甲府………………79 C2	○さくほ 佐久穂……………85 C1
●きさい 騎西（→加須）………59 E2	くじゅうこうげん 久住高原……174 B2		さくぼんち 佐久盆地……83 C2,85 D1
○きさらづ 木更津……………62 A3	くじゅうれんざん くじゅう連山…174 B2		○さくら………………………53 B2
○きしわだ 岸和田……………123 B4	○ぐじょう 郡上……………101 B2		
○きそ 木曽…………………84 B2			

201 巻末

◎さくら 佐倉……………………63 B2	しもきたはんとう 下北半島………33 D2	すずかさんみゃく 鈴鹿山脈………97 B1-2	●たかた 高田（→みやま）………160 A3
◎さくらい 桜井…………………127 B2	●じむくじ 甚目寺（→あま）………92 A1	すその 裾野………………………89 C2	たかだへいや 高田平野…………86 B3
さくらがわ 桜川…………………50 B2	◎しもすわ 下諏訪…………………85 C1	すながわ 砂川……………………27 C2	たかちほ 高千穂………………177 B1
さくらじま 桜島…………………181 C2	◎しもだ 下田……………………89 C3	すみだ 墨田………………………69 D2	たかつき 高槻…………………123 C2
◎ささぐり 篠栗…………………160 B2	●しもだて 下館（→筑西）………50 A2	すもと 洲本……………………131 D5	たかなべ 高鍋…………………177 C2
◎ささやま 篠山…………………131 C2	◎しもつけ 下野……………………53 B3	すもとへいや 洲本平野…………131 D5	たかねざわ 高根沢………………53 B2
ささやまぼんち 篠山盆地………131 C2	しもつま 下妻……………………50 B2	するがわん 駿河湾………………89 C3	たかはぎ 高萩……………………51 C1
◎させぼ 佐世保…………………169 C2	しものせき 下関…………………146 A3	すわ 諏訪…………………………85 C1	たかはし 高梁…………………140 B2
◎さって 幸手……………………59 E2	しゅうなん 周南…………………147 C2	すわこ 諏訪湖……………………85 C1	たかはた 高畠……………………43 B3-4
◎さっぽろ 札幌……………………27 C2	●しゅぜんじ 修善寺（→伊豆）……89 C3		たかはま 高浜……………………92 A2
◎さつま 薩摩……………………181 C2	◎じょうえつ 上越………………86 B3	**せ**	たかまつ 高松…………………151 C2
◎さつませんだい 薩摩川内………181 B2	じょうざんけいおんせん 定山渓温泉…27 C3	◎せいか 精華…………………119 C3	たかまつくうこう 高松空港……151 C3
さつまはんとう 薩摩半島………181 B3	しょうじこ 精進湖………………79 C3	◎せいよ 西予……………………152 B3	たかみさんち 高見山地…………97 B3
◎さど 佐渡………………………86 B1	◎じょうそう 常総…………………50 A2	◎せき 関………………………100 B3	◎たかやま 高山………………101 A2
さどくうこう 佐渡空港…………86 B1	◎しょうどしま 小豆島……………151 C2	◎せきがはら 関ケ原……………100 A3	たかやまぼんち 高山盆地………101 C1
さどしま 佐渡島…………………86 B2	しょうどしま 小豆島……………151 D1	●せきやど 関宿（→野田）………62 A1	たからづか 宝塚………………131 C3
●さどわら 佐土原（→宮崎）……177 B2	◎しょうない 庄内…………………43 A2	●せたか 瀬高（→みやま）………160 A3	たがわ 田川……………………161 B2
◎さぬき さぬき…………………151 C2	しょうないへいや 庄内平野……43 A1-2	◎せたがや 世田谷…………………68 B2	たきかわ 滝川……………………27 C2
さぬきへいや 讃岐平野……150-151 B-C-2-3	◎しょうばら 庄原…………………145 C2	せたな せたな……………………26 A3	たきざわ 滝沢……………………34 B2
◎さの 佐野…………………………52 B3	●しょうぶ 菖蒲（→久喜）………59 E2	◎せっつ 摂津…………………123 C2	◎たく 多久……………………167 C2
◎さばえ 鯖江……………………113 D3	◎じょうよう 城陽………………119 C3	せと 瀬戸…………………………93 B1	◎たけお 武雄…………………167 C3
◎ざま 座間………………………75 C2	しょうわ 昭和……………………79 C2	せとうち 瀬戸内………………141 C2	だけおんせん 岳温泉……………47 C1
◎さむかわ 寒川……………………75 C2	しょうわしんざん 昭和新山……26 B3	せとないかい 瀬戸内海……150-151 A-C2	だけおんせん 嶽温泉……………32 B3
◎さやま 狭山………………………59 D3	しらおい 白老……………………27 C3	せふりさんち 脊振山地…………160 A3	◎たけた 竹田…………………174 B3
さやまこ 狭山湖…………………59 D3	◎しらおか 白岡…………………59 E2	せみおんせん 瀬見温泉…………43 B2	たけとみじま 竹富島……………183 G6
さるがきょうおんせん 猿ヶ京温泉…54 B2	しらかみさんち 白神山地………32 B4	◎せら 世羅……………………145 C2	たけとよ 武豊……………………92 A2
さろまこ サロマ湖………………25 C2	しらかわ 白河……………………47 C1	◎せんだい 仙台……………………37 B2	たけはら 竹原…………………145 B3
●さわら 佐原（→香取）…………63 C2	しらすだいち シラス台地………181 C2	●せんだい 川内（→薩摩川内）…181 B2	●たけふ 武生（→越前）………113 D3
さんぐんさんち 三郡山地………160 B3	◎しらたか 白鷹……………………43 B3	せんだいくうこう 仙台空港……37 B2	◎たこ 多古………………………63 B2
◎さんごう 三郷…………………127 A2	しらぬか 白糠……………………25 D4	せんだいへいや 仙台平野………37 C1-2	◎だざいふ 太宰府………………160 B2
◎さんじょう 三条…………………87 C2	しらねさん 白根山………………55 C2	せんだいへいや 川内平野………181 B2	たざわこ 田沢湖…………………41 C2
◎さんだ 三田……………………131 C3	◎しらはま 白浜…………………128 B4	ぜんつうじ 善通寺……………150 B3	◎たじみ 多治見…………………101 C3
さんべさん 三瓶山………………137 C2	しらぶおんせん 白布温泉………43 B4	◎せんなん 泉南…………………123 B4	◎ただおか 忠岡………………123 B4
さんぼんぎはら 三本木原…………33 D3	しれとこはんとう 知床半島……25 D-E2	せんぼく 仙北……………………41 C2	たちあらい 大刀洗……………161 B3
◎さんむ 山武………………………63 B2	◎しろい 白井………………………63 B2		たちかわ 立川……………………66 C2
◎さんようおのだ 山陽小野田……146 B2	◎しろいし 白石…………………36 B2-3	**そ**	たつの………………………130 C2
さんりくかいがん 三陸海岸……35 C-D2-3	しろさと 城里……………………51 B2	そううんきょう 層雲峡…………25 B3	たつの 辰野………………………85 B2
	●しろね 白根（→新潟）…………87 D2	◎そうか 草加……………………59 F3	●たつの 龍野（→たつの）……130 B3
し	●しろやま 城山（→相模原）……74 C1	◎そうさ 匝瑳……………………63 C2	◎だて 伊達………………………26 B3
◎しおがま 塩竈……………………37 C2	しわ 柴波…………………………34 B2	◎そうじゃ 総社…………………140 B2	◎たてばやし 館林…………………55 D3
◎しおじり 塩尻……………………85 B1	しんいしがきくうこう 新石垣空港…183 G6	そうま 相馬………………………47 D1	◎たてやま 館山……………………62 A4
しか 志賀………………………109 B2	◎しんおんせん 新温泉…………130 A1	そうやかいきょう 宗谷海峡……24 A1	たてやま 立山…………………105 C1
しかのしま 志賀島………………160 A2	しんかみごとう 新上五島………168 B3	●そうわ 総和（→古河）…………50 A2	たてやま 立山…………………105 D2
●しがらき 信楽…………………117 B4	しんぐう 新宮［福岡］…………160 A2	そお 曽於………………………181 D2	たどつ 多度津…………………150 B2
◎しき 志木………………………59 E3	しんぐう 新宮［和歌山］………129 D4	そうでがうら 袖ケ浦……………62 A3	●たなし 田無（→西東京）………67 D2
●しげのぶ 重信（→東温）……153 B2	しんじこ 宍道湖…………………137 C2	そとがはま 外ヶ浜………………32 C2	◎たなべ 田辺…………………128 B4
しこくさんち 四国山地……156-157 C-E1	しんしゅうまつもとくうこう 信州まつもと空港…84 B1	●そのべ 園部（→南丹）………119 B2	たねがしま 種子島……………180 E5
◎しこくちゅうおう 四国中央…153 C2	◎しんじゅく 新宿………………68 C2	そぼさん 祖母山………………174 B3	たねがしまくうこう 種子島空港…180 E5
しこつこ 支笏湖…………………27 C3	◎しんじょう 新庄…………………43 B2		◎たはら 田原……………………93 C2
◎しじょうなわて 四條畷…………123 C2	◎しんじょう 新庄…………………127 A3	**た**	◎たぶせ 田布施…………………147 D3
◎しすい 酒々井…………………63 B2	しんじょうぼんち 新庄盆地……43 B2	◎だいあん 大安（→いなべ）……97 C1	◎たま 多摩………………………66 C2
◎しずおか 静岡……………………88 B3	◎しんしろ 新城…………………93 B-3	◎たいき 大紀……………………97 C3	たまがわ 多摩川…………………66 B1
◎しずくいし 雫石…………………34 A2	◎じんせきこうげん 神石高原……145 C2	◎だいご 大子……………………51 B1	たまがわおんせん 玉川温泉……41 C2
しそう 宍粟……………………130 B2	しんちとせくうこう 新千歳空港…27 C3	たいし 太子……………………130 B3	たまきゅうりょう 多摩丘陵……75 C-D1
◎しちがはま 七ヶ浜………………37 C2	じんつうがわ 神通川……………104 B1	◎たいじ 太地……………………129 D4	たまつくりおんせん 玉造温泉…137 C2
●しっぽう 七宝（→あま）………92 A1	◎しんとみ 新富…………………177 B2	たいせつざん 大雪山……………25 B3	たまな 玉名……………………172 C2
●しど 志度（→さぬき）………151 C2	しんなんよう 新南陽（→周南）…147 C2	だいせん 大山…………………134 B2	◎たまの 玉野…………………141 B3
◎しながわ 品川……………………69 C3	じんばやま 陣馬山………………74 B1	だいせん 大仙……………………40 B3	◎たまむら 玉村…………………55 C3
しなのがわ 信濃川……………86 C3-4	◎しんひだか 新ひだか…………27 D3	◎だいとう 台東……………………69 C2	たむら 田村………………………47 D2
◎しばた 柴田………………………36 B2	●しんみなと 新湊（→射水）……104 B1	◎だいとう 大東…………………123 C3	たるい 垂井……………………100 B3
◎しばた 新発田……………………87 D2		たいない 胎内……………………87 D1	たるみず 垂水…………………181 C3
◎しぶかわ 渋川……………………55 B-C3	**す**	たいざんさんち 太山山地………41 B1-2	◎たわらもと 田原本……………127 B2
◎しぶし 志布志…………………181 D3	◎すいた 吹田……………………123 C2	●たいま 當麻（→葛城）………127 A2	たんごさんち 丹後山地……118 A-B2
◎しぶや 渋谷………………………68 B2	●すいばら 水原（→阿賀野）……87 D2	◎たいわ 大和……………………37 B2	◎たんば 丹波…………………130 C2
◎しべつ 士別………………………24 B2	すえ 須恵………………………160 B2	たか 多可………………………131 B2	たんばこうち 丹波高地………119 C2
◎しま 志摩………………………97 C3	すおうおおしま 周防大島………147 C2	たかいし 高石…………………123 B3	
●しま 志摩（→糸島）…………160 A2	すかがわ 須賀川…………………47 C2	たかおか 高岡…………………104 B1	**ち**
しまおんせん 四万温泉…………54 B2	すがだいら 菅平…………………83 B1	たかくまさんち 高隈山地………181 C2-3	◎ちがさき 茅ヶ崎…………………75 C2
◎しまだ 島田………………………88 B3	すかゆおんせん 酸ヶ湯温泉……33 C3	たかさき 高崎……………………55 C3	◎ちくご 筑後…………………160 B3
◎しまばら 島原…………………169 D3	◎すぎと 杉戸……………………59 E2	たかさご 高砂…………………130 B3	ちくごがわ 筑後川……………160 A3
しまはんとう 志摩半島…………97 C3	◎すぎなみ 杉並……………………68 B2	たかしま 高島…………………116 B2	◎ちくしの 筑紫野……………160 B3
◎しまもと 島本…………………123 C2	すくも 宿毛……………………156 B3	たがじょう 多賀城……………37 B-C2	◎ちくじょう 築上………………161 C3
◎しまんと 四万十………………156 B3	◎すざか 須坂……………………83 B1	たかせがわ 高瀬川………………33 D3	◎ちくせい 筑西……………………50 A2
◎しまんと 四万十………………156 C2	すさき 須崎……………………156 C2		◎ちくぜん 筑前…………………161 B3
しみず 清水………………………25 B3	ずし 逗子…………………………75 D2		ちくぶしま 竹生島……………117 B2
●しみず 清水（→静岡）…………89 B2	すず 珠洲………………………109 C1		ちくほく 筑北……………………82 B2
しめ 志免………………………160 A2	◎すずか 鈴鹿……………………97 C2		ちくま 千曲……………………82 B1
しもうさだいち 下総台地………63 B-C2			

つ

て

と

な

に

ぬ

ね

の

は

○はさみ 波佐見 169 C2	○ひだかがわ 日高川 128 A3	○ふじみ 富士見 85 C2	○まつど 松戸 62 A2
○はしかみ 階上 33 E4	ひだかさんみゃく 日高山脈 27 D3	●ふじみ 富士見（→前橋） 55 C3	●まっとう 松任（→白山） 109 B3
○はしま 羽島 100 B3	ひだがわ 飛騨川 101 C2	ふじみの ふじみ野 59 E3	○まつばら 松原 123 C3
○はしもと 橋本 129 C1	ひだこうち 飛騨高地 100-101 C1-2	○ふじよしだ 富士吉田 79 D3	○まつぶし 松伏 59 F3
○はすだ 蓮田 59 E3	ひださんみゃく 飛騨山脈 101 C-D1-2	○ぶぜん 豊前 161 C2	○まつもと 松本 82 A2
○はだの 秦野 74 B2	○ひたち 日立 51 C1	○ふそう 扶桑 92 A1	まつもとぼんち 松本盆地 82 A2
○はちおうじ 八王子 66 C2	○ひたちおおた 常陸太田 51 C1	ふたごさん 両子山 175 C1	○まつやま 松山 152 B2
はちじょうじま 八丈島 67 F3	○ひたちおおみや 常陸大宮 51 B1	○ふちゅう 府中［広島］ 144 B3	まつやまくうこう 松山空港 152 B2
○はちのへ 八戸 33 D3	○ひたちなか 51 A2	○ふちゅう 府中［東京］ 67 C2	○まにわ 真庭 140 B1
はちまんたい 八幡平 34 B2	ひたぼんち 日田盆地 174 A2	○ふっさ 福生 66 C2	まべちがわ 馬淵川 33 E3
はっかいさん 八海山 87 D3	○ひとよし 人吉 173 C3	○ふっつ 富津 62 A3	○まるがめ 丸亀 150 C2
○はつかいち 廿日市 144 A3	ひとよしぼんち 人吉盆地 173 C3	○ふなばし 船橋 62 A2	●まるこ 丸子（→上田） 83 B2
はっけんざん 八剣山 127 B4	○ひの 日野［滋賀］ 117 B3	○ふらの 富良野 24 B3	○まるもり 丸森 36 A3
○はっぽう 八峰 41 B1	○ひの 日野［東京］ 66 C2	●ふるかわ 古川（→大崎） 37 B1	まんこ 漫湖 183 C3
●はとがや 鳩ケ谷 59 E3	ひのえまたおんせん 檜枝岐温泉 46 A2	○ぶんきょう 文京 69 C2	○まんのう 150 B3
○はとやま 鳩山 58 D3	○ひのかげ 日之影 177 B1	○ぶんごおおの 豊後大野 175 C3	
●はないずみ 花泉（→一関） 34 B4	○ひので 日の出 66 C2	○ぶんごたかだ 豊後高田 174 B1	み
○はなまき 花巻 34 B3	○びばい 美唄 27 C2	●ぶんすい 分水（→燕） 87 C2	○みうら 三浦 75 D3
○はにゅう 羽生 59 E2	○びほろ 美幌 25 D3		○みかさ 三笠 27 C2
はねさわおんせん 羽根沢温泉 43 B2	○ひみ 氷見 104 A1	へ	みかたごこ 三方五湖 112 C4
○はびきの 羽曳野 123 C3	○ひめじ 姫路 130 B3	へいがわ 閉伊川 35 C2	みかわわん 三河湾 93 B2
●はまおか 浜岡（→御前崎） 88 B3	○ひゅうが 日向 177 C2	べかんべうししつげん 別寒辺牛湿原 25 D-E3	○みき 三木［香川］ 151 C2
●はまきた 浜北（→浜松） 88 A3	ひょうこ 瓢湖 87 D2	○へきなん 碧南 93 A2	○みき 三木［兵庫］ 131 B3
○はまだ 浜田 136 B3	ひょうのせん 氷ノ山 130 B2	○へぐり 平群 127 A2	○みさき 美咲 141 B2
はまなこ 浜名湖 88 A3	○ひらいずみ 平泉 34 B4	○べつかい 別海 25 E3	○みさき 岬 123 A4
○はままつ 浜松 88 A3	○ひらかた 枚方 123 C2	べっしょおんせん 別所温泉 82 B2	○みささ 三朝 134 D2
○はむら 羽村 66 C1	○ひらかわ 平川 32 C3	○べっぷ 別府 174 B2	○みさと 三郷 59 F3
○はやま 葉山 75 D2	ひらさんち 比良山地 116 A2-3		○みさと 美郷 177 B2
●はらまち 原町（→南相馬） 47 D1	○ひらた 平田（→出雲） 137 C2	ほ	○みさと 美郷［秋田］ 41 C3
○はりま 播磨 130 B3	○ひらつか 平塚 75 C2	○ほうき 伯耆 134 B2	○みさと 美郷［島根］ 136 C2
はりまなだ 播磨灘 130 B3	○ひらど 平戸 169 C2	ほうしおんせん 法師温泉 54 B2	○みさと 美里［宮城］ 37 C1
●はるな 榛名（→高崎） 54 B3	○ひらない 平内 33 C3	●ほうじょう 北条（→松山） 152 B2	○みさと 美里［熊本］ 173 C2
はるなこ 榛名湖 54 B3	●ひらら 平良（→宮古島） 183 F5	ぼうそうはんとう 房総半島 62-63 A-B3	○みさわ 三沢 33 D3
はるなさん 榛名山 54 B3	○ひるぜん 蒜山 134 B2	ほうだつきゅうりょう 宝達丘陵 109 B3	みさわくうこう 三沢空港 33 D3
●はるの 春野（→高知） 157 C1-2	○ひろお 広尾 25 C4	○ほうだつしみず 宝達志水 109 B3	○みしま 三島 89 C2
○はんだ 半田 92 A2	○ひろかわ 広川 160 B3	○ほうふ 防府 147 C2	●みずさわ 水沢（→奥州） 34 B3
ばんだいさん 磐梯山 46 C1	○ひろさき 弘前 32 B3	●ほうや 保谷（→西東京） 67 D2	○みずなみ 瑞浪 101 C3
はんどうこうげん 飯田高原 174 B2	○ひろしま 広島 144 A3	○ほくえい 北栄 134 D2	○みずほ 瑞穂［岐阜］ 100 B3
○ばんどう 坂東 50 A2	ひろしまくうこう 広島空港 145 C3	○ほくと 北斗 26 B4	○みずほ 瑞穂［東京］ 66 C1
○はんなん 阪南 123 A4	ひろしまへいや 広島平野 144 A-B3	○ほくと 北杜 79 B1	○みずまき 水巻 161 B2
○はんのう 飯能 58 D3	ひろせがわ 広瀬川 36 B2	○ほこた 鉾田 51 C2	○みたか 三鷹 67 D2
	○ひろの 洋野 35 C1	●ほそえ 細江（→浜松） 88 A3	○みたけ 御嵩 101 C3
ひ	びわこ 琵琶湖 116-117 B2-3	ほたかだけ 穂高岳 82 A2	○みたね 三種 41 B1
○びえい 美瑛 24 B3		○ほんじょう 本庄 58 C3	●みつかいどう 水海道（→常総） 50 A2
ひえいざん 比叡山 119 C2	ふ	●ほんじょう 本荘（→由利本荘） 41 B3	○みつけ 見附 87 C2
○ひおき 日置 181 B2	○ふえふき 笛吹 79 C2	ほんじょうへいや 本荘平野 41 B3	○みと 水戸 51 B2
○ひがしあがつま 東吾妻 54 B2	○ふかがわ 深川 24 B3	●ほんど 本渡（→天草） 172 B3	みとくさん 三徳山 134 D2
○ひがしいず 東伊豆 89 D3	○ふかや 深谷 58 D2	○ほんべつ 本別 25 C3	○みよ 三豊 150 A3
○ひがしうら 東浦 92 A2	○ふくい 福井 113 D2		○みどり 55 C3
○ひがしおうみ 東近江 117 B3	ふくいくうこう 福井空港 113 D2	ま	○みなかみ 55 B-C2
○ひがしかがわ 東かがわ 151 D3	ふくいへいや 福井平野 113 D2		みなかみおんせん 水上温泉 55 B2
ひがしひびききゅうりょう 東響城丘陵 86 B-C3	●ふくえ 福江（→五島） 168 A3	○まいづる 舞鶴 118 B2	●みなくち 水口（→甲賀） 117 B4
○ひがしくるめ 東久留米 67 D1	○ふくおか 福岡 160 A2	○まいばら 米原 117 C2	みなくちきゅうりょう 水口丘陵 117 B-C4
○ひがしね 東根 43 B2	ふくおかくうこう 福岡空港 160 A2	●まえさわ 前沢（→奥州） 34 B3	○みなと 港 69 C2
○ひがしひろしま 東広島 145 C3	○ふくさき 福崎 130 B3	●まえばし 前橋 55 C3	○みなべ 128 B3
○ひがしまつしま 東松島 37 C2	○ふくしま 福島 47 C1	●まえばる 前原（→糸島） 160 A2	○みなまた 水俣 172 B3
○ひがしまつやま 東松山 59 D2	ふくしまくうこう 福島空港 47 C2	●まき 巻（→新潟） 87 C2	○みなみ 美波 155 E3
○ひがしみよし 東みよし 154 B1	ふくしまぼんち 福島盆地 47 C-D1	まきのはら 牧ノ原 88 B3	○みなみあいづ 南会津 46 B2
○ひがしむらやま 東村山 66 C1	○ふくち 福智 161 B2	○まきのはら 牧之原 88 B3	○みなみあしがら 南足柄 74 B2
○ひがしやまおんせん 東山温泉 46 B2	○ふくちやま 福知山 118 B2	○まくべつ 幕別 25 C4	みなみあそ 南阿蘇 173 D2
○ひがしやまと 東大和 66 C2	ふくちやまぼんち 福知山盆地 118 B2	○まくらざき 枕崎 181 B3	○みなみあるぷす 南アルプス 79 B2
●ひかみ 氷上（→丹波） 131 C2	○ふくつ 福津 160 A2	○ましき 益城 173 C2	○みなみあわじ 南あわじ 131 D5
○ひかり 光 147 C2	●ふくみつ 福光（→南砺） 104 A2	○ましこ 益子 53 C3	○みなみいせ 南伊勢 97 C3
●ひかわ 斐川（→出雲） 137 C2	○ふくやま 福山 145 C3	ましゅうこ 摩周湖 25 D3	○みなみうおぬま 南魚沼 87 C3
○ひかわ 氷川 173 C2	○ふくろい 袋井 88 A3	○ますだ 益田 136 A3	○みなみえちぜん 南越前 113 D3
ひこさん 英彦山 174 A2	○ふじ 富士 89 C2	ますとみおんせん 増富温泉 79 C1	○みなみおおすみ 南大隅 181 C3
○ひこね 彦根 117 C2	○ふじいでら 藤井寺 123 C3	○まちだ 町田 66 C2	○みなみきゅうしゅう 南九州 181 B3
●ひさい 久居（→津） 97 B2	○ふじえだ 藤枝 88 B3	○まつうら 松浦 169 C2	○みなみさつま 南さつま 181 B3
●びさい 尾西（→一宮） 92 A1	○ふじおか 藤岡 55 C3	○まつえ 松江 137 D2	○みなみさんりく 南三陸 37 C1
○ひさやま 久山 160 A-B2	●ふじおか 藤岡（→栃木） 52 B3	○まつさか 松阪 97 C2	○みなみしまばら 南島原 169 D3
○ひじ 日出 175 C2	○ふじかわ 富士川 89 C2	○まつしま 松島 37 C2	○みなみそうま 南相馬 47 D1
ひじおりおんせん 肘折温泉 43 B2	○ふじかわぐちこ 富士河口湖 79 D2		○みなみぼうそう 南房総 62 A3
○びぜん 備前 141 C2	○ふじさわ 藤沢 75 C2		○みなみまき 南牧 85 C1
○ひだ 飛騨 101 C2	ふじさん 富士山 89 C2		○みね 美祢 146 B2
○ひだか 日高 58 D3	ふじさんしずおかくうこう 富士山静岡空港 88 B3		○みの 美濃 100 B2
	○ふじのみや 富士宮 89 C2		みのうさんち 耳納山地 161 B3
	○ふじみ 富士見 59 E3		○みのお 箕面 123 B2

む

め

も

や

ゆ

よ

ら

り

る

れ

ろ

わ

おもな郷土料理名索引

※農林水産省の「農山漁村の郷土料理百選」を参考に選出している。

あ

- あかしやき 明石焼［兵庫県］……………… 130, 131C3, 188
- あごのやき アゴ野焼［島根県］……………… 136B-C2, 137
- あさりめし あさり飯［千葉県］……………… 62, 62A3
- あなごめし あなご（穴子）飯［広島県］……………… 20, 144, 144A3
- あんこうりょうり アンコウ料理［茨城県］……………… 50, 51C2
- あんもちぞうに あん餅雑煮［香川県］……………… 8, 150, 150B2

い

- いかすみじる いかすみ汁［沖縄県］……………… 183D2
- いかなごのくぎに イカナゴのくぎ煮［兵庫県］……………… 131, 131C3
- いがまんじゅう いがまんじゅう［埼玉県］……………… 58, 59E2
- いかめし いかめし［北海道］……………… 21, 26, 26B3
- いきなりだご いきなり団子［熊本県］……………… 22, 172, 173C2
- いしかりなべ 石狩鍋［北海道］……………… 27C2
- いずもそば 出雲そば［島根県］……………… 12, 137, 137C2
- いせうどん 伊勢うどん［三重県］……………… 13, 96, 97C2
- いちごに いちご煮［青森県］……………… 11, 33, 33E3
- いなにわうどん 稲庭うどん［秋田県］……………… 13, 40, 41B-C3
- いもに 芋煮［山形県］……………… 42, 43B2-3
- いわくにずし 岩国寿司［山口県］……………… 6, 147, 147D2
- いわしのごまづけ イワシのゴマ漬け［千葉県］……………… 63, 63B-C2

う

- うつのみやぎょうざ 宇都宮餃子［栃木県］……………… 52, 53B2
- うなぎのかばやき ウナギ料理［静岡県］……………… 88, 88A3

え

- えちぜんおろしそば 越前おろしそば［福井県］……………… 12, 112, 113D-E3

お

- おきなわそば 沖縄そば［沖縄県］……………… 184
- おきなわちゃんぽん 沖縄ちゃんぽん［沖縄県］……………… 183C3
- おこのみやき お好み焼き［大阪府］……………… 123C3, 124
- おこのみやき（ひろしまふう）お好み焼き（広島風）［広島県］……………… 144B3, 145
- おっきりこみ おっきりこみ［群馬県］……………… 55C3, 56
- おやき おやき［長野県］……………… 82A1

か

- かいせんどん 海鮮丼［北海道］……………… 31
- かきのどてなべ カキの土手鍋［広島県］……………… 10, 144A3
- かきのはずし 柿の葉寿司［奈良県］……………… 6, 20, 126, 126B3
- かちゅーゆ カチュー湯［沖縄県］……………… 183D2
- かつおのたたき カツオのたたき［高知県］……………… 157D2, 158
- かにじる カニ汁［鳥取県］……………… 134B1
- かぶらすし かぶら寿司［石川県］……………… 108, 109B3
- がめに がめ煮［福岡県］……………… 160, 160A2-3
- かもなすのでんがく 賀茂なすの田楽［京都府］……………… 118, 119
- かもなべ 鴨鍋［滋賀県］……………… 117, 117C1
- からしめんたいこ 辛子明太子［福岡県］……………… 160A2, 162
- からしれんこん からしレンコン［熊本県］……………… 172, 173C3
- かんこやき かんこ焼き［神奈川県］……………… 74B1

き

- きびなごりょうり キビナゴ料理［鹿児島県］……………… 180, 181C3
- ぎゅうたんやき 牛タン焼き［宮城県］……………… 36, 37B2
- きょうつけもの 京漬物［京都府］……………… 119

- きりたんぽなべ きりたんぽ鍋［秋田県］……………… 40, 41B2

く

- くーぶいりちー クーブイリチー［沖縄県］……………… 182, 183
- くさや くさや［東京都］……………… 67, 67F3
- くじらのたつたあげ クジラの竜田揚げ［和歌山県］……………… 128, 129D4
- ぐぞうに 具雑煮［長崎県］……………… 8
- くりきんとん 栗きんとん［岐阜県］……………… 101, 101C2
- くろぶたのしゃぶしゃぶ 黒豚のしゃぶしゃぶ［鹿児島県］……………… 178, 181D3

け

- けいはん 鶏飯［鹿児島県］……………… 180, 180F6

こ

- こうべぎゅうすてーき 神戸牛ステーキ［兵庫県］……………… 131C3
- ごーやーちゃんぷるー ゴーヤーチャンプルー［沖縄県］……………… 182, 183
- こづゆ こづゆ［福島県］……………… 11, 46C2, 48
- ごまだしうどん ごまだしうどん［大分県］……………… 13, 174, 175D3
- こんにゃくおでん こんにゃくおでん［群馬県］……………… 54, 54B3

さ

- さーたーあんだぎー サーターアンダギー［沖縄県］……………… 185
- さくらえびのかきあげ 桜エビのかき揚げ［静岡県］……………… 89, 89B-C2
- さけのちゃんちゃんやき 鮭のちゃんちゃん焼き［北海道］……………… 27, 27C2
- ささずし 笹寿司［新潟県］……………… 7, 86B3, 87
- させぼばーがー 佐世保バーガー［長崎県］……………… 169, 169C2
- さぬきうどん 讃岐うどん［香川県］……………… 13, 150, 151C2
- さらうどん 皿うどん［長崎県］……………… 169C3, 170
- さわちりょうり 皿鉢料理［高知県］……………… 156, 157D2, 158

し

- しじみじる シジミ汁［島根県］……………… 10, 137, 137C-D1
- しっぽくりょうり 卓袱料理［長崎県］……………… 169, 169C3
- じどりのすみびやき 地鶏の炭火焼［宮崎県］……………… 177C3, 178
- じぶに 治部煮［石川県］……………… 109B3, 110
- しまらっきょう 島らっきょう［沖縄県］……………… 183C2
- しもつかれ しもつかれ［栃木県］……………… 52, 53C2
- じゃこてん じゃこ天［愛媛県］……………… 152, 152B3
- じゃじゃめん じゃじゃ麺［岩手県］……………… 34B2, 35
- しろみそ（おおさか）ぞうに 白味噌（大阪）雑煮［大阪府］……………… 8, 122, 123B3
- じんぎすかん ジンギスカン［北海道］……………… 26, 28, 27C3

す

- すーぷかれー スープカレー［北海道］……………… 28
- すこずし 須古寿司［佐賀県］……………… 6, 166, 167C3
- すったて すったて［埼玉県］……………… 58, 59D3
- ずんだもち ずんだ餅［宮城県］……………… 23, 36, 37B-C2

せ

- せいがくもち 性学餅［千葉県］……………… 63C2
- せんべいじる せんべい汁［青森県］……………… 33, 33D4, 189

そ

- そーきそば ソーキそば［沖縄県］……………… 183
- そばごめぞうすい そば米雑炊［徳島県］……………… 154, 154B-C2
- そぼろなっとう そぼろ納豆［茨城県］……………… 51, 51B2

た

- たいぴーえん 太平燕 [熊本県] ……………………………………… 172, 173C2
- たいめし 鯛めし [愛媛県] ……………………… 142, 152B1-2, 152A-B3, 153
- たこやき たこ焼き [大阪府] ……………………………………… 122, 123C3
- たこらいす タコライス [沖縄県] ……………………………………… 185
- だんごじる だんご汁 [大分県] ……………………………………… 174B2, 175

ち

- ちきんなんばん チキン南蛮 [宮崎県] ……………………………… 176, 177C1
- ちたけそば ちたけそば [栃木県] ……………………………………… 53, 53B2

つ

- つけあげ つけあげ [鹿児島県] ……………………………………… 180, 181B2

て

- てこねずし てこね寿司 [三重県] ……………………………………… 97, 97C3
- てびち テビチ [沖縄県] ……………………………………… 183, 184

と

- とうがんとさんまのおつゆ 冬瓜とサンマのおつゆ [千葉県] ……… 63B-C2
- どぅるてん ドゥル天 [沖縄県] ……………………………………… 185
- とがくしそば 戸隠そば [長野県] ……………………………… 12, 82, 82A-B1
- どんがらじる どんがら汁 [山形県] ………………………… 42, 43A-B2, 45

な

- なーべらーんぶしー ナーベラーンブシー [沖縄県] ………………… 183
- ながさきちゃんぽん 長崎ちゃんぽん [長崎県] …………………… 169C3, 170
- なかみじる 中身汁 [沖縄県] ……………………………………… 10
- なのはなのからしあえ 菜の花のからし和え [千葉県] ……………… 62A-B4
- なめろう なめろう [千葉県] ……………………………………… 62, 63B-C3
- なんばんえび 南蛮エビ [新潟県] ……………………………………… 86B-C2

に

- にしんのさんしょうづけ ニシンの山椒漬け [福島県] ……………… 46B2, 48

の

- のっぺ のっぺ [新潟県] ……………………………………… 86, 87D1-2

は

- はこずし 箱寿司 [大阪府] ……………………………………… 122, 123C3
- ばにくりょうり 馬肉料理 [熊本県] ……………………………… 172, 173C1-2
- はばぞうに ハバ雑煮 [千葉県] ……………………………………… 9, 63B2
- はらこめし はらこ飯 [宮城県] ……………………………………… 37, 37B-C2
- ばらずし ばら寿司 [岡山県] ……………………………………… 7, 141, 141B2

ひ

- ひーじゃーじる ヒージャー汁 [沖縄県] ……………………………… 182,183
- ひっつみ ひっつみ [岩手県] ……………………………………… 34, 35B-C2
- ひつまぶし ひつまぶし [愛知県] ……………………………………… 92A2, 94
- ひやじる 冷や汁 [宮崎県] ……………………………………… 10, 176, 177C2

ふ

- ふーちばーじゅーしー フーチバージューシー [沖縄県] …………… 182, 183
- ふかがわめし 深川飯 [東京都] ……………………………………… 69, 69D2
- ふぐりょうり フグ料理 [山口県] ……………………………………… 146B3, 148
- ふじのみややきそば 富士宮やきそば [静岡県] ………………… 89, 89B-C2, 189

ふ (続き)

- ふとまきずし 太巻き寿司 [千葉県] ……………………………… 7, 63, 63B3
- ふなずし 鮒寿司 [滋賀県] ……………………………… 7, 116A-B3, 117
- ぶりだいこん ブリ大根 [富山県] ……………………………………… 104A1
- ぶりのあつめし ブリのあつめし [大分県] ………………………… 174, 175C-D3

へ

- へしこ へしこ [福井県] ……………………………………… 112C4, 114
- へらへらだんご へらへら団子 [神奈川県] …………………………… 75D2

ほ

- ぼうぜのすがたずし ぼうぜの姿寿司 [徳島県] ……………………… 154, 155D1
- ほうとう ほうとう [山梨県] ……………………………………… 78, 79B-C1
- ほおばみそ 朴葉味噌 [岐阜県] ……………………………………… 101, 101C1
- ぽーぽー ポーポー [沖縄県] ……………………………………… 183D3
- ぼたんなべ ぼたん鍋 [兵庫県] ……………………………………… 131, 131C2

ま

- ますずし 鱒寿司 [富山県] ……………………………………… 6, 104, 105C2
- ままかりずし ままかり寿司 [岡山県] ……………………………… 141, 141B-C2

み

- みずたき 水炊き [福岡県] ……………………………………… 160A2, 162
- みそにこみうどん 味噌煮込みうどん [愛知県] ……………………… 92, 93B1
- みぬだる ミヌダル [沖縄県] ……………………………………… 185
- みみがー ミミガー [沖縄県] ……………………………………… 183, 184
- みわそうめん 三輪そうめん [奈良県] ……………………………… 126, 127B2

め

- めはりずし めはり寿司 [和歌山県] ……………………………… 129, 129C-D3

も

- もりおかれいめん 盛岡冷麺 [岩手県] ……………………………… 34, 34A-B2
- もんじゃやき もんじゃ焼き [東京都] ……………………………… 68, 69C-D2

や

- やきとり やきとり [埼玉県] ……………………………………… 59, 59D2
- やきまんじゅう 焼きまんじゅう [群馬県] …………………………… 55, 55C3

よ

- よこすかかいぐんかれー 横須賀海軍カレー [神奈川県] …………… 75D2
- よこてやきそば 横手やきそば [秋田県] ……………………… 40, 41C3, 189
- よしだのうどん 吉田のうどん [山梨県] ……………………… 13, 79, 79D3
- よぶこいかのいきづくり 呼子イカの活造り [佐賀県] …………… 166, 166B1-2

ら

- らっかせいみそ 落花生味噌 [千葉県] ……………………………… 62, 63B2

わ

- わんこそば わんこそば [岩手県] ……………………………… 12, 34, 34B2

監修

清 絢(きよし あや)

食文化研究者。一般社団法人和食文化国民会議調査研究部会幹事。京都光華女子大学真宗文化研究所学外研究員。地域に伝承される郷土食や農山漁村の食生活の調査研究から，郷土食に関する執筆や講演などを行っている。おもな著書は『日本全国味めぐり！ご当地グルメと郷土料理』（金の星社）など。

編集

帝国書院 編集部

編集協力

粕谷浩子／小林しのぶ／松崎晴雄

(有)アヴァンデザイン研究所／(株)クオーレ／ジーグレイプ(株)／(有)スリージャグス

鳥瞰図・イラスト作成

アルトグラフィックス／占部浩／占部絵里／杉下正良／北海道地図(株)

写真・資料提供

愛知県漬物協会／愛Ｂリーグ本部／青木酒造／青森県／青森県観光連盟／青柳／明石観光協会／秋田県観光連盟／旭川市／旭酒造／朝日新聞社／浅見茶屋／アジアンオールドバザール／厚木市観光協会／アフロ／アマナイメージズ／aruku 出版（株）／伊賀市観光協会連絡協議会／池田町ブドウ・ブドウ酒研究所／石川県観光物産館／石川県観光連盟／いすみ鉄道／伊勢志摩観光コンベンション機構／伊那市観光協会／今半本店／いも膳／岩手県観光協会／岩手県生めん協同組合／上野原市／うつくしま観光プロモーション機構／宇都宮観光コンベンション協会／海の精／梅園／越前町観光連盟／青梅市商工会議所／大洗観光協会／大洗町／大分市観光協会／大阪観光局／大船渡市観光物産協会／大町温泉郷観光協会／大間町観光協会／お菓子の城那須ハートランド／岡永／岡山県観光連盟／（株）沖田黒豚牧場／沖縄観光コンベンションビューロー／奥村彪生料理スタジオ／小樽観光協会／加賀市／香川県／香川県観光協会／かがわ県産品振興機構／鹿児島県観光連盟／鹿児島県肉用牛振興協議会／鹿児島市／笠間市／鹿島酒蔵ツーリズム推進協議会事務局／菓匠右門／加須市商工会／加須農林振興センター／かつお船土佐タタキ道場／鹿角市／金沢市／金沢市観光協会／蟹江町観光協会／鹿沼そば振興会／鐘突堂下 田中屋／雷門三定／神谷バー／賀茂泉酒造／軽井沢ブルワリー／川越いちのや／カワゴエール／川鶴酒造／木内酒造／木更津市観光協会／喜多酒造／岐阜県観光連盟／岐阜市／岐阜市教育委員会／九州旅ネット／京都府北部地域連携都市圏振興社／ググっとぐんま写真館／久慈市観光物産協会／熊本県／熊本国際観光コンベンション協会／久米桜麦酒／久留米観光コンベンション国際交流協会／月桂冠（株）／下呂市／甲州市勝沼 ぶどうの丘／高知県観光コンベンション／高知県／高知市観光協会／小江戸蔵里／桑折町／ココ・ファーム・ワイナリー／駒形どぜう／済生会　全国季節の my 行事食／佐賀県観光連盟／札幌市／佐渡海洋物産／サドヤ／茶和々／三陸鉄道／JA 鶴岡／JTB 関東／滋賀県／時事通信フォト／静岡県観光協会／（株）十吉／品川 船清／島崎酒造／志摩市商工会／島根県観光連盟／清水すしミュージアム／下郷町／下関市／車多酒造／寿庵／SHUN GATE れんこん三兄弟／庄内観光コンベンション協会／しょうゆ情報センター／正和物産／食堂ばんや／「食の都庄内」ブランド戦略会議／信州いいやま観光局／信州・長野県観光協会／新横浜ラーメン博物館／酔鯨酒造／（株）ステーションビル MI DO RI／スマイルとうほくプロジェクト／生活情報サイト「アットホームボックス」／関市観光協会／全国漁業協同組合連合会／全国やきとり連絡協議会／ソルティーブ／高岡食のブランド推進実行委員会／高崎市商工観光部観光課／高砂酒造／田上食品工業／高山市／館林うどん／館山市役所経済観光部農水産課／田辺市／筑豊食品工業／茅野市／千葉県／千葉県観光物産協会／調布市地域情報化コンソーシアム／長命寺 桜もち／千代の園酒造／都農ワイン／ツーリズムおおいた／天領酒造／TOKYO X 生産組合／東京スカイツリータウン／常盤堂雷おこし本舗／栃木県／栃木県観光物産協会／砺波市／鳥羽市観光課／富山県観光連盟／富山県食育推進会議／富山市役所生涯学習課／豊橋観光コンベンション協会／中市本店／長崎県観光連盟／長崎国際観光コンベンション協会／長崎歴史文化博物館／中津川観光協会／中土佐町／長野県／名古屋観光コンベンションビューロー／那須町観光協会／奈良県／南部美人／新潟観光コンベンション協会／新潟県観光協会／日光市観光協会／日本一の芋煮会フェスティバル協議会／ぬちまーす／沼田市役所経済部観光交流課観光推進係／伯方塩業／函館国際観光コンベンション協会／函館市／函館市観光部／八麺会／浜幸／バンド・オブ・トーキョー☆／東秩父村役場産業建設課／東松山市／PIXTA／日の丸醸造／氷見市／ひょうごツーリズム協会／平戸市観光協会／広島県／びわこビジターズビューロー／photolibrary／深谷市産業振興部商工振興課／福井県／福井県観光連盟／福岡県醤油醸造協同組合／福岡市／藤野淳一／（株）PLEASUREONE／ベアード・ブルーイング／ベンチャーウイスキー／北杜市観光協会／ぽんしゅ館新潟驛店／本坊酒造／毎日新聞社／松合食品／松江観光協会／松陸製菓／マルマン（株）／御食国若狭おばま食文化館／みそ健康づくり委員会／みそぱーく はと屋／道の駅とみうら枇杷倶楽部／南房総市役所商工観光部観光プロモーション課／南三重地域活性化事業推進協議会／宮泉銘醸／宮城県／みやざき観光コンベンション協会／宮崎県漁業協同組合連合会／みやざきブランド推進本部／向島 言問団子／武蔵野市観光機構／宗像窯／柳川市／柳川市観光協会／柳川藩主立花邸 御花／柳川ブランド推進協議会／山形県／山形県観光物産協会／山口県観光連盟／山田和吉／山梨銘醸／山本屋糀店／横須賀市／横手やきそば暖簾会／横浜中華街発展会協同組合／四日市市／Lightning cafe／李白酒造／和歌山県／和歌山県観光連盟／和食処きらく

※本書の地図に表記した「おもな道の駅」は国土交通省によって登録された全国の道の駅から抜粋して記載。
また，「名水百選・平成の名水百選」は環境省が選定したものを参考にしている。

食の地図

3版

平成28年8月20日　印刷
平成28年8月25日　発行

定価　本体2000円（税別）

著作者　帝国書院編集部
代表者　鈴木啓之
発行所　株式会社 帝国書院
代表者　鈴木啓之
東京都千代田区神田神保町3-29（〒101-0051）
電話03（3262）0830　帝国書院販売部
電話03（3261）9038　帝国書院開発部
振替口座　00180-7-67014
印刷所　新村印刷株式会社
製本所　株式会社アトラス製本

Printed in Japan
ISBN 978-4-8071-6258-1

この地図の作成に当たっては，国土地理院長の承認を得て，同院発行の100万分1日本，50万分1地方図，20万分1地勢図，5万分1地形図及び2万5千分1地形図を使用した。
（承認番号　平28情使，第248号）
（P.65，P.142-143）この地図の作成に当たっては，国土地理院長の承認を得て，同院発行の2万5千分1地形図を使用した。
（承認番号　平27情使，第49-GISMAP36239号）

旅に出たくなる
食の地図
帝国書院